——新人たちへ

人間と建築は、切っても切り離せないほどに、

深く、強く、結びついている。

いつだって私たちは建築と一緒に生きている。

建築を自由に想像して、「つくる」こと。

そこに、君たちがどう生きるかが、問われている。

人間と建築は二つで一つなのだから。

目次 CONTENTS

最優秀新人賞

ID.0754
私たちは極楽を知っている
小西 美海
広島工業大学 3回生　　p10

優秀新人賞

ID.0017
、ときどき玄関
宮田 太郎
日本大学 3回生　　p22

優秀新人賞

ID.0794
コビトノセカイ
大町 有香子
京都工芸繊維大学 3回生　　p28

8選

ID.0007
那古野リチャーム
桂川 岳大
名古屋工業大学 3回生　　p34

8選

ID.0247
清澄アーカイブス
半田 洋久
芝浦工業大学 3回生　　p36

8選

ID.0670
食人住宅
新延 摩耶
慶應義塾大学 2回生　　p38

8選

ID.0700
浚渫土を消費し、街を耕す。
長屋 諒子
名古屋工業大学 3回生　　p40

8選

ID.0893
往時を辿る道
若島 咲
神戸電子専門学校 2回生　　p42

16選

ID.0014
参道を熟成す
清水 大暉
法政大学 3回生　　　p44

16選

ID.0028
月島立面路地住宅
髙橋 穂果
慶應義塾大学 3回生　　　p45

16選

ID.0388
灯火
花岡 凜
大阪公立大学 3回生　　　p46

16選

ID.0391
転換をうむ連層
辻本 雄一朗
早稲田大学 3回生　　　p47

16選

ID.0581
屋根に住まう
岡田 彩那
近畿大学 3回生　　　p48

16選

ID.0615
光に導かれて
石井 杏奈
近畿大学 3回生　　　p49

16選

ID.0642
隠者の巣
平井 悠策
大阪工業大学 3回生　　　p50

16選

ID.0902
Urban Biblio-Grotto
近藤 叶望
名古屋大学 3回生　　　p51

建築新人戦から未来を「馳せる」

光嶋 裕介（建築新人戦2023実行委員長） Yusuke Koshima

建築と人間は二つで一つである。人間の生活の舞台は、いつも建築だ。世界をより良くするには、建築を良くしないといけない。一人ではなく、みんなで。人間が集まれば社会となる。みんなが幸せに生きるためには、建築を考えないといけない。頭ではなく身体で空間を考える。未来をつくるには人間の持つ想像力を使わなければならない。気候変動に戦争もあり、地球は今悲鳴を上げている。社会を豊かにして、みんなが幸せになるには建築の力が必要である。建築新人戦が未来への思いを馳せる豊かな対話の場となることを心より願っている。

（光嶋裕介建築設計事務所／神戸大学特命准教授）
1979年米国ニュージャージー州生まれ。2002年早稲田大学理工学部建築学科卒業。2004年同大学院修了。2004〜08年ザウアブルッフ・ハットン・アーキテクツ勤務。2008年光嶋裕介建築設計事務所主宰。代表作品としては《凱風館》（神戸・2011）、《旅人庵》（京都・2015）、《桃沢野外活動センター》（静岡・2020）など多数。著作も『増補　みんなの家。』（筑摩書房）、『これからの建築』（ミシマ社）、『建築という対話』（筑摩書房）、『ぼくらの家。』（世界文化社）、『ここちよさの建築』（NHK出版）など多数

総評

永山 祐子（建築新人戦2023審査委員長）Yuko Nagayama

皆さんお疲れさまでした。今日は本当に難しい審査でした。最後に票を入れる際も私が一番遅かったのですが、こういう見方をしたらこれが一番優れた案かもしれないし、こういう見方をしたら逆にこの作品かもしれないと、明日になったら票が変わってしまうくらい難しい審査だと思いました。最終的に私の基準は、卒業設計と異なり課題がある条件下で、その課題に対して自分なりに打ち返している姿勢を基準に選ぼうと思いました。私たちも実務の中でいろいろな課題や要件の中で答えを見つけ出しますが、丁寧に施主の要望に答えることと同時に、自分の考えている提案側にどれだけ相手を引き寄せられるかということが重要だといつも思っています。設計の実務においては、さまざまな方面から多様な要求が出されますが、それに対して100%の答えを出すというよりは、要望への答えから多少はずれていてもシチュエーションの中で自分が思うリアルな答え見つけ出し、むしろクライアントなり出題者なりが思いもよらなかったようなハッとさせるくらいの提案をひねり出すのが醍醐味だと思っています。ですので、今日は課題の真正面の答えではないけれど、ハッとする部分を持っている、そのような作品を選びました。それが建築の力だとも思いながら私は設計に取り組んでいるので、皆さんも自信を持って打ち返す術とハッとさせる新しいアイデアを形にする力をつけていただけたらと思います。

（永山祐子建築設計 / 武蔵野美術大学客員教授）
1975年東京都生まれ。1998年昭和女子大学生活美学科卒業。1998年青木淳建築計画事務所勤務。2002年永山祐子建築設計設立。2020年武蔵野美術大学客員教授。主な作品にLOUIS VUITTON 大丸京都店（2004年）、豊島横尾館（2013年）、ドバイ国際博覧会日本館（2021年）、東急歌舞伎町タワー（2022年）など

公開審査会 審査委員紹介

今日はすごく楽しかったです。また、第1回大会から今年の15回までの運営で培ってきた皆さんの連携や、班ごとに分かれたTシャツの色などで、今日の場ができていると思い、まずは運営をがんばってきた学生実行委員の皆さんにお礼を申し上げます。私が学生の頃と圧倒的に違うのは、模型が大きければ良いとか、設計者が設定したゲームの中でおもしろさを追求していれば良いということではないくらい現代の社会が難しくなっていることです。そのような中で、教員から投げられた課題にしっかり打ち返してくれている皆さんの設計力に触れて、私たちももう少し頑張らなくてはいけないと触発され、いい機会になりました。今回、16選に残らなかった人たちの作品にも光るものがたくさんあったので、審査会が終わった後の懇親会では審査員に質問をぶつけるなど積極的に対話してステップアップしていただけたらと思います。皆さんが卒業設計に取り組むときに、「建築新人戦」の経験を糧にしながら羽ばたいていく姿を楽しみにしています。今日はありがとうございました。

工藤 浩平　*Kohei Kudo*

（工藤浩平建築設計事務所）
1984年秋田県生まれ。2005年国立秋田高専環境都市工学科卒業。2008年東京電機大学工学部建築学科卒業。2011年東京藝術大学大学院美術研究科修了。2012〜2017年SANAA（妹島和世＋西沢立衛）勤務。2017年工藤浩平建築設計事務所設立。

私は芸大のデザイン科で作品制作の指導をしていますが、建築サイズのものは扱いません。建築の審査会の場に参加するのは初めてなので、模型を見るのもおっかなびっくりなところがあったのですが、率直に言って楽しい時間でした。何より、自分が作品を解釈するだけではなくて、審査会での質疑応答などを通して実は作品を一緒につくっていくものだと実感しました。これは、哲学で議論をつくるプロセス、本を解釈していくプロセスによく似ています。それもあって、とても楽しかった。パッと見ただけではピンとこなかったり、魅力がわからなかったり、少しノイズがあったりした作品が、会話しながら可能性の中心を掘っていくとこんなにも豊かに見えるのかと。語り合う営みそのものが建築なんだと、審査会合間に中山さんが話してくださったこと、すごく印象深く残っています。付け加えてもう一点。プレゼンボードに配慮が欠ける人が散見されたのは残念でした。プレゼン資料が分かりやすいとか、プレゼンボードが見やすいとか、文字が大きいとか、目の動かし方を考えているとか、誤字脱字がないといった、作品を知りたいと思う人に対する、当然だけど地味な配慮は決して些細なものではありません。こういうところも、建築をつくり上げるコミュニケーションの一つだと思うので、そこにもちゃんとこだわったという人は、ここに登壇していようがいまいが誇ってください。楽しい時間でした。

谷川 嘉浩　*Yoshihiro Tanigawa*

（哲学者・京都市立芸術大学講師）
1990年兵庫県生まれ。2014年京都大学総合人間学部卒業。2020年京都大学大学院人間・環境学研究科博士後期課程修了。2020年京都市立芸術大学芸術学部デザイン科プロダクトデザイン講師。2021年よりデザインユニットTANYEに参加。

今日は楽しかったです。私は卒業設計展の審査員を仰せつかることもありますが、今日はそれとはまた違うおもしろさがありました。というのも、建築は誰かに問いを出してもらうと俄然おもしろくなるんですよね。卒業設計はその誰かがいないから苦しい。社会に出ればまた問いを出され続けることになるのですけれども。ただ、自分でおもしろい問いを発見し続けることができるかどうかで、建築家としてのその先はずいぶん違ったものになるとも思います。私の姉は音楽家で、私も音楽が大好きですが音楽家にはなれませんでした。何が私と姉を分けたかと言うと、小さい頃から毎日地道に練習をしてきたかどうかです。そういう意味で、今日は与えられた問いに、習得した技術を地道に積み重ねて応えようとしていた作品に票を入れました。つまり、卒業制作展では評価されるような、粗削りでも挑戦的な問いを投げかけてくるような作品は、あえて選びませんでした。例えばID0521の「糸」は、模型がたいへん丁寧につくられていて、一つひとつの形に理由を突き詰めていました。ID0387の「日々の延長に溶け出す」も平面の床がカーブしたらどのような空間性が生まれるのかを、美しい図面とドローイングで探求されていました。私の今日の評価軸がそうだったせいもあるかもしれませんが、審査側の意見もすごく分かれましたね。でも、多様な評価軸が互いに矛盾を孕みつつ共存するのが現代でもあるので、この先は自分自身が立てる問いに自信を持って、未来の建築を切り拓いていきましょう。

中山 英之　*Hideyuki Nakayama*

（中山英之建築設計事務所・東京藝術大学准教授）
1972年福岡県生まれ。2000年東京藝術大学大学院修了後、伊東豊雄建築設計事務所入所。「多摩美術大学図書館」等を担当後、2007年中山英之建築設計事務所設立。2014年より東京藝術大学准教授。処女作「2004」でSDレビュー2004鹿島賞、第23回吉岡賞を受賞。主な展覧会「中山英之展-'and then」（ギャラリー間/2019年）など。主な著書『1/1000000000』（LIXIL出版/2018）など。

皆さんお疲れ様でした。本当に最後の投票が象徴的だと思いますが、二重丸を入れている人が二人として重ならないという状況は、おそらくもう一回投票したらまた少し違う動的な結果となって、さらに錯綜したのではないかと思います。建築のおもしろさは、固定化されて定量化されている価値という側面もあるかもしれませんが、さまざまな見方をするとか、あるいは成長した姿を見るとか、いろいろな可能性を共有できるところにあると思います。どうしてこのような賞レースが公開されて、議論されるのかということの意味は、少なくとも今日審査会を見た人たちにはきっと共有されたのではないかと思いますし、それが素晴らしいことだと思いました。皆さんはある種の未熟さを抱えていることを前提にして、完璧を求めていくということよりは、未熟であるからこその飛躍、未熟であるからこそ何か踏み込んで新しいものが生まれるという可能性を孕んでいます。そのような気持ちを持って建築を続けていくとさらにおもしろくなるのではないかと思います。ただし、踏み込んでしまった以上は、それをぐっと引き受けて、しっかり踏みとどまって考えるということが次にもっと重要なことになりますので、今日の審査会がそのきっかけとなったら良いと思います。

畑 友洋　*Tomohiro Hata*

（畑友洋建築設計事務所・神戸芸術工科大学准教授）
1978年兵庫県生まれ。2001年京都大学工学部建築学科卒業。2003年京都大学大学院工学研究科修了。2003年高松伸建築設計事務所入社。2005年畑友洋建築設計事務所設立。主な受賞は、渡辺節賞（2016）、日本建築学会作品選集新人賞（2017）、日本建築設計学会賞（2018、2022）、第34回JIA新人賞（2023）他。

私たちは極楽を
知っている

ID.0754

小西 美海
Miu Konishi

広島工業大学
環境学部
建築デザイン学科
3回生

作品用途: 図書館
課題名: 地域に賑わいをもたらし街を豊かにする大学施設
取組期間: 3カ月

コンセプト

図書館という人が離れつつある空間に極楽の
ひとつである銭湯を組み込むことで使われ方が
大きく変化する。設備だけてなく形も街と路地
に視点を向け新たな図書館の形を作りつつ、
過去から得ることのできる裸の付き合いという
交流の形を継承していく。

小西 美海
Miu Konishi

■敷地

敷地は広島県佐伯区にあり、大学の入り口に位置し、新たに立つ計画道路沿いに広がる。大学内は小中学生が通学路として歩き、朝方は高齢者が散歩したりベンチでくつろいだりしており、この道は生活の一部として利用されている。ここに建築物を建てた場合、地域に開いた大学の顔となる。「地域に賑わいをもたらし、街を豊かにする大学施設」として図書館を主とする複合施設を考案する。大学施設に足を踏み入れにくいという現状をこの建物そして空間によって変え、大学施設と地域住民との見えない厚い壁を壊すことができるだろう。

■提案①_固定化された図書館

「賑やか」を「音」として、「豊かさ」を「人の滞在時間」として捉えた。音は図書館では異質だ。むしろ迷惑がられてしまう。しかし、図書館が静かな場所でなければならないという決まりはない。私は図書館へ抱いているであろう、静かな場所を減らし、音を増やしていく。

・銭湯で豊かな空間に

人が居ることで空間が豊かになると考えた。本を読むだけでは人は長く滞在しない。本を借りてしまえば家に帰ってしまう。銭湯を置くことによって人は滞在する。自宅風呂にはない特別感や裸の付き合いの良さが銭湯にはある。

・今までの図書館のカタチ

今まである図書館は大きく素材によって冷たい雰囲気を感じさせる。言わば大きく冷たい箱の中に人が滞在しているようだ。「賑やか」という言葉を造像させない空間であり、交流を生む空間は室内でなく室外にある。

・新たな図書館のカタチ

今までの図書館のイメージをなくすために図書館を細かく分け、敷地全体に広げ人々が身に馴染んだカタチである街を形成した。街並みをつくることによって今まで抱いていた図書館への静かにしないといけないという概念を持ち込まず足を運ぶ。

■失われていく日本文化

・銭湯の始まり

銭湯の始まりは江戸時代であり、伊勢与市が建てたと言われている。17世紀初頭には「街ごとに風呂あり」と言われるほど銭湯は広まっていた。

・自宅風呂の普及

自宅風呂が主流になっていく。銭湯に通うことがなくなり、自宅で入浴することが日常的になった。銭湯の使われ方や使う人たちが限られていく。

・コロナによる銭湯業界の崩壊

コロナによって多くの銭湯が経営困難に陥り銭湯を閉めた。銭湯の減少は日本文化の消失につながる。銭湯文化から得ることのできる交流のカタチを再構築する。

■提案②_裸足で歩きたい

お風呂に入った後、大抵の人は靴を履かないであろう。履きたくないであろう。そこで私はGLから800mm程上がっているはだしの道をつくった。この道をつくることによって銭湯後もこの施設を巡り本を探し滞在する。

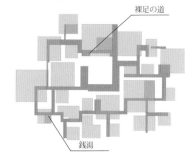

裸足の道

銭湯

■提案③_サイレントコミュニケーション

銭湯は大勢の人と一緒にお風呂に入る。言い換えれば裸の社交場、裸の付き合いである。人と接する機会の少ない人にとっては孤独感を紛らせる場となり、精神面でいい刺激を得ることができ、他者との距離感を自由に選ぶことができる。過去から得た裸の付き合いを組み込むことで、他者との関わり方を選択でき、選択できることによって自身で探求する心地よさを得ることができる。

■街の素材の収集

広島県佐伯区の周辺や広島の街を撮影した。さまざまな形の屋根、さまざまな色の外壁、見ても触っても素材が違うことがわかる。コンクリートやタイル張り、塗装された外壁やビニールハウス、瓦屋根や陸屋根の素材を収集し、大きな敷地に持ち込むことで周辺の街と馴染む。大学の施設と捉えてしまうことで壁ができるため、街に溶け込む形にした。そうすることで今までの図書館への固定概念を捨てて、この空間に入る。会話を続けながら楽しめる。この操作が敷地全体へ音を生み、"賑やかな複合施設"となる。

■空間のさまざまな要素

この建物は6つの要素でできている。この要素が集まることによって街が形成される。図書館の中に銭湯が分散されることで2つの要素が混ざり合う。混ざり合った要素をはだしの道でつなぎ、屋根と木々が道を守る。

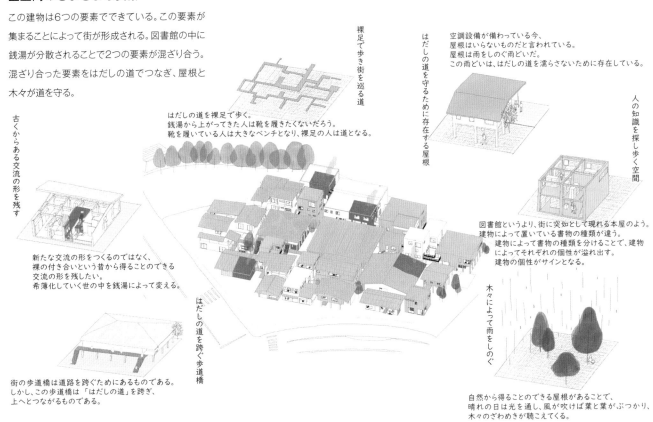

裸足で歩き街を巡る道

はだしの道を裸足で歩く。
銭湯から上がってきた人は靴を履きたくないだろう。
靴を履いている人は大きなベンチとなり、裸足の人は道となる。

空調設備が備わっている今、屋根はいらないものだと言われている。
屋根は雨をしのぐ雨どいだ。
この雨どいは、はだしの道を濡らさないために存在している。

はだしの道を守るために存在する屋根

人の知識を探し歩く空間

古くからある交流の形を残す

新たな交流の形をつくるのではなく、裸の付き合いという昔から得ることのできる交流の形を残したい。
希薄化していく世の中を銭湯によって変える。

図書館というより、街に突如として現れる本屋のよう。建物によって置いている書物の種類が違う。建物によって書物の種類を分けることで、建物によってそれぞれの個性が溢れ出す。建物の個性がサインとなる。

はだしの道を跨ぐ歩道橋

街の歩道橋は道路を跨ぐためにあるものである。
しかし、この歩道橋は「はだしの道」を跨ぎ、上へとつながるものである。

木々によって雨をしのぐ

自然から得ることのできる屋根があることで、晴れの日は光を通し、風が吹けば葉と葉がぶつかり、木々のざわめきが聴こえてくる。

■提案④_さまざまな形の極楽を

人によって極楽と感じる瞬間は違う。趣味に没頭したり、誰かと会話をしたりという「楽しさからの極楽」がある。そんなさまざまな極楽のカタチを行ったり来たりできる空間をつくる。

・楽しさからの極楽を書物から

「会話からの極楽」、「趣味からの極楽」を空間ごとに感じられるよう建物ごとに書物を分けた。書物を読むだけでなく、実際に作業をしたり、会話したり、くつろいだりすることで、今までにあった図書館の過ごし方に極楽のカタチを組み込む。

絵本の書庫:子どもたちが走り回れるよう机を置かず、隙間へとつながる開口部を設置した。じっとするという動作を押さえないことで賑やかになる。

銭湯専用の書庫:銭湯専用の本を銭湯内に持ち込むことができる。本を読みながら入浴するという、新たな極楽の形をつくり出す。

植物専用の倉庫:本を読むだけでなく、大きな机があることで実際に植物に触れ合いながら書物を楽しむことができる。

カフェでくつろぐ人

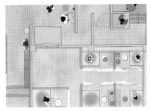

女性専用銭湯で本を読みくつろぐ人

子どもたちが足洗い場で遊ぶ様子

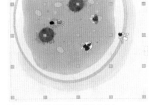

ピロティ空間の足湯でくつろぐ人

■銭湯の設備

洗い場によって流れた使用済みの温水が排水口を通り、排湯熱交換器に溜まり、その熱が配管を通して給水される冷たい水温め、少ないエネルギーで湯を沸かし給湯することができる。

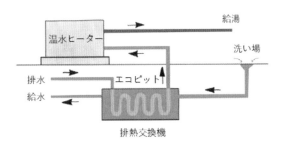

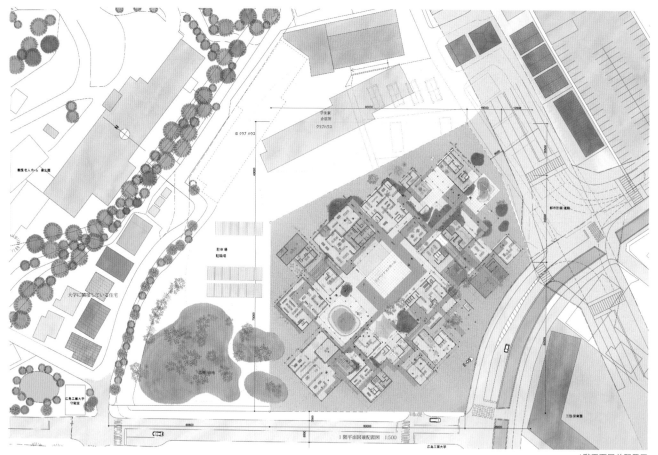

1階平面図兼配置図

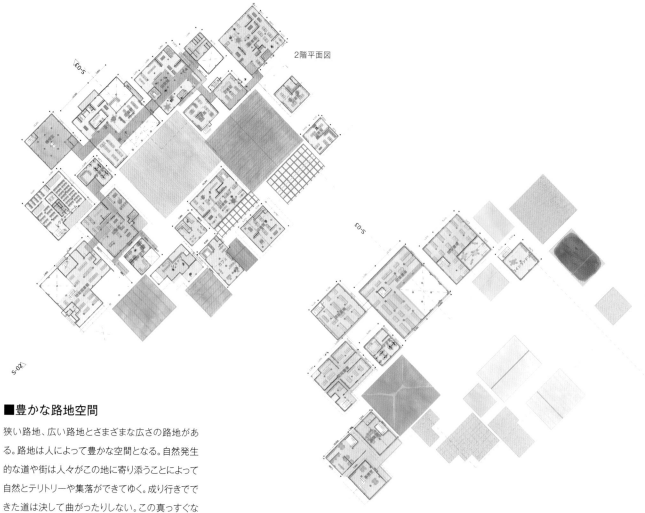

2階平面図

3階平面図

■豊かな路地空間

狭い路地、広い路地とさまざまな広さの路地がある。路地は人によって豊かな空間となる。自然発生的な道や街は人々がこの地に寄り添うことによって自然とテリトリーや集落ができてゆく。成り行きでできた道は決して曲がったりしない。この真っすぐな路地空間に沿って少しずつ豊かさが広がっていき、人が長く滞在し、街らしさをさらにつくり出す。

キャンパスの入り口に位置し、大学の顔となる

人と交わる銭湯がある一方、
一人になれる場所も選択できる

GLから800mm程上げた、
裸足で歩ける通路が設けられている

施設内に巡らせた通路で滞在することもでき、
豊かな路地空間が生まれる

▽最高高さ
▽RFL
▽3FL
▽2FL
▽1FL
▽基礎下端

S-02断面図

クロストーク

谷川 嘉浩（哲学者）× 小西 美海（建築新人戦2023最優秀新人賞）

対話と議論、そして考え続けることで案を成長させる

建築新人戦では、建築とは異なる分野の専門家を毎年一人審査員に招待しており、2023年は哲学者の谷川嘉浩先生をお招きした。100選の作品や8選のプレゼンテーション、審査員との質疑応答などを通して、建築新人戦は哲学者の目にどのように映ったのか——。最優秀新人賞の小西美海さんと谷川先生のお二人に、審査会では語り尽くせなかった分まで、語り合っていただいた。

考えることを止めないプラグマティズム

司会｜谷川先生は哲学者でもありますが、大学でプロダクトデザインを教えていらっしゃいます。まずは哲学とデザインの関係を含めて、ご自身の研究や活動をご紹介ください。

谷川｜京都市立芸術大学のプロダクトデザインをもとにして今年度改組されたデザインB専攻で教えています。プロダクトデザインというと、コップやペン、大きくても机や棚など割と小さなサイズのものの制作の教育になるのですが、近年はそういうジャンル分けにもとづく教育体制に疑問が呈されています。例えば、木工が得意でプロダクトを学んでいるから家具をつくるというのは発想として奇妙ですよね。「この空間には、この素材で、この形の家具が必要だからそれを作ったり、発注したりしよう」というように、課題や状況に応じて柔軟に手段を選択していく方がいい。そういうわけで、「プロダクト」という固定観念を外して、必要に応じて多様な素材や手法、サイズに取り組んでもらう教育体制になりました。こういう場所に、「実技教員」として赴任しているので、いわゆる哲学の話をすることはほとんどありません。ただ、学生は往々にして自分が本当にやりたい方向性を把握できていなかったり、作品のコンセプトを上手く固められなかったりします。そのような学生たちと一緒に、やりたいことやコンセプトは本当にこれで良いのだろうかと検証する仕事には、哲学のスキルが活きていると感じます。建築と共通すると思いますが、出来上がった作品に言葉はなく、最終的に使用者に判断を委ね、使用者が作品の良さを語るしかありません。しかし、

企画や制作のプロセスでは言葉が必要で、クライアントや社内の仲間に対して、作品の良さや意義を説明し、共有する責任があります。言葉が少ない作品をつくるために、プロセスにおいて言葉を練り上げていくことが欠かせないわけですね。

他方で、専門の哲学ではアメリカで生まれたプラグマティズムという分野を中心に研究しています。プラグマティズムは19世紀半ば南北戦争の後、アメリカが急激に経済成長する中で生まれました。社会が大きくなり複雑になるに従い、自分たちの力では社会は変えられないという考えが広がりました。そのような中で、どうすれば主体性を持って社会と関わり、自身の人生を築いていけるか——。それを考えるための一つのツールとして発展してきた側面があります。プラグマティズムでは「仮説」や「実験」がキーワードです。哲学は社会の課題に

谷川 嘉浩（たにがわ よしひろ）
哲学者・京都市立芸術大学講師。デザインユニットtanyeに
参加。詳細なプロフィールは本書8ページを参照。主な著作
に『スマホ時代の哲学 失われた孤独をめぐる冒険』（2022
年、ディスカヴァー・トゥエンティワン）、『ネガティヴ・ケ
イパビリティで生きる 答えを急がず立ち止まる力』（共著、
2023年、さくら舎）、『鶴見俊輔の言葉と倫理 想像力、大衆
文化、プラグマティズム』（2022年、人文書院）など。

（左）谷川先生著作の『スマホ時代の哲学 失われた孤独を
めぐる冒険』。スマホから得られるわかりやすい刺激によっ
て、不安や退屈、寂しさを埋めようとしている私たち。そん
な常時接続の世界で失われた「孤独」と向き合い、生き
抜くための術が詰まっている。

（右）谷川先生共著（朱喜哲、杉谷和哉）の『ネガティヴ・
ケイパビリティで生きる 答えを急がず立ち止まる力』。
タイパが重視され、即断即決を求める現代において、それ
とは真逆の考え方として注目を集める「ネガティヴ・ケイ
パビリティ」。わからなさを受け入れ、揺れながら考え続ける
力について解説する。

対して「答え」や「結論」を提供するものと捉えられがちですが、プラグマティズムでは、スタート地点を提供するものだと考えます。ある定義や考えを「仮説」とみなすと、その考えを実行することは、その仮説を検証・実験するプロセスだと言えます。そうすると、何か不整合や不具合が生じたりすることがあって、それに対応する必要が出てくる。そうすると、仮説を修正したり、別の仮説に乗り換えたりすることになる。そしてまた実験して、また課題が見つかって……というように、仮説と実験のサイクルを繰り返す必要があるわけです。科学者の実験と同じように、考えを洗練させていく実験も終わりがない。プラグマティズムは、自分の考えをもって実験したり検証したり、人に試してもらったりしながら、考えることを終わらせないでいようということなんです。

小西｜建築のスタディに似ている部分がありそうです。

谷川｜そうですね。試行錯誤を強調するところは、スタディやプロトタイピングと似ていると思います。その都度、「完成」することはあるのですが、完成品にも課題が見つかることはありますよね。そうすると、またプロトタイピングで別の作品をつくって……というように、プラグマティズムの発想は、ものづくりをする人にとっても相性がいいと思います。

コンセプト自体を問うてみる

谷川｜小西さんの作品はどのようなプロセスでコンセプトをつくっていきましたか。

小西｜「地域に賑わいをもたらし、街を豊かにする大学施設」という課題で、学生会館や図書館、ホールなどの入った大学複合施設にプラスアルファの機能を追加するというものでした。なのでコンセプトはある程度与えられていますが、大学施設にプラスアルファするものは自由に設定してよいということで、私は図書館に銭湯をプラスアルファしました。

谷川｜銭湯をプラスしたのはどういう考えからですか。

小西｜敷地は大学のキャンパス内ですが、そこにはもともと住宅や畑がありました。なので、今も地域の子どもが通学路として、年配の方も日常の通り道として使っています。街の動線が大学施設内に入ってきているという、キャンパスとしては少し変わった性格を持っているかと思います。ただ、住民がキャンパスに入ってはきますが、学生と交わることはほとんどありません。キャンパスに一般の人も入ることのできる食堂がありますが、やはり大きな建物には入りづらいのか、あまり利用されていません。私はそれを大学や地域の課題と捉え、子どもも高齢者も集まって、気軽に利用でき、さらに特にしゃべらなくても過ごすことのできる施設を考えた際に銭湯という機能が浮かんだのです。

谷川｜銭湯に注目したことはすごく良いと思いますし、今の話にあった「しゃべらないでも過ごせる」というキーワードにも惹かれました。私もしゃべるだけがつながりではないと思います。例えばコミュニティデザインでは、地域住民が楽しそうにワークショップに参加している絵を成果のように見せられることがありますが、それだけではないよねと思うのです。確かに交流は大切ですが、みんながみんな四六時中隣の人と仲良くしゃべりたいと思っているわけではない。喧騒から逃れて静かに過ごしたい時もあるからこそ隠れ家的な空間も成立しています。注意しないといけないのは、静かに過ごすことと、社会的関係から切断されて孤立することは違うということですね。

小西｜孤立はしたくないけれど一人になりたい人もいるし、普段はいろいろな人と話したいと思っている人も、今日は静かに過ごしたいというようにその時々の気分によっても違います。そうすると課題文の「賑わい」は話し声など人が生み出す音なので、本を読むための図書館という機能に「賑わい」を求めるのはどうなのだろうという疑問が湧いてきたのです。

谷川｜ラーニングコモンズを設けている図書館もありますが、それらは図書館機能と分離させているのが大半です。そう考えると、図書館をつくって賑わいもつくれという課題のアプローチがそもそもおかしい。だから銭湯というまったく別の機能を足すべきではないかと。

小西｜そうです。

谷川｜いい進め方ですね。コンセプトは最初につくって、それを変えずに一貫して制作を進めようとする学生も多いですが、考えや作品が育つのに応じてコンセプトにも手を入れるのは自然だと思います。例えば、「日記を書くのにぴったりの椅子」をつくろうとスタートして検討を重ねていくうちに、書き物をするよりもコーヒーを飲むのに最適な形になることがある。そうすると、コンセプトを切り替えるのか、ものをつくり直すのかという根本的な問い直しが必要になってくる。このことは建築にも当てはまるでしょうね。コンセプトとスタディは両輪で進めて、お互いに影響を与えていく存在だと思います。銭湯に話を戻すと、「銭湯デモクラシー」という言葉を思い出しました。私の研究している人に、鶴見俊輔という哲学者がいるのですが、彼は、銭湯の

2023年建築新人戦最優秀新人賞の小西美海さん
（広島工業大学）

ように見ず知らずの人と裸になって無防備で一緒にお風呂に浸かって、場合によっては隣の人としゃべったりしゃべらなかったりする。そのような空間が日本の民主主義を支える習慣を形づくった装置だったんじゃないかと言っているのですね。民主主義というと、選挙制度のことを思い浮かべますが、共同体が育んできた「他者と共存する独自の習慣」に支えられていないといけなくて、日本だとそれは銭湯なのではないかと。銭湯のような空間では、政治や社会についての独特な語り合いも生まれますよね。「賑わい」の背後には、デモクラシーのような大きなテーマが控えていると思います。小西さんは作品で「賑わい」を重視していますが、改めて「賑わい」をどう捉えているか教えてください。

小西｜私は「賑わい」を音と捉え、もう一つ「豊かさ」も大切な要素と捉え、それは「滞在時間」としました。そして、その二つが実現するものは何かと考えた時、銭湯が浮かび、図書館に複合することにしました。図書館だけであれば、来館者は目当ての本を探して帰ってしまいますが、銭湯があることによって滞在時間が延びます。人はくつろぐことは永遠にできると思うので、全て銭湯につながっていくなと。

谷川｜お風呂は「極楽」だから永遠にいたくなりますよね（笑）。発想のジャンプはすごく良いと思います。少しだけ哲学の視点からコメントすると、ある考えの説明の仕方は、発生の論理と正当化の論理に分けられます。ここで言う「論理」は「順序」という意味に置き換えても構いません。まず「発生の論理」は、あるアイデアを思い付いた順序です。それに対して「正当化の論理」は、人を説得するための話の道筋で、この二つは全然違うシステム

と理解した方がいい。例えば、万有引力の法則でニュートンはリンゴを見て引力を思い付いたとされていますが、これは発生の論理による説明です。「リンゴが落ちるから」というだけでは引力を証明したことにはならない。みんなが説明をたどり直して検証できるような論理で説明する必要があるからこそ、ニュートンは数学的な論証を用いたわけです。なので、多くの人を巻き込んで説明するときは、「私はこう思い付きました」というだけでなく、正当化の論理でも話せた方がいいですね。今回の作品でも、なぜ銭湯を複合したかについて、正当化の論理をもっと詰めて語れるようになると良いと思います。

公共性を成立させる作法

谷川｜小西さんが人の密集度や滞在時間という検証可能な基準に注目したのはすごく良いと思いますが、一方でその発想はショッピングモールに近いとも感じました。ショッピングモールは人を集めて、賑わいをつくっているけれど、それが本当の意味での街の賑わいなのか、豊かさなのかというと、議論が分かれそうです。例えばまちづくりの施策が成功して、移住者が増えたということが成功事例として取り上げられることがありますが、それは一方で移住者がもともといた地域では人が減っているということです。もう少し範囲を狭めて、小西さんの提案のように、人を集める特定の施設が街にできると、その周囲に賑わいが生まれるかもしれませんが、そこに人が集まるということは街の他の場所では人がいなくなるということです。日本は人口減少社会に入っているので人口が全体に増えることはなく、トレードオフの関係になってしまう。この点についてどう思いますか。

小西｜まちの中に静かなところができるということは、もともとの図書館の特徴でもある一人でいられる場所ができるということになり、そういう場所を選ぶ人もでてくると思います。

谷川｜賑わいができる一方で、廃れるような場所も出てくるが、それにより静かさも選べるようになるということですね。良い答えだと思います。では、「賑わい」と「静かさ」を両方備えた場所は、いろいろな人の多様な過ごし方を許容する点で、「公共的」だと言えますよね。なので、公共性という

観点からも話を聞きたい。公共性は単に人が集まれば自然と発生するものではありません。例えば電車の中の人は、スマホを見たり、昼寝をしたりと思い思いのことをしています。こういうバラバラの場所でどうして公共性が成立しているように見えるかというと、ある種の作法を共有して相互作用をしているからだと思います。例えば、シートのスペースが空くようになるべく詰めて座るなど、電車に乗る際は暗黙の作法があります。それに相当する作法が、小西さんの設計した建築にあるとしたら、どのようなものを考えますか？

小西さんの作品では、賑やかな銭湯の風景と一人になれる場所の両方が描かれている

小西｜作法とは言えないかもしれませんが、今日もこの時間にこの人が来たというような、よく利用する人同士の暗黙の認識、つまり自分の頭の中だけで行う交流があると思います。

谷川｜なるほど。常連さんのような関係ですね。例えば、小西さんのアルバイト先にも常連さんがいると思いますが、その常連さんの名前や連絡先を知らないけれど食の好みは知っていたり、家族にも言っていないような秘密を聞かされたりする。それは、街中にある薄い親密性とも言えるような関係だと思います。その関係はほどよい距離感があり、家族のような逃れられない関係とも違うし、アカウントを削除したりして簡単に断つことのできるネット上での関係とも違っています。

ところで私が小西さんの施設で、共有する作法につながると思ったのは、裸足であることです。例えば、USJであれば来場者は明らかにUSJだと分かる帽子やバッグなどのグッズを買って身に着けて、同じ電車に乗って帰ります。あまりにずっと方向が一緒だと、知らない人同士だけど、目が合って目配せすることもたまにありますよ。つまり、同じ日に、同じ場所、同じ空間で、同じ時間を過ごして、同じ方向に帰るのだという、同じふるまいを共有する連帯感があるわけです。哲学者の東浩紀さんが言っていたことですが、シンガポールのショッピングモールでは、人種も文化も違う人たちが、皆英語を使って、皆同じようにTシャツに短パン、クロックスのサンダルを履いて、ファーストフードを楽しんでいる風景が見られる。それは消費文化が行き着いた先のマイナスの世界として語られることが多いの

だけれど、そこにはある種の共同性が見られる。ふるまいを共有することは、弱いかもしれないけれど連帯感をつくるきっかけになっていると思います。それと同じように、裸足というのはふるまいの共有の一つになっている気がします。

小西｜知らない人とふと生まれる連帯感ですね。

谷川｜そうそう。作法を共有した人がいると、ちょっとした安心感にもなるし、それが日常の習慣になると、先ほど小西さんが言ったように「あの人最近来ないな」とか「また来た」とか、頭の中でのコミュニケーションになりますね。

対話や議論を通して案を成長させる

谷川｜小西さんの作品は建築単体ではなく、街や地域との関係を重視していますが、街を観察する際、どのようなフレームで見ていますか？ 例えば私の場合は、都市レベルの俯瞰と、すごく狭いサイズの細かな観察が同居しています。ケヴィン・リンチ（注）という人が、パス（道）やエッジ（縁）、ランドマーク（目印）など街の構成要素から都市を見たように、私も街の全体像の中に、ブロックを置いていくように要素でざっくり理解します。その一方で、鴨川デルタにはどんな人がどの時間どういう過ごし方をしているのかという、すごく具体的な事象を凝視していて、俯瞰と具体を同時に見て考えるというのが私の観察のクセだと思います。小西さんの場合は、ここに建築をつくろうという時にどんな風に見ていきますか。

小西｜広島であれば、広島の街全体を見て、最後に実際の敷地をつぶさに見ていきます。街にはそれぞれ色があり、それがおもしろさでもあると思いますが、時にその色を壊してしまうような個性の強い建築があって、もったいないなと思うことがあります。いわゆるスーパー銭湯もそのような外観を持っていることが多いので、今回の作品ではそれとは異なる、街に溶け込み、街の人がふと入り込んでしまうような建築になるようにしました。

谷川｜なるほど。それが大きな建築を中心に街をつくるのではなく、小さい棟を分散して置いていくつくりにつながっているのですね。この辺りは、大建築を志すのではない時代なのだなと変化を感じます。

ところで、棟ごとに特色ある蔵書にするということも書いてあります。私がこの街に住んでいたら、部屋から一番近いコンビニに行くのと同じ理由で近所の銭湯に行く気がします。蔵書に関係なく一番近所のお風呂に行くし、蔵書もそこの近くのものに触れるでしょう。つまり、人の動線はダイナミックには変わらない。でも、それはそれで良い作用を生み出すと思います。植物に興味がない人でも、その棟に行けば植物の本の背表紙を見たりするということが生まれるからですね。街中で知り合いではないけれど同じ人とよくすれ違い、その人に親しみをもつようになるのと似たことが、本に対しても生まれる。たとえ読まなくても、興味のないジャンルでも、馴染みの背表紙やタイトルが出てくるということです。もしかすると、植物の本のエリアによく行くようになることで、偶然植物に興味を持つこと

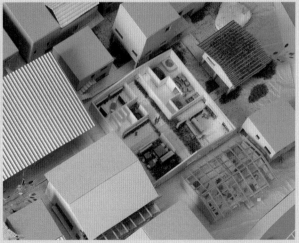

小西さんの作品「私たちは極楽を知っている」の模型。
図書館に銭湯を複合させた大学施設。施設内には、GLから一段上げた図書室と浴室を裸足でめぐる道が配されている

になるかもしれない。それは、良い出会いですよね。ちなみに、「時間」の観点を考慮して制作はしましたか。

小西｜この街自体に人がいなくなった未来については考えました。将来、街の人口が少なくなった時に一棟ずつ壊せるように分棟形式にしています。今の街の状態を見ても、老人が多く、人が減っていくのは確実なので、最後は一棟だけになっても良いと思っています。

谷川｜すごくおもしろい。でも、老成して聞こえますね。大建築を目指さないのもそうですが、「自分の設計した建築は歴史に残るものだ」というハングリーで、猛烈な建築家像とは真逆です。人口減少などの課題は仕方ないと受け入れ、それを課題に素直に表現するところは、先ほど話した「正当化の論理が弱い」という部分にもつながると思います。しかし一方で、その素直さが公開審査会のあの場で審査員の評価を左右したのかとも思います。審査員との質疑応答で、大半の人が用意してきた言葉で話していましたが、言葉巧みな審査員たちからしたら、学生が準備して話す程度のことは想定できるので物足りない。予期しない角度の言葉が聞きたかったのですね。

小西｜司会の光嶋先生は用意してきたものを読むのではなくて、自分の気持ちでしゃべりなさいとおっしゃっていました。私は思ったことをすぐ口にするタイプで、それを親からは注意されたりするのですが、それが良かったのかもしれません。

谷川｜もちろん事前準備は大切ですよ（笑）。でも、事前に全ての質問を予測したり、予め自分の作品のポテンシャルを把握したりすることはできません。あの場にいた審査員は、批判的な質問をすることで、学生から用意していなかったことを聞きたかったのです。

小西｜私の作品や理論は隙が多く、審査員の先生にいろいろとつっこまれて、たじたじでした。

谷川｜質問が多かったということは、小西さんの作品風に言うと議論の滞在時間が長く、それだけ豊かだったということです。小西さんの作品はひとつだけではなく、いろいろな解釈ができた。

小西｜自分だけではなく審査員の先生方が案を一緒にふくらませてくれました。

谷川｜そうですね。議論をすることで育ててくれた。設計は基本、一人で行うものだろうけれど、それを人に見せて対話をすることで予期せぬ考えをもらったり、何かに気付いたりして、それがきっかけで案がジャンプすることがあります。実は小西さんの案よりも建築的にスマートで隙がなく、理論も練られていて、他のコンクールであれば1位をとるだろうという案もあったのですが、建築新人戦の主旨とは少し違っていたのだと思います。建築新人戦は伸び代のある案、多様な見方ができて、議論を経るうちに成長していくような案を評価する場だと思います。なので、スマートで完璧に近く、練りに練ってある意味固まってしまった案は、評価

軸と合わなくて外れてしまった面があります。しかし、選ばれなかった人は、それはそれで良かったとも思う。その人は設計や理論もそうですが、審査員との質疑応答でもこういう質問が来たらこう返すといろいろと考え用意していたと思います。そして、選ばれなかったことで、どうして選ばれなかったのだろうとまた考え続けます。「その方がその人のためになる」という話を審査会後に審査員同士で話していました。
以前、高校生から哲学を学びたいが、私は自分が分かっていないので確固たる意見がないと言われたことがあります。それはそうです。若いうちに明確に自分が定まっている方が変です。建築新人戦も審査員と議論するとき「確固たる意見っぽいもの」で武装しても、実務や理論に通じているプロからすると物足りない、想定内のものがほとんどです。自分の作品はそこがゴールだと思い込むよりも、分からないくらいがちょうど良い。物事を学ぶうえでは矛盾する意見を聞いて、その両方に「なるほど」と説得されながら、ずっと考え続けることが大切だと思います。小西さんには、これからも考えることをやめず、このアイデアを発展させていただけたらと思います。今日はありがとうございました。

注：ケヴィン・リンチ
アメリカの都市計画家、建築家（1918〜1984年）。都市を住人がどのように感じているかに関するアンケート調査や分析を行い、都市のイメージを明らかにした。パス（道・通り）、エッジ（縁・境界）、ディストリクト（地域・特徴ある領域）、ノード（結節点・バスの集合）、ランドマーク（目印・焦点）の5つの要素に分類し、それらが組み合わさって都市のイメージが形成されるとした。その手法は、為政者や都市計画者によるこれまでのものとは異なるものであり、都市計画だけでなくさまざまな分野に影響を与えた。

対談は京都御苑の東側にある梨木神社で行われた

小西さんの後ろに見えるのは1915年（大正4）につくられた能舞台

設計課題
「地域に賑わいをもたらし街を豊かにする大学施設」
― HITゲートウェイ プラザ：大学と街・人（学生）と人（住民）を結ぶ開かれたキャンパス ―

［広島工業大学工学部建築工学科「建築デザイン実習B｜第3課題｜3回生｜2023年度］
担当教員: 平田欽也・鈴木浩史・三島久範・小松幸雄・高野俊吾・成田和弘・藤森雅彦・塚川 譲

□ 課題主旨

　広島工業大学の正門付近に、地域住人と学生が交流できるHITゲートウェイ プラザ（仮称 H.G.plaza：各自がネーミング）を設計する。H.G.plazaは大学と市民協働による地域に開かれたキャンパスで、HITVisionで目指している"地域社会の創造の拠点"となり、地域に賑わいをもたらし街を豊かにすることが目的である。これからの大学の地域貢献の在り方が、今回の課題のテーマである。学生と大学の持つ可能性を、市民とシェアすることで生まれる新しい公共空間の創造に期待したい。

　H.G.plaza には、誰でも気軽に利用できるカフェテリアや交流ラウンジのある学生会館、地域に開かれた図書館、発表・発信の場であるコンベンションホールなどの機能がある大学複合施設である。また、各自の企画立案により+α機能を付加することで、さらなる魅力と賑わいの相乗効果が生まれることを考える。そのためには、よく練られたプログラムやコンセプトが重要となるだろう。大学の正門付近という地域との結節点において、その立地を生かしながら学生が街を元気にするようなオリジナルな企画（プログラム）を提案し、それに沿った大学複合施設のデザインを行う。

　さらに今回の課題はSDGsに呼応するサスティナブルなデザインを意識した建築を考え、地域活動を持続的に支えることができる"地域社会の創造の拠点"とする。ものづくり・文化・芸術を発信することができる五日市エリアの中心施設として、地域に賑わいをもたらし、街を豊かにする、新しい複合施設の提案を行う。

□ キーポイント

1. 大学複合施設で学生と地域住人の交流が生まれる企画（プログラム）を考える。
2. プログラムに沿って施設ができ、周辺がよい環境となるような提案を考える。
3. 周辺地域に開かれた、あらたなキャンパス空間をつくりだす。
4. 建物内外の繋がりと外部の利用について考え、ランドスケープをデザインする。
5. 各自が学生として利用者の立場・活動拠点として、企画や提案を考える。
6. 敷地北側に隣接する大学敷地の大まかな利用計画を、本計画と合わせて考える。

□ 設計与件

用途: 大学複合施設

規模: 延べ面積10,000㎡程度（ピロティ、屋外テラス、庇下などは面積に算入しない）、階数は自由（建物高さは法規制内であること）

構造: 鉄筋コンクリート造・鉄骨造・またはそれらの混構造

施設計画:

1. エントランスホール、情報ラウンジ、ギャラリー、ショップ
2. 学生会館（交流ラウンジ、カフェテリア、厨房等 計1,000㎡程度）
3. +α施設（ファブラボ等1,000㎡程度）
4. コンベンションホール（展示・イベント等 500㎡程度）
5. 作品収蔵庫、材料倉庫等（展示・イベント対応 300㎡程度）
6. レクチャールーム（100席・200㎡程度）
7. 図書館：書架等
　（開架閲覧3,000㎡+閉架書庫1,200㎡程度・所蔵数4万冊）
8. 図書館：その他
　（学習室400㎡、視聴覚室200㎡、レファレンス・事務管理300㎡）
9. 事務室、会議室、印刷室、スタッフ控室等（左記諸室 計300㎡程度）
10. 機械室（500㎡程度）、トイレ、その他必要と思われる諸室を新たにつくり出しても良い
11. 屋外イベント広場（大学祭等の大学行事、地域交流イベントで活用）
12. サービスヤード（搬入口）：敷地北側に隣接する大学敷地（駐車場等）から接続すること
13. 駐輪場50台、駐車場20台（サービスヤードの接続条件と同じ）
　※各室の床面積を室名下に記入する

□ 提出図面等

※設計ルーブリックAタイプ、Bタイプで提出図が異なるので確認すること

1. 配置図:1/500（周辺環境・隣地・道路との接続を表現、外構図を兼ねる）
2. 各階平面図:1/300（室名・家具レイアウト・1階平面図には敷地内の外構を表現する）
3. 立面図:1/300（主要箇所2面以上、周辺環境・外構計画を表現）
4. 断面図:1/300（主要箇所2面以上、構造・内外の接続を表現する）
5. 透視図:外観・内観各1面以上（着彩）・外観の模型写真（CGでも可）
6. 設計趣旨:200～400字、コンセプトを表すタイトル
7. 設計概要:必要項目の書式を別途示す（敷地概要・建築概要・面積表）
8. ダイアグラム:コンセプトの図式化（交流プログラム、空間構成等を表現する）
9. その他:設計意図を表すのに必要と思われるもの（スケッチ、模型写真、フローチャート等）
10. 模型:1/200（周辺環境・外構計画を表現する）
11. ルーブリック:図面提出時に、自己・他者チェックしたルーブリックを提出する

※図面はA2サイズ（横使い・左タブ綴じ）のケント紙6枚以内にレイアウトする。レイアウトが考慮され、着彩などを施したプレゼンテーションの図面として表現する。図面提出後（12回予定）、講評会開始までに、透視図（CG）・模型写真のみ追加を認めるものとする

、ときどき玄関

ID.0017
宮田 太郎
Taro Miyata

日本大学
理工学部 建築学科
3回生

作品用途: 集合住宅、商業施設
課題名: 豊かなオープンスペースをもつ複合施設
取組期間: 4カ月

コンセプト

暮らしやまち、人の距離感について考えていきたい。映画が好きな住人は玄関にキッチン持つお隣さんと食事をしながら玄関にあるスクリーンで映画を見る。家に入ってまでご近所やお客さんと付き合わなくても良い。ときどきダイニングに。ときどき客間に。でも、ときどき玄関。そんな新しい玄関のあり方を考える。

■AA'断面図

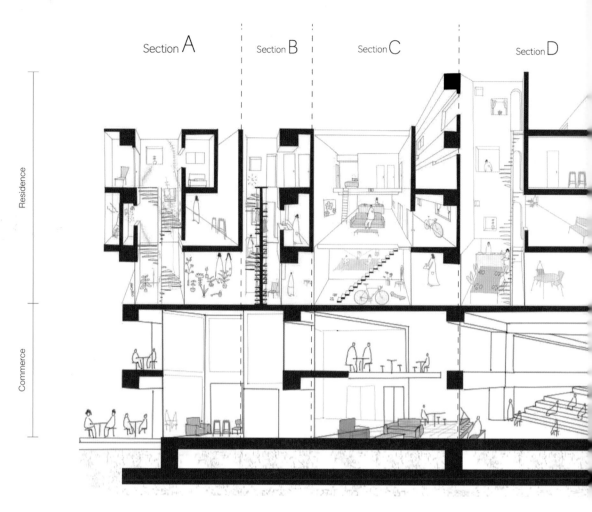

Section A　　Section B　　Section C　　Section D

Residence

Commerce

■問題意識：玄関が閉じている

玄関の昔と今

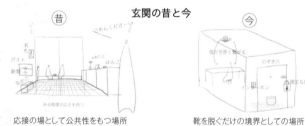

昔　　　　　　　　　　　　今

応接の場として公共性をもつ場所　　靴を脱ぐだけの境界としての場所

応接が設備に変わり、玄関がとても閉じたものになっている

■応答の方法：玄関を閾と捉える

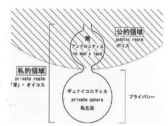

『権力の空間／空間の権力 個人と国家の〈あいだ〉を設計せよ』(山本理顕)

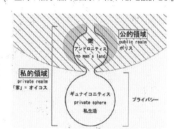

■ 公的領域への広がりをもつ閾（=玄関まわり）

閾が身を広げられる余地を残し他者や環境を受け入れる

■リサーチ：玄関の風景が商と住を豊かにしていく

表参道　　住　　商　　南青山　　Site　　住　　住

■ 道路に迫り出す建物　　　■ 玄関まわりが豊かな建物　　　住宅

商と住の関係を俯瞰する
敷地は表参道から南青山へ続くみゆき通りの先に位置する。南青山には建築家が設計した強い建築が立つ商業エリアと高所得者が住む住宅エリアがある。住宅エリアと商業エリアが混ざり合う敷地周辺では暮らすことと商うことの関係を考える必要があった。

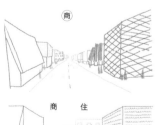

強い建築が迫り出す風景
表参道から南青山へ進むと強固な建築群が道路に対して迫り出し、ファッションショーのように堂々と建っている。それぞれ個性を持っていてどこか窮屈なイメージを感じる。

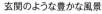

玄関のような豊かな風景
建築と建築のスキマ（商-住）を覗くと店前にテラス席があったり、ベンチが置かれていたりと、まるで玄関のような空間が広がる。お金持ちのリッチなベランダまでもその風景に参加する。

Section E   Section F   Section G

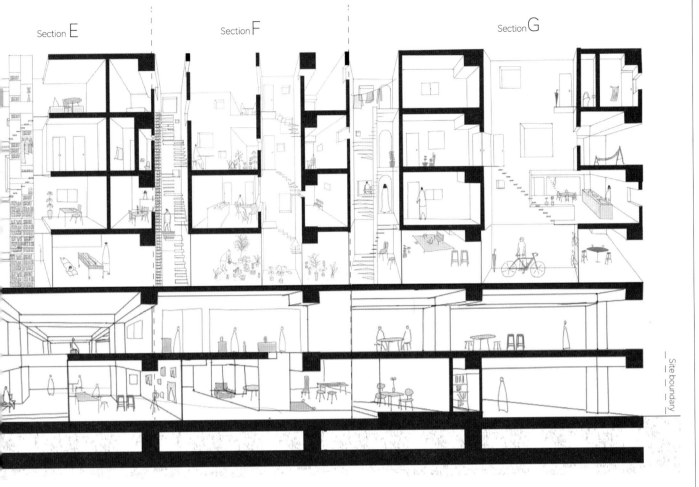

Site boundary

□ 3F-Plan

A ↑   A' ↑

A B C D E F G

■3F-Plan：玄関へ身を広げる

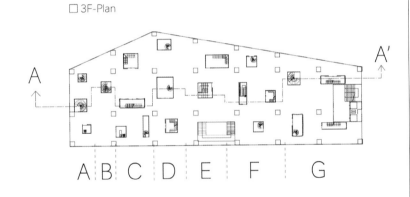

それぞれのキャラクターをもつ玄関

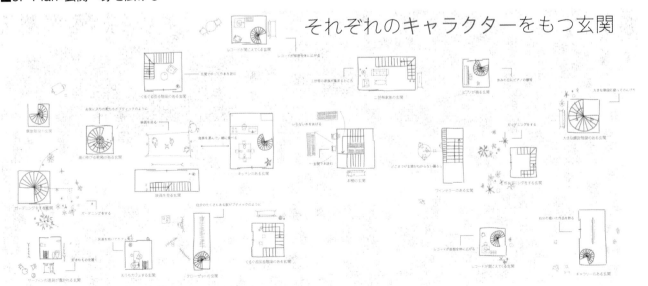

■1F-Plan：玄関がさまざまなふるまいを受け入れる

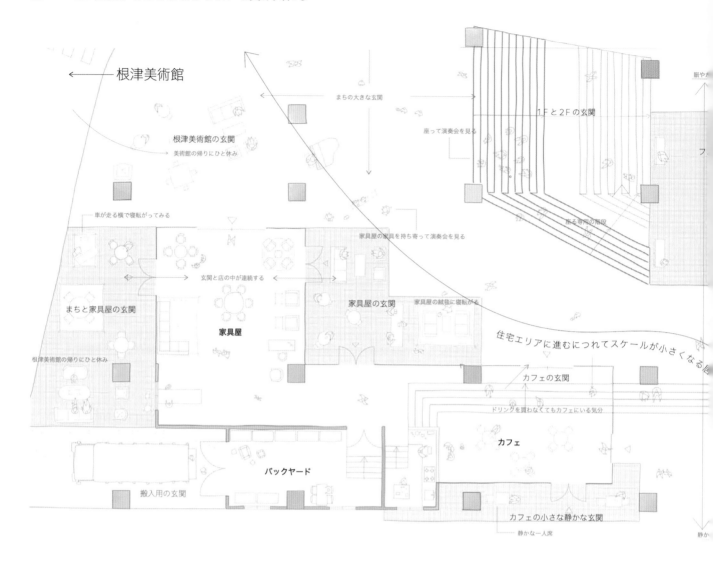

← ─ 根津美術館

まちの大きな玄関

1Fと2Fの玄関

根津美術館の玄関
→ 美術館の帰りにひと休み

座って演奏会を見る

車が走る横で寝転がってみる

家具屋の家具を持ち寄って演奏会を見る

玄関と店の中が連続する

まちと家具屋の玄関

家具屋の玄関

家具屋の絨毯に寝転がる

家具屋

住宅エリアに進むにつれてスケールが小さくなる

根津美術館の帰りにひと休み

カフェの玄関

ドリンクを買わなくてもカフェにいる気分

バックヤード

カフェ

搬入用の玄関

カフェの小さな静かな玄関

静かな一人席

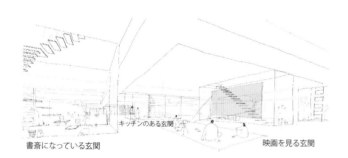

書斎になっている玄関

キッチンのある玄関

映画を見る玄関

■暮らしを玄関に投稿する

玄関は住む人とまちとの間をとり持つところ。住人とまちの間（あいだ）を考えることは玄関を考えることにつながるのではないか。今回は住人のもつそれぞれのキャラクターが映し出るように玄関を考えてみる。一般的には玄関によって境界がぶつりと切られてしまうが、住人の見られてもいい暮らし、むしろ魅せたい暮らしを玄関に投稿することで、このまちらしい住まいかたが現れる。そうした様子はショーケースの中に飾られている商品よりもずっとかっこいい暮らしとしてふるまわれるだろう。

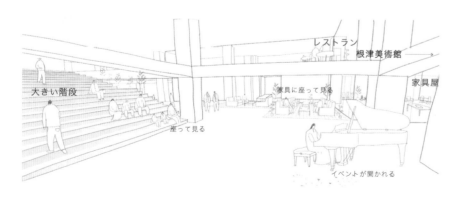

大きい階段

座って見る

家具に座って見る

レストラン

根津美術館

家具屋

イベントが開かれる

■大通りから見る：
店前の玄関が広がっていく

店とまちの間に玄関を考える。家具屋の玄関には家具が置かれ、本屋の前ではブックストリートが展開される、アトリエではモックアップするとこに。それぞれの機能がそのまま内で完結せず、外へ広がっていく商いのあり方を考えた。そして、それを階段まで導くことで平面的な構成から断面的な1Fから2Fへの地続きでシークエンシャルな体験をつくる。

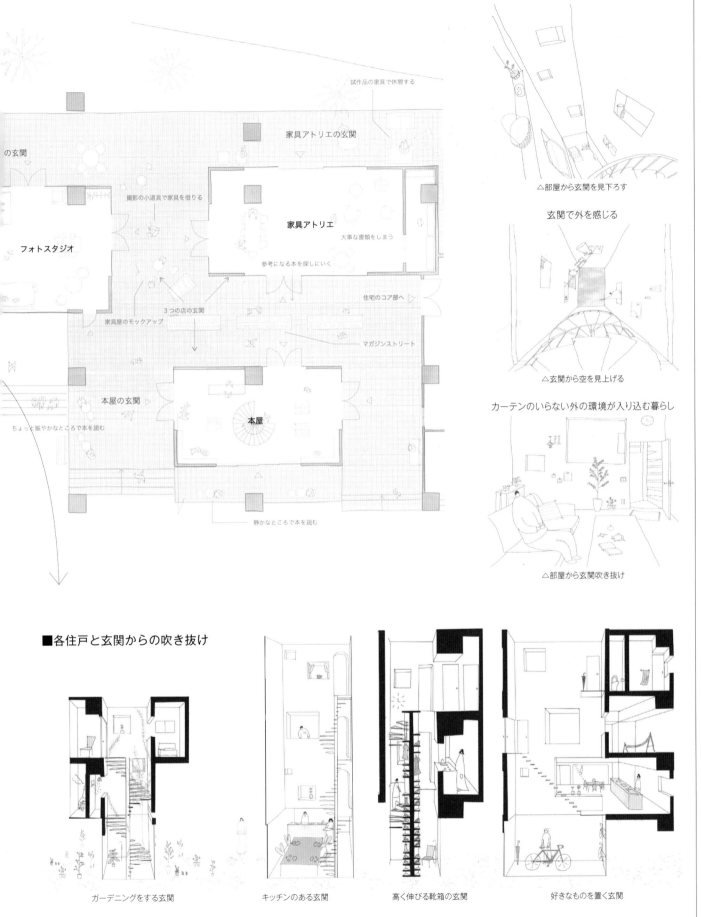

中庭のような玄関

△部屋から玄関を見下ろす

玄関で外を感じる

△玄関から空を見上げる

カーテンのいらない外の環境が入り込む暮らし

△部屋から玄関吹き抜け

家具アトリエの玄関

試作品の家具で休憩する

の玄関

撮影の小道具で家具を借りる

フォトスタジオ

家具アトリエ

大事な書類をしまう

参考になる本を探しにいく

住宅のコア部へ

3つの店の玄関

家具屋のモックアップ

マガジンストリート

本屋の玄関

本屋

ちょっと賑やかなところで本を読む

静かなところで本を読む

■各住戸と玄関からの吹き抜け

ガーデニングをする玄関

キッチンのある玄関

高く伸びる靴箱の玄関

好きなものを置く玄関

映画が好きな住人は玄関にキッチン持つお隣さんと食事をしながら玄関にあるスクリーンで映画を見る。

家に入ってまでご近所やお客さんと付き合わなくても良い。ときどきダイニングに。ときどき客間に。

でも、ときどき玄関。

そんな新しい玄関のあり方を考えている。

コビトノセカイ

ID.0794

大町 有香子
Yukako Omachi

京都工芸繊維大学
工芸科学部
デザイン・建築学課程
3回生

作品用途: 図書館
課題名: ランドスケープ
取組期間: 1カ月

コンセプト
私たち大人が普段認識している苔は、群である。
小さいものがより鮮明に見えていた子どもの頃の
感覚を、小学校だったこの場所で取り戻してみる。
子どもの目線で苔のランドスケープを散策する
と、苔の一つひとつの可愛らしい一面に気付く
はずだ。

■敷地と課題設定

廃校となった元待賢小学校を、メディア・コミュニティセンターへとコンバージョンし、ランドスケープデザインを施す。敷地は京都市中心部からほど近い、住宅や商業施設が密集するエリアに位置する。

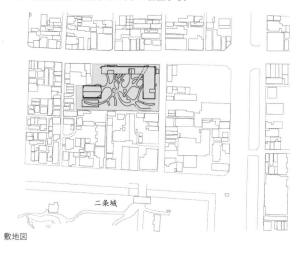

敷地図

■コビトになるための工夫

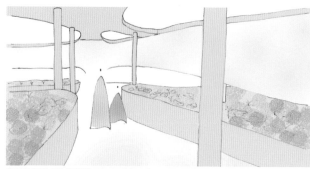

①動線をGLよりも下げることで、苔をアイレベルに近づける。

②足を伸ばしたり、寝転んだり、自由な体勢で低い目線から苔を眺める。

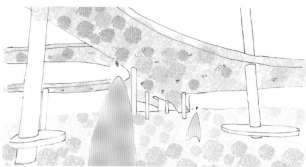

③ボリュームに張り付く苔を下から見上げる。苔を見上げるコビトに自分を重ね合わせる。

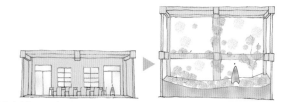

④教室を拡張し、ガラスで囲い苔で満たす。成長して小さく感じるはずの教室が壮大に感じる。

■「苔」をテーマとしたランドスケープ

山々に囲まれ程よい湿度が保たれる京都は苔の生育に適し、数々の苔庭が存在する。しかし、地面に生えている苔を歩いて鑑賞するスタイルの場所が多く、苔の魅力が鑑賞者に十分に伝わっていないと感じる。種ごとに異なる可愛らしさを持ち、環境の変化により姿形を変える苔を、もっと近くで、ゆっくりと鑑賞してほしいと考える。そこで、京都の観光地として人気な格式ある苔庭とは異なり、気軽にくつろげる公園のような苔ランドスケープを提案する。

■苔と人のスケール差

普段我々が認識している苔は「群」である。大人のアイレベルから地表の小さな苔を眺めると、一つひとつの苔を認識することは難しい。人と苔のスケールの違いが両者を遠ざけているように感じる。一方、目線の低い子どもは苔に近い分、大人よりも鮮明に苔を見ることができる。蟻程の小さな生き物はなおさらである。苔の小さなスケールに我々が近づくことで、新たな発見があるはずだ。

■苔の性質と生育条件

苔は土の上だけではなく、樹幹、石、コンクリートなど、いたるところで生育できる。それは、苔が根を持たず、体表面から水分を得て、光合成によって養分を得るからである。そのため、苔の生育には日射量と湿度が重要になる。ある程度の湿度を保ちつつ、苔の種類ごとに適した日射量を与えることで、良い状態を保つことができる。

■苔の分布決定方法

まず、使用する30種類の苔を、種類別の適切な日射量をもとにA～D群の4つに分類する。次に、苔の分布決定方法に基づいて各群の配置場所を決定し、平面図上にプロットする。

A群		B群	
タチハイゴケ		ヒノキゴケ	シッポゴケ
コウヤノマンネングサ		シラガゴケ	ホソバオキナゴケ
オオフサゴケ		ムチゴケ	ホウオウゴケ
クモノスゴケ		シノブゴケ	アズマゼニゴケ
オオトラノゴケ			

C群		D群	
コバノチョウチンゴケ		スギゴケ	
オオスギゴケ	イトゴケ	ホウライスギゴケ	
ゼニゴケ	オオバチョウチンゴケ	フデゴケ	ミズゴケ
ハイゴケ	ムクムクゴケ	スナゴケ	イチョウウキゴケ
ツヤゴケ	フタバゼニゴケ	ギンゴケ	ウイローモス

①春分・秋分の9、12、15時の、ボリュームと高木による影を平面にプロット。
②3枚の影を重ね合わせ、重なっている枚数別に分類。3色が重なる部分は最も日陰の時間が長く、重ならない部分は最も日向の時間が長いといえる。

③苔の適正照度分布をもとに、3枚重なっている部分をA群、2枚をB群、1枚をC群、0枚をD群のように配置を決定。さらに、群の中でため池・人の動線からの距離を考慮し、場所ごとに配置を最終決定。

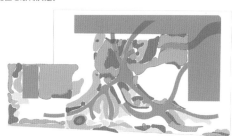

森のコロニー
GLも上部のボリュームも、複雑に起伏する空間に苔が生い茂るランドスケープが広がる。地表で苔を見上げながら過ごすコビトに自分を重ね合わせる

■苔ランドスケープと建築の成立過程

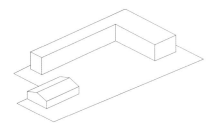

0.既存校舎とグラウンドが存在

1.地下1階と外部をつなぐようにグラウンドを掘り下げ、その土で丘をつくり、勾配による自然の雨水循環経路を構築する

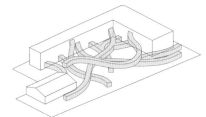

2.グラデーショナルな苔ランドスケープ構築の為、複雑な影ができるようにボリュームを配置する

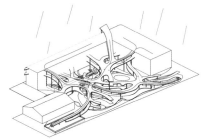

3.雨水・人の動線を考慮し、ボリュームを調整する。ボリュームが既存プールと既存校舎地下2階の2箇所にある貯水庫へと雨水を運ぶ

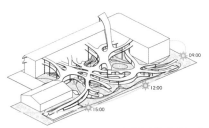

4.ボリューム・高木による影のでき方を時間別に調べることで、場所ごとの日照時間を計測し、日照環境に合った種類の苔を配置する

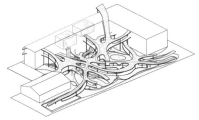

5.GLに配置した苔のランドスケープが、ボリュームを伝うように既存校舎内部まで貫入する

■人・雨水・植物を運ぶボリューム

増築ボリュームの形状は、GLの影の落ち方、雨水の流れから決定されている。結果的にランドスケープが立体的に続いているような、有機的な形態となった。GLの地被植物が人の動線となるウッドパネルの隙間に繁茂し、既存校舎まで植物を運ぶ。また、降雨時は地被植物から雨水が砂利の層へと染み込み、既存のプール・地下2階にある貯水庫へと運ばれる。

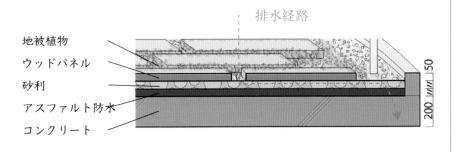

排水経路

地被植物
ウッドパネル
砂利
アスファルト防水
コンクリート

200 50

■平面図と苔の分布

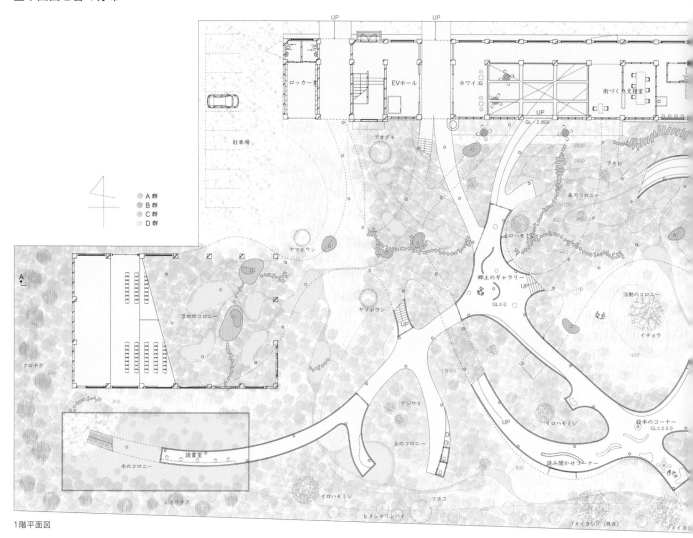

1階平面図

AA断面図

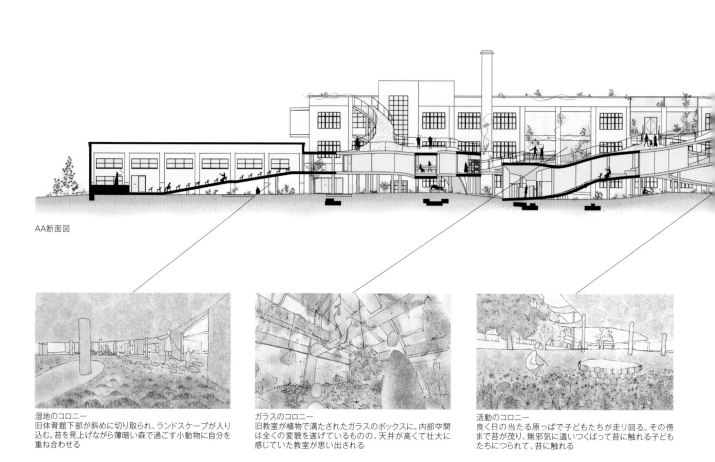

湿地のコロニー
旧体育館下部が斜めに切り取られ、ランドスケープが入り込む。苔を見上げながら薄暗い森で過ごす小動物に自分を重ね合わせる

ガラスのコロニー
旧教室が植物で満たされたガラスのボックスに。内部空間は全くの変貌を遂げているものの、天井が高くて壮大に感じていた教室が思い出される

活動のコロニー
良く日の当たる原っぱで子どもたちが走り回る。その傍まで苔が茂り、無邪気に這いつくばって苔に触れる子どもたちにつられて、苔に触れる

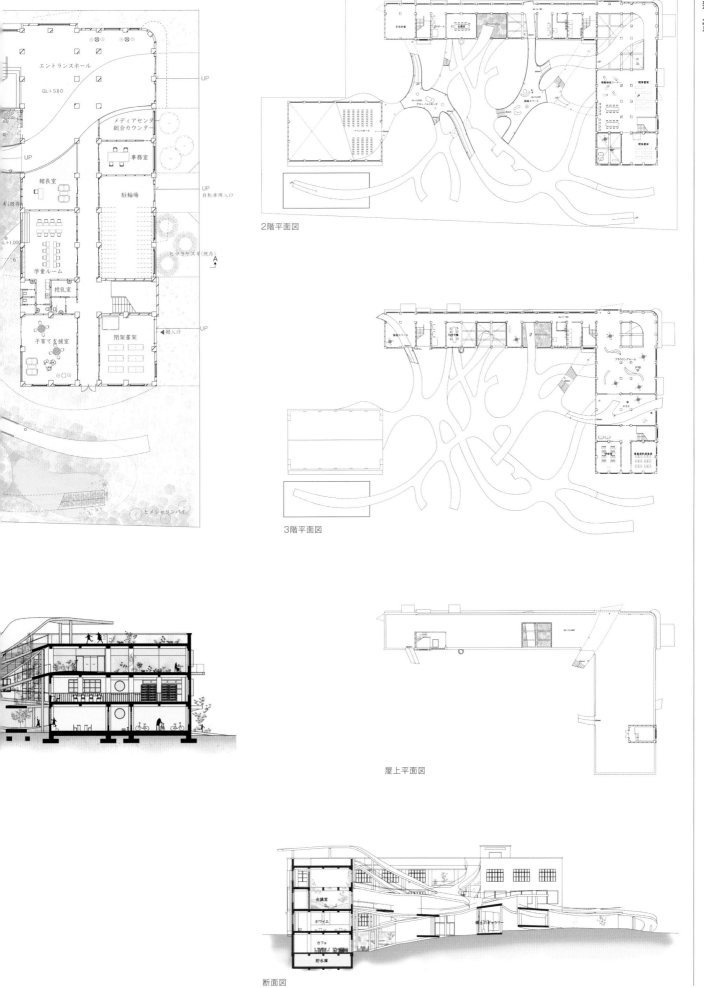

2階平面図

3階平面図

屋上平面図

断面図

那古野リチャーム

ID.0007
桂川 岳大
Taketo Katsuragawa

名古屋工業大学
工学部 社会工学科
建築・デザイン分野
3回生

作品用途: 集合住宅
課題名:「円頓寺地区にすまう」現代・未来の町家
取組期間: 2カ月

コンセプト

那古野の町並みはいたって普通だ。それは那古野に住む人々の考えだろう。彼らにとっては見慣れた当たり前の風景が、私には魅力がたくさん転がっているように思えた。まちに広がる魅力を拾い集め、ひとつの集合住宅にしたとき、どんな輝きを放つのだろうか。ここに住む人々の、周辺住民の、この建築と地域の、新たなまざりあい方を考える。
このまちの魅力に刺激を与える集合住宅が、このまちの未来を魅せるのではないだろうか。

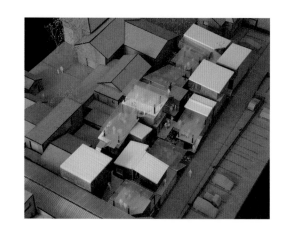

■背景 -那古野の持つ歴史-

名古屋城築城から400年の歴史を持つ那古野地区はその歴史を含有しながら発展してきた。ここで暮らしてきた人たちの生きた証が積み重なり、今の那古野を形成している。それは建築に収まらない。ここで育つ自然や、今の住民たちの生活様式に至るまで奥深くにまで根付いている。堀川の河川運搬としての要所の役割。美濃路の宿場町としての役割。円頓寺商店街という名古屋の中心地としての役割。時代とともにさまざまな顔を増やしてきた那古野の町は、その役割を終えたかのように衰退を始めていた。一時は忘れられた街になった那古野だが、近年の再開発と数多くの新店舗のオープンにより那古野の外からも人が集まる街となった。

■手法 -那古野に潜む魅力-

那古野の町の描写を読み取り、この町を支える要素を小さなところから大きなところまで抽出する。それはこの場所特有のモノであったり、ここで生活していた人たちの生きた証である。それらの本来の意味を捉えたうえで要素の再解釈を試みる。これらの試行により浮かび出た那古野の新たな魅力を建築要素として盛り込む。

■現状 -手つかずの廃墟-

これまで町の中心を担っていた円頓寺商店街が一度は廃れ、那古野地区全体に新たな店舗が増えつつある。新たな空間の魅力とは別に、長く那古野に在り続ける魅力も多く感じた。それは、初めてこの地を訪れた私だからこそ感じることが出来たのではないだろうか。そして、この町に住む人々はそれを魅力と感じているのだろうか。それが今回の提案につながる考えである。そしてこの地を住民らの力で再興することはできないだろうか。

■提案 -那古野再発展計画-

集合住宅の住人は那古野の外から来た人たちだ。ヨソ者が感じ取る那古野の魅力というものに、那古野の町は気づいているのだろうか。居住者たちはこの地に住むことで那古野の魅力を享受し、利用、活用、発展をする。魅力を再認識し、新たな姿を見た那古野の町は、その姿に刺激を受け、今ある魅力をさらに発展する。そして元はヨソ者だった住民たちは時間と交流を経て、那古野の町のウチ者になる。

浅間神社	要素	本来の意味	意味の読み替え	建築の構成要素に
	・建築物 ・壁 ・神社 ・鳥居 ・木	鳥居よりも後に建てられた建築はその領域を侵さぬように壁を削り鳥居を守る。	へこんだ壁にできた小さな空間は人間が訪れることのできない場所となり、動物たちの住処となる。	

■手法 -那古野に潜む魅力たち-

A 堀川	B 植栽	C 植木鉢	D 長屋の屋根	E 黒壁	F 浅間神社	G 雨どい	H 住宅の屋根	I 自転車
川・水・堤防・木	壁・植物・道・窓	植木鉢・土	屋根・瓦・空	壁・格子・黒塗り	建築物・壁・神社・鳥・木	雨どい・ペットボトル・水	屋根・瓦・玄関	自転車・家・道路
コンクリートの堤防が水害から町を守る	町内の緑化活動の一環で住人が自主的に植物を育てる	植物を育てるために用意された空き家になり、放置されている	増築により建てられた年代が違うため屋根の素材が違う	古いものは焼杉 新しいものは意匠的に塗られている	鳥居を守るため	雨どいから水が跳ねるのを防ぐ	増築を重ねたことによる複雑な形状をした屋根	敷地と建物が狭いため家の前に自転車が並ぶ
RCの強固な地盤は植物を力強く育て、川の上という空白部分に植物が育つ。	敷地境界ギリギリに建物があるため、植物が窓の目線になり我が家の色のグラデーションが生まれる	敷地が小さく自分の家で植物を育てることのできない人たちが集まって共同管理の植物となる	連続した屋根の中で素材が違うため、その境界でゆるやかに空間が仕切られる。	違う材で同じ色であると、違う家も一体感を持ち境界をぼやかす	人間の入れない屋根下空間は動物たちの住処となる	指向性を持つ動線の先にポケットとなる空間をつけることで溜まり場となる	入り組んだ屋根は、その間に小さな屋外空間を生む	住民の生活が垣間見えるもので、家と外のグラデーションを生む

J 回覧板	K 椅子	L 石垣	M カラーコーン	N アーケード	O 植物	P 屋根神	Q 階段	R 看板壁
自転車・家・道路	椅子・道路・家	石垣・白壁・蔵	カラーコーン・格子・木	天井・波板・空	壁・緑	屋根・祠	壁・狭い階段	アーケード・家・壁
町内の情報伝達のためのメディア	いらなくなった椅子	地盤補強 美濃路と平坦にするため	景観保護	雨を防ぐ 日光を通すため	放置された植物	屋根神の祠	狭い建物のすき間から店内にアプローチするための狭い階段	雨の侵入を防ぐ
文字というコミュニケーションが人々のコミュニティをつなぐ	井戸端会議の会場となり、地域住民の拠り所になる	蔵を守る防犯となり、強固な印象	外と中をゆるやかにつなぐもの やわらかな光を屋内に呼び込む	まっすぐに伸ばすことで光の道を作る 一か所に光を集めることでたまり場になる	壁が植物たちの道路になる 住民たちが手入れし、よりよいコミュニティを生む	屋根上に空間を作る 新たな手法の提案	壁に現れる小さな入り口はそこを通る人々を吸い込む	アーケードと躯体をつなぐ道となり新たな屋上空間を生む

■仮説 -集合としての建築-

従来の建築手法では建築を構成する空間を重要視して作られる。反対に、ここでは建築を空間より小さな部分の構成と考えることで、空間の機能や行為にとらわれることのない新たなふるまいを生むのではないかと考える。那古野の魅力として捉えた建築要素が、居住者たちの力によって予想もしない使われ方が起こることを期待する。それが那古野の魅力として町全体に広がっていくだろう。

■Re:charm -魅力のサイクル-

回収：那古野の魅力を建築要素として落とし込む

再生：集合住宅の住民たちはそれぞれの解釈で魅力を利用する

再認識：新しい使い方や考え方から周辺住民たちは那古野の魅力に気付く

発散：集合住宅の住民はその要素をそれぞれの解釈で利用する

■提案 -建築要素-

敷地導入部分の階段　Q

商店街を歩いてきた人々は突如現れる階段に目を奪われる。平面かつ、まっすぐに進む商店街に対して上へあがる選択肢は見逃せない。

コモンに面した黒壁　E,G

共有部分の壁は黒色になる。道となる部分では方向を示す壁となる。これに沿って進んでいくと、気づけば広い空間にたどり着き、そこではゆったりとした時間を楽しむ。方向性を持つ壁と、滞留性の壁が入り混じる。

壁面緑化　B,O,M

商店街面の壁に壁面緑化を施す。上階の住居の目隠しにもなり、かつ、前を通る人々にインパクトを与える。

ポスト・掲示板　J

住民の郵便受け、掲示板、地域の郵便ポストをまとめて設置する。文字やモノによる新たなコミュニティが生まれる。

モビリティ　I

レンタルキックボードや、レンタルサイクルの拠点を設置する。名古屋市内の移動に適したこれらのモビリティは那古野の外から人を呼び込む。

ベンチ　F,G,K

壁がへこんだような形を持つこの壁から飛び出したようなベンチが設置される。商店街からも少し斜めにあることで、ちょっとしたポケットのような空間になる。

屋根上ベランダ　P,R

屋根上の空間を活用する。躯体から柱だけが飛び出したところに新たに屋根をかけると、屋根の上がコモンスペースになった。集住内でも最高の高さになるこの場所からは、隣の慶栄寺やアーケードの上の青空を眺める。

植栽スペース　B,C

この敷地の至る所に置かれた植木鉢ではだれでも自由に植物を植えることができる。空き地としての植木鉢の活用方法を提案する。

3種類の庭　C,B,

住人には3種類のうちいづれかの庭が与えられる。1. エキスパンドメタルの庭＿屋根からエキスパンドメタルが垂れるこの庭では、物干しに使ったり、ハンモックをかけたりと、活用の幅が広い。また、目隠しにもなる。2. 土の庭＿地面が土の庭で、そこで植栽を育てることもできる。少しの不自由さが新たな発想の起点となる。3. 公共の庭＿庭がコモンスペースとなる。誰でも立ち入れる場所だからこその新たな使い方が期待できる。

屋根　D,H,N.P

11 の分棟が持つ屋根は合計で 19 になる。複雑な重なり合いで風景を切り取る。コモン部分にはあ波板を使うことで光を透過し暖かさを演出する。

植栽　A,F,O

3 箇所の植栽。左は斜めの屋根の上にある。一番下から始まった植栽はやねをガイドに浸食を進める。右は躯体を削った空間。人の手の届かないところで植物は自由に育ち、動物たちの拠り所にもなる。

敷地内の道　L,M

敷地内には飛び石が置かれ、動線を示す。ボリュームの凸凹により、道がうねることで来訪者は様々な方向を向き、住みこなしを発見する。

1階平面図

■断面図

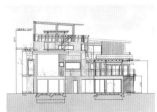

A-A'断面図

清澄アーカイブス
築95年のRC造長屋『旧東京市店舗向住宅』の変遷の先に考える、250mの「未完建築」で応答するノスタルジー

ID.0247

半田 洋久
Hirohisa Handa

芝浦工業大学
建築学部 建築学科
3回生

作品用途: 図書館
課題名: 成熟社会における市民の文化活動拠点
　　　　としての図書館
取組期間: 2カ月

コンセプト

自身が一つの時点で示した本計画は、構成のギャップの中で今後もつくり変えられ、更新され続けながら街と人と建築とのコミュニケーションを生んでいく。これは、街と、人と、建築と、そして設計者の私が自らの世界をアーカイブしていく所作であり、以下を持って『清澄アーカイブス』とする。

■地域に愛された建築

「旧東京市店舗向住宅」改修の提案である。築95年RC造長屋形式の店舗付き狭小住宅で、関東大震災の復興時事業の一環として清澄庭園所有者の三菱地所によって土地が旧東京市に譲渡され建設された。長い年月をかけ所有者が移り変わってきた背景を持っている。現在は看板建築の表情や、場当たり的な改修のディテー

対象敷地／東京都江東区清澄
写真／2023-06/12 製作者撮影

ルなど、住人の建築に対する能動的な応答が様々な表情をつくっており、それらは地域に愛されていた。しかし、増改築が繰り返された中で、建築の連帯性が失われたことが聞き取り調査などで判明した。現在空洞化しているその建築を街の遺産とし、個人の記憶の痕跡を残しながら地域に開くことで、集合的な記憶の母体へと変えていく。この場所で建築にまつわる「所有」を超えた街の共同意識をつくり出すことができないか。

■生きられた建築へ

新たな機能を図書館とした。

情報化する社会は記録に纏わる媒体のほとんどを質量から解放し、図書館というビルディングタイプが今後解体されていくことは免れない。今後、図書館の本質的機能としてのアーカイブは、街と共にあるのではないかと考えている。その場所で、建築を通した街の人々の交流があり、街の記憶と共にアーカイブされていく。本計画を通し、そこに更新され続ける人々の営みをつくり出し、歴史を塗り重ねる土台を用意する。

図書館建築

建築の更新速度

情報化社会

テクノロジー, 技術の進化

「アーカイブ」

提案後 1/150 全地模型

竣工時の旧東京市店舗向住宅の図面（1928年）

竣工時 平面図（1ユニット）

竣工時 短手断面図

竣工時（1928年）東側立面図

街と旧東京市店舗向住宅にまつわる
オーラルヒストリー

初期部分（1928-）

古写真（1928年 竣工時）

古地図（1880年〜1956年）　古写真（1955年頃）

旧東京市店舗向住宅の遷移

三菱地所管理や木造長屋が100軒以上建っていた

1923	関東大震災 庭園、長屋 破滅
1928	三菱地所が公園延長地として東京都に土地を寄付
1928	旧東京市店舗向住宅 竣工（耐火性の観点からRC造）

『旧東京市店舗向住宅』誕生

| 1945 | 東京大空襲で庭園は壊滅したものの、長屋は焼け残る |
| 1953 | 長屋が住民に払い下げられる 建物の所有権が住民に移行 |

住人の自由な改修、増築が始まる

| 1987 | 東京都の立退勧告によって長屋が一部買取られる |
| 2023 | 空き家化、商域化、退廃化、高齢化 etc... |

空地の風景（2023-06/12）

東京都江東区清澄 航空写真

1880年
三菱地所
建築
伊勢崎町小学校など

1909年
所有
三菱地所
建築
木造長屋群

1937年
所有
東京市
建築
旧東京市店舗向住宅

1956年
所有
東京市＋個人
建築
旧東京市店舗向住宅

2023年

初期部分（1928-）　改築部分（1953-）

初期部分（1928-）　改築部分（1953-）　提案部分（2023-）

現在（2023年）東側立面図

提案後 東側立面図

断面的変遷に基づく編集操作

竣工時（1928 年）

竣工時は RC ラーメン造 2 階建て、店舗付きの棟割り住宅だった。長屋の形式が生み出す連続した屋上と、ベランダでの交流が多様な関わりを生んでいたとわかっている。

- ベランダの交流
- 屋上の交流
- 公共空間
- 半公共空間（1928 年竣工）
- 初期長屋部分（1928 年竣工）

現在（1953 年〜）

3,4F に木造、庭園側に RC 造の増築が行われた。住面積を増やすため、各々の自由な改築によって、長屋の連帯性は失われ、猥雑な風景を作っている。

- 住人による独自の改築部分
- 木造の増築
- RC ラーメン造
- 初期長屋部分（1928 年竣工）

提案

竣工時のグリッドを引用
連帯性、公共性を再び付与。

- 公共空間（小規模事業者テナント）
- 解体
- 半公共空間（読書空間）
- 内部空間（図書館主要機能）
- 公共空間（歩道）
- 転換
- 改築
- 形態の変遷の先に機能をアダプトさせる

平面構成に新たに加わる方向性

現在（1953 年〜）

街と清澄庭園を分断するようにして建っている。街と建築の関係は、一方向的なものであり、波及していくことのないものになっている。

- 住人による独自の改築部分
- 初期長屋部分（1928 年竣工）
- 接道

提案

平面的に新たな方向性を作り出す。内部に新たな公共動線を通し、塀の中に入っているような体験ができる。

- 半公共空間（読書空間 + 公共動線）
- 内部空間（図書館 + 地域交流談室）
- 接道

─ 改修行為を通したアーカイブ ─

既存改修対象場所
全体

A_既存仕上げ解体 I_RC 構造変露出 B_窓枠解体 C_RC 耐震壁（新築）t=120mm I_白色モルタル 佐官仕上げ t=15mm D_仕上げ解体 = 木造、木柱露出 E_既存フローリング使用 t=15mm F_既存仕上げ転用 I FRP 防水、保護モルタル t=15mm G_既存アスファルト防水 I 軽量コンクリート t=90 H_手摺：St パイプ φ =30mm I_既存ファサード縮持 J_本棚：S 造 K_木棚 = 木造 L_既存フローリング使用 t=15mm M_構造補強ブレース：St φ =80 N_既存フローリング仕上げ解体 I RC スラブ露出

テナント
テナント
読書空間
開架図書
地域交流談室
清澄庭園
歩道

― 提案新築部分 (2023-)

共　私　公

0 1 5 (m)

■自身の設計行為を通したアーカイブ

竣工時の建築に住人が独自の増改築を重ね重ね行い続けたその集積が、現在の猥雑な風景をつくり出している。価値と定義するものを残し、蘇らせるものを見つけ、新たに生み出されるものを形づくりながら、空間の再編を行なっていく。新たな骨を持った建築は、再び人々の手によって建築に肉を生成するだろう。（本頁上側）

増改築が繰り返されてきた建築の計画を行う中で、自身も歴史の一部として新たに手を加える。空地部分には建築をつなぎ直すよう手を加え、再び連帯性を取り戻す。元の構造材料と耐用年数が食い違うよう、構造材として木を選定しており、それはこの建築の壊れやすい場所を意図的に計画した行為とも言える。（本頁下側）

─ 新築計画を通したアーカイブ ─

新築計画対象場所
#1 #2（詳細近下記） #1 #3

A_外壁：中空ポリカーボネート小波板 t=0.7mm 胴縁 27mm*27mm 455mm B_踏板：チェッカープレート t=4.5mm 溶融亜鉛メッキ C_RC 耐震壁（新築）t=120mm I_白色モルタル 佐官仕上げ t=15mm D_踏板：チェッカープレート t=4.5mm 溶融亜鉛メッキ E_手摺：St パイプ φ =30mm F_ハウスチューブ φ =22mm G_カーテン H_床：モルタル金ごて I 防塵塗装 I_外壁：中空ポリカーボネート小波板 t=0.7mm 胴縁 27mm*27mm 455mm J_既存アスファルト防水 I 軽量コンクリート t=90 K_構造補強ブレース：St φ =80

左右端と中央空地に計画する新たな上下動線とコンコース #1

清澄児童公園 / 清澄庭園 / 清澄庭園
コンコース / EV / W.C. / テナント / ホール

── 初期部分 (1928-)　── 改築部分 (1953-)　── 提案部分 (2023-)

自然光と動線を取り込む元空地 #2

ヴォイドとなっていた空地部分を引き継ぎ、その公共性を地域に開かれたプログラムを配置している。対比的に作られた新築部分は、地域に新たな表情を作る。

1. 清澄庭園
2. 読書空間 + 公共動線
3. 地域交流談室
4. 歩道

新たなエントランスのための扉 #3

公共的スケールを獲得するための逸脱したスケールの扉

A_鉄骨造在来軸組工法：120mm 角
B_鉄板造

1. 車道
2. 歩道
3. 清澄庭園

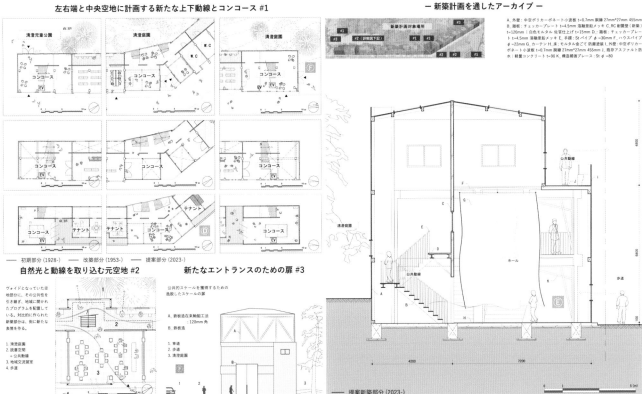

公共動線
清澄庭園
ホール
歩道
公共動線

── 提案新築部分 (2023-)

0 1 5 (m)

食人住宅

ID.0670

新延 摩耶
Maya Niinobe

慶應義塾大学
環境情報学部
環境情報学科
2回生

作品用途: 住宅
課題名: デザインスタジオA住まいと環境
取組期間: 3カ月

コンセプト
1枚の壁が、縦にひらき、横にうごめく。使う人物、用途、時間帯によって、その壁は姿を変える。壁によってできた空間は、お客さんを絡め取り、住む人の居場所ともなる。その土地に根付きつつも、境界線にとらわれず、自由自在に変化する、食虫植物のような住宅の提案。

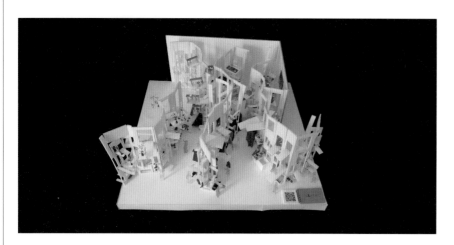

■01_Site

ハマのアメ横と称される横浜市保土ヶ谷区の松原商店街に住宅を設計する。松原商店街はその出店方法で有名である。商品は道路の白線を超えて陳列され、パラソルやひさしによって店舗の空間は増設される。一方で商店街が閉まると、それらは一気に店内へと収納され、閑静な住宅街へと一変する。このような用途、時間帯による建物の印象の変化は生命ぽさを、客を掴み取りに行くような出店方法は食虫植物ぽさを感じさせる。これらを松原商店街らしさと定義し、らしさを継承した建物を、特に賑わいが減ってしまった東側の通りの中心に設計することで、通りを再活性化させるような空間づくりを目指す。

■02_Program

松原商店街は50年以上続く商店街であり、老舗が多い。一方で、新たにオープンする店が少なく、商店街全体として高齢化が進んでいる。この状況を改善するには、若者の商店街への新規参入が必須と考える。そこで、若者でも家を借りるような感覚で気軽に店を持てるような、店舗と住居の境界線が曖昧である、店舗兼賃貸集合住宅を提案する。住人とする6人は、新たに店を開きたいという願望を持った若者たちとする。今回は、6人それぞれが、花屋、レストラン、古着屋、ヨガ教室、本屋、映画館、を経営するものとして設定した。

■03_Concept Ⅰ

1枚の壁が、水平方向、鉛直方向にそれぞれ展開する。
その壁を、ここでは、可動壁と呼ぶ。6人は1人1枚ずつ、可動壁を所有する。可動壁は使用する人物、用途、時間帯によって容易に形を変え、一期一会の空間を生む。動かない壁で仕切られた動かない間取りという一般的な空間構成に対して新たな空間構成としてこの手法を提案する。1枚の壁が動いた先に、人々を巻き込む空間が待っている。

■04_Concept Ⅱ

可動壁による空間の変化は、プライベートな空間からパブリックな空間まで、自由自在に変化する。最もプライベートな時、可動壁が全て閉じて6つの個室が出現し、個々の境界線をはっきりと引く事ができる。隣人に対してのみパブリックになる時、屋内部分だけ可動壁が動いて境界線を随時操れる、自由な間取りとなる。最もパブリックな時、敷地の境界線にさえとらわれず、屋内にも屋外にも最大限展開する。

■05_Study

可動壁は水平方向の展開については、リンク機構による開閉を、鉛直方向の展開については、上下開閉の動きを採用した。20分の1スケールの模型上でスタディを繰り返し、かたちを決定。空間の多様さの可能性を表す目的で、6人が所有する可動壁は同一に設定した。可動壁を設計する手法として、以下の方法を取った。

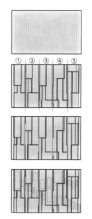

初めに可動壁の大枠となる平面を作成する
↓
4節のリンク機構×5を作成し、
それらを一つなぎにする
↓
一つなぎにするための軸を立てる
↓
スキップフロアとなって人が登っていけるような
展開面を作成する
↓
さらに面を作成する。これらは陳列棚や腰掛けとしての
価値を持ち、家具として使用される

時刻は 12:00。
商店街が1番賑わう時間帯には、道路上や室内に最大限展開し、
お客さんを絡めとる。

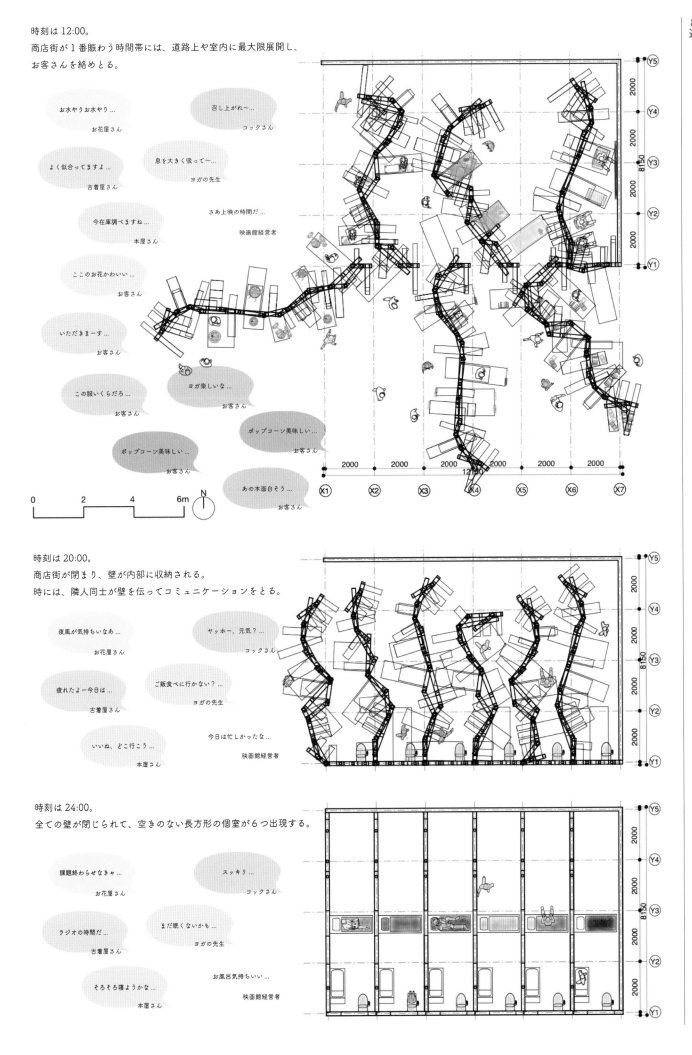

お水やりお水やり…
お花屋さん

召し上がれ〜…
コックさん

よく似合ってますよ…
古着屋さん

息を大きく吸って〜…
ヨガの先生

今在庫調べますね…
本屋さん

さあ上映の時間だ…
映画館経営者

ここのお花かわいい…
お客さん

いただきまーす…
お客さん

この服いくらだろ…
お客さん

ヨガ楽しいな…
お客さん

ポップコーン美味しい…
お客さん

ポップコーン美味しい…
お客さん

あの本面白そう…
お客さん

時刻は 20:00。
商店街が閉まり、壁が内部に収納される。
時には、隣人同士が壁を伝ってコミュニケーションをとる。

夜風が気持ちいいなあ…
お花屋さん

ヤッホー、元気？…
コックさん

疲れたよー今日は…
古着屋さん

ご飯食べに行かない？…
ヨガの先生

いいね、どこ行こう…
本屋さん

今日は忙しかったな…
映画館経営者

時刻は 24:00。
全ての壁が閉じられて、空きのない長方形の個室が6つ出現する。

課題終わらせなきゃ…
お花屋さん

スッキリ…
コックさん

ラジオの時間だ…
古着屋さん

まだ眠くないかも…
ヨガの先生

お風呂気持ちいい…
映画館経営者

そろそろ寝ようかな…
本屋さん

浚渫土を消費し、街を耕す。

ID.0700
長屋 諒子
Ryoko Nagaya

名古屋工業大学
工学部 社会工学科
建築・デザイン分野
3回生

作品用途: その他
課題名: 既存の都市と建築に立地する水辺のアルカディア
取組期間: 1カ月

コンセプト
浚渫土を用いたさまざまな材料を生成する工場をつくり、現在は土砂の処分場であるポートアイランドを土でつくられた街として生まれ変わらせる。電気は使わず、風力により風車を回し、その回転力を利用して工場の稼働を行う。

■設計要件

オブジェクト（ファベルジェの卵と実験器具）の要素を抽出し、名古屋港周辺で自ら選択した敷地のリサーチをもとに、「新たな工業の顔」「学びの場」「エネルギーにふれる場」を提案する。

■Faberge egg "Constellation"

ファベルジェの卵は雲の形状の石が内部に時計の機構を含む球形上の卵を支えているという構造になっている。設計の際には土台の雲の有機的な形状と内包する時計の歯車などの機械的な特徴に着目した。このアルカディアは球形の構造体が雲の土台部分とリンクし、上の風車の動力部分が時計の機構とリンクしている。

発見された卵

■実験器具

二つ組み合わせた。卵の土台部分と似た形ができている。球体への動線が多く存在する。

■ハイブリットモデル

卵と実験器具のハイブリッドでは雲の有機的な形状に沿うように複数方向に延びる動線を持つ実験器具を並べた。卵の特徴である時計盤を組み合わせ、球体に穴をあけてハイブリットモデルを作成した。

■敷地

ポートアイランドは名古屋港の南に位置している。名古屋港に入ってくる船は最初にポートアイランドを見る。伊勢湾には何本も河川が流れ込んでいるため、河川によって運搬されてきた土砂が溜まってくる。そんな中で、名古屋港へ大型の船舶を出入させるためには、名古屋港の水深を深くしておく必要があるため、浚渫（土砂を取り除く作業）が行われてきた。ポートアイランドの造成開始当初は、物流拠点やゴミ埋め立て処分場などとして使う構想も存在したものの、具体的な土地利用計画は現在でも策定されていない。現状だと地震などが起きた際、盛土が崩れ航路をふさいでしまう恐れがある。

対象敷地

■計画

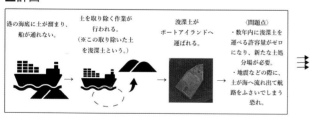

港の海底に土が溜まり、船が通れない。

土を取り除く作業が行われる。（※この取り除いた土を浚渫土という。）

浚渫土がポートアイランドへ運ばれる。

〈問題点〉
・数年内に浚渫土を運べる許容量がゼロになり、新たな土処分場が必要。
・地震などの際に、土が海へ流れ出て航路をふさいでしまう恐れ。

浚渫土を用いた材料を生産し、ポートアイランドに"土"でできた街を作る。

・新たな工業の顔

ポートアイランドの先端で土を主原料とする材料をつくり続け、土でできた街をつくり続ける。ただ土地が広がるこのポートアイランドという島を土でつくられた街として生まれ変わらせ、名古屋港の工業地帯の新しい顔となる。

・学びの場

巨大な工場、大型の機械、水平線まで続く海。見る人に圧倒的な存在感と畏怖心を与えることがある。それは消費するエネルギーや内包するエネルギーの大きさゆえだろう。巨大な風車。音を立て回り続ける歯車。莫大な量の海水を吸い上げるポンプ。エネルギーが可視化された「エネルギーの形」というものを学ぶことになる。

・エネルギーにふれる場

風車を回し、その回転力をギヤやシャフトに伝達させ、その回転力を工場を維持する力として用いる。エネルギーは一切電気を介さない。この過程の中でエネルギーはギヤの回転力として可視化される。生き物が食事をし、元気よく運動するように、このアルカディアは体内でエネルギーをつくり出し、動力とする過程が可視化されることで、エネルギーの本質に触れる場となる。

■Diagram 1

・浚渫土ダイアグラム
①浚渫土搬入ユニットから浚渫土を搬入する。搬入された浚渫土は浚渫土タンクに保管される
②その後、風車の動力で押し出された浚渫土はそれぞれの回転ドラムへと入っていく
③この回転ドラム内で材料タンクから運ばれてくるその他の材料とともに回転運動で混ぜ合わせられる
④回転タンクで生成された素材はアジテーター車やトラックで運ばれていく

・動力部ダイアグラム
風車の回転力を使いやすいトルク、回転力に変換するために動力部で回転数を調整する。この動力はギヤとシャフトで連結され、
①回転ドラムの回転　②海水の吸い上げポンプ　③材料の移動を行うベルトコンベアー
に使われる。
これらこの施設の維持にかかわる動力はすべてこの回転力由来の運動で変換され用いられる。

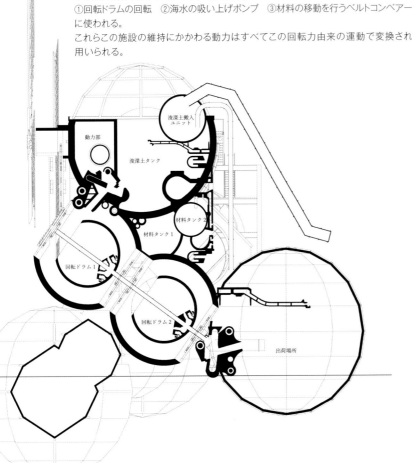

■Diagram 2

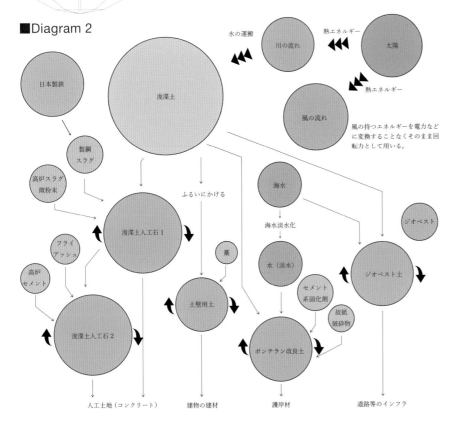

シンボルパース：ポートアイランドの北端に位置するこのアルカディアはこの島のファサードの役割を果たす。風車というアナログなテクノロジーでこの島を構成するすべてのインフラや建物の素材を生み出していく。島からも海からもこの島のシンボルとなるがただのシンボルではなく、この島の機能面でも中枢となる

機関部分パース：風車は風の力を受けて回る。歯車はその回転力を伝達する。その力を受けて土を生成するユニットを回転させる。歯車や風車の回転運動がエネルギーの象徴として見る人を圧倒する

人動線パース：施設の管理のスタッフ。外付けの階段を上り、動力部の定期点検に向かっている。点検の合間に見える景色は北に大きく海が広がり南にはこの島の土でできた街が広がっている。風力により風車が回り、回転力として利用されている様子が目で見てわかる。この施設の管理スタッフが一番近くでそのエネルギーの大きさを感じることができるだろう

島内部パース：この島は積みすぎた浚渫土が問題になっている。この土砂を無駄にすることなく再利用するため一度土地に固化剤を加え、土地を固めつつ材料として土を使うため下の空間の土壌をくりぬきながら、土地を利用できるようにしていく。その結果土地は二層構造となり、下部空間は大型公園や公共施設サッカー場などの空間が広がる。上部空間は住宅や工場などが並ぶ

往時を辿る道

ID.0893
若島 咲
Saki Wakashima

神戸電子専門学校
建築インテリアデザイン学科
建築デザインコース
2回生

作品用途: 道
課題名: 中規模設計課題 - B3
取組期間: 2カ月

コンセプト

須磨海岸には往時の面影を残す手つかずの浜辺が残っている。再整備により次第に姿を変えていく神戸のまちで、ひっそりと佇む須磨の海岸は、訪れる人を立ち止まらせ、これまでの歴史を回顧する時間を与えてくれるだろう。本制作では、時の流れを刻むこの場所に、過去の事象を想起させる空間装置を作成し、それらを巡ることで追想を促す海岸型プロムナードを提案する。

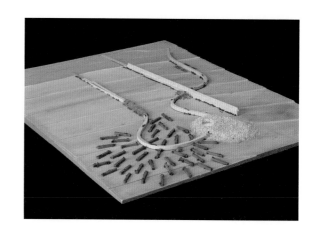

■敷地

・再整備される須磨

須磨は山と海と街の三要素が揃っており、古くから風光明媚な土地として栄えてきた。神戸市の開発の歴史は、昭和より始まり60年以上経った。現在、須磨周辺の多くの建物は再整備を目的にリニューアルがなされている。

・残る往時の面影

再整備によって姿をかえるものもあれば、末だ手をつけられず、当時の痕跡を残すものもある。実際に須磨海岸に訪れると、山から土砂を運搬していた須磨ベルトコンベア跡地や、潮の影響で赤く風化した擁壁が残っていた。

・まちの発展を支えた象徴、その終着点

須磨海岸には静態した空気や哀愁が漂う。須磨の歴史に記された「海に眠る神戸市電」の存在が、その正体の一つのようにも思える。嘗てまちの発展を支えた神戸市電は、廃止後に漁礁として約60両が須磨沖に沈められた。

■Diagram

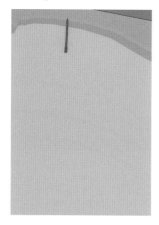 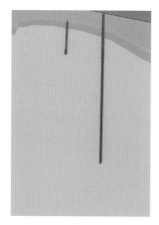 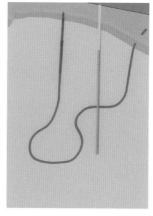 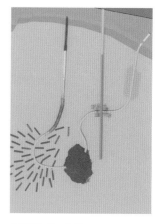

1.現在の敷地の状態

古くより船着き場として使われていたコンクリートの桟橋が残る。砂浜は波に削り取られ、抉れた弓形をしている。

2.ベルトコンベアの再編

ベルトコンベア跡地に当時の須磨ベルトコンベアと同距離の桟橋をたてる。発展の歴史を語る面影となる。

3.海へと続くプロムナード

既存の桟橋から海中へと続くプロムナードをのばす。海の生き物たちの動線をたどるように海底に沿った曲線的な道とする。

4.漁礁との一体化

道中にそれぞれ形態の異なる漁礁を配置する。建設中から徐々に藻に覆われ姿を消していくことで建物は完成する。

■Plan

須磨海水浴場と須磨海釣り公園に東西を挟まれた、海岸全体を敷地とし、建築そのものをプロムナードと捉え計画する。コースは浜辺から始まり、海中を廻り、最後に地上の桟橋へと続く。まず、訪れた人々は、明治から走り続ける鉄道の赤錆びた擁壁を辿り、海岸で過ぎ去った長い時間と変化に思いを巡らせる。砂浜から顔を出したエントランスは海中へと続く。点在するさまざまな形の漁礁で魚たちを観察し、進んでいく。海底にはかつて姿を消した市電のように、役目を終えた車両たちが眠る。海中を通るプロムナードはそれ自体が漁礁となり豊かな海をつくる。海上には須磨ベルトコンベアの面影を映した約250mの桟橋がのびる。私たちは海を見つめて歩くことも、ふと立ち止まり考えることもできる。振り返れば、六甲山系が神戸のまちを見下ろしている。

配置図

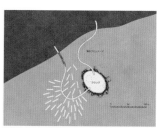

地下平面図

■Memorial Bridge

当時、「山、海へ行く」と言われ、1964年から2005年まで稼働していた須磨ベルトコンベアは、山からまちの頭上を跨ぎ、海へと辿り着く総延長14kmの土砂運搬施設であった。海上に迫り出す船着場部分は独特な形状で、土砂を運ぶためのハネが屋根のようにも見える。役目を終え大半は撤去されたが、一部海に出ていたコンクリート土台などは魚礁として須磨の海に沈められた。開発の歴史を語るこの存在を、記憶を想起させる装置として跡地に再編する。「ベルコトコンベアの道筋を歩く」という行為を通して、人々が感覚的に歴史を辿る新たな場所となる。

潮が満ちれば桟橋への道は途切れ、引いたとき現れるようになる

桟橋の上で振り返れば、鉢伏山の景色が見える

■Sea Plomenade

須磨沖に眠る神戸市電は、海に沈められてから50年以上消息不明のままで、訪れた人たちが、須磨の海の豊かな生態系と歴史を語る神戸市電を目にすることはなかった。令和3年にすまうら水産有限責任事業組合と海中写真家の宮道成彦氏の共同調査によって、漁礁となった市電の姿が明らかとなった。発見された市電の一部は朽ちて崩れており、表面は藻や貝類の付着生物などに覆われていた。市電たちが、今日まで生きものたちの住処となってきたことを物語っている。神戸市交通局は、2023年のダイヤ改正に伴い市営地下鉄を新型車両へ置き換えることを発表した。30両ほどの車両が現役を引退する。建築を通して、引退する車両たちが神戸市電のような第二の人生を送る可能性を見出せないだろうか。今回海中につくる建築が、須磨の豊かな海を育むよう、漁礁と建築を一体化させた。海底へと続くプロムナードに漁礁を点在させ、それらを内や外から観察することで、海のありのままの姿に触れる。複数タイプの漁礁を組み合わせることで、さまざまな生態系を知ることもできる。漁礁には音や影・流れの変化があり、魚たちがそれらを感じて行き来するように、私たちもそうした変化を感じながら海の中を空間体験する場になるだろう。

マウント型：海底丘のような形状は波がぶつかり海流と共にプランクトンが巻き上げられる。餌を求め集まった小魚の群れを下から眺める高窓や、岩肌についた付着生物を食べる魚の様子を観察する地窓がある。傾斜のついたまるみのある空間は海底を歩く感覚を味わえる

車両型：車両に空いた複数の窓やドアの穴は、海で暮らす魚たちにとって住みよい漁礁の形とされる。電車の中を通り抜けていく魚たちを、私たちは車両から景色を眺めるように観察する。姿を消した車両たちに出会える懐かしい場でありながら、車両のような日常的な空間の中で海の生態系を知る特別な場所となる

通路からの景色：海中の窓からみえる景色は生き物だけではない。海底から持ち上げた空間から、静かに海底に横たわる車両たちを見下ろす。徐々に朽ち果てて砂に埋もれていく車両たちが、海に還っていく様子を見届ける

単管＋筒型：アクリルのトンネルを、単管がランダムに覆う。材の隙間から太陽の光が溢れる空間で、足元から天井までぐるりと見渡せる。魚たちが影に隠れる姿や、単管の中に住み着く生物も観察できる

参道を熟成す
―新たな世界観の表出・価値観共有を誘発する表現帯―

ID.0014

清水 大暉
Daiki Shimizu

法政大学
デザイン工学部 建築学科
3回生

作品用途：集合住宅
課題名：集合住宅 リビングストラクチャー
取組期間：1カ月

コンセプト

表参道に息づいた個性的な人々の内実、理想的な姿が、各々の住戸のハーフビルド部（表現帯）を軸として露呈し始める。そして、それらがこの集合住宅を通して集結した時、さらなる爆発的な存在感を放つことを期待している。

■敷地：渋谷区神宮前（現コープオリンピア）

さまざまな社会的事象を人の手が加わり変容しながら乗り越えていく土地であるが、裏を返すと、「参道」という軸に付随した、即物的な場の集まりと捉えることもでき、かつての住宅街を思い起こさせるスケール感は後退してしまった。この即物的な場の集合体に人々の個性・思想が溢れ出ることで、少しずつ人々の理想や夢の集まりに変化させていく。

■提案

ハーフビルドを促す「表現帯」を設け、多様なバリエーションで組み合わせることで、人々の価値観が少しずつ干渉し合い、多様なインスピレーションを与え、受け取りながら新たな価値を生む。同時に人々の活気や、能動的行動が都市に溢れ出すことを考える。

■構成ダイアグラム

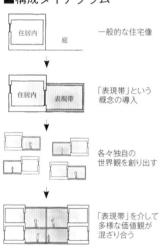

一般的な住宅像

「表現帯」という概念の導入

各々独自の世界観を創り出す

「表現帯」を介して多様な価値観が混ざり合う

■不変な躯体

RCの構造躯体を不変的なものとして捉え、それに付随するように木造の表現帯を設ける。RCという大きな軸に守られながら、日々人々の生活で溢れ、変容していく集合住宅を構想する。

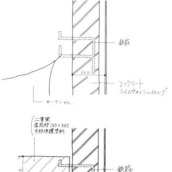

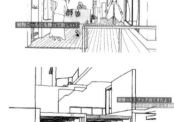

接合部詳細スケッチ
RCの鉄筋に特殊塗装を施し、一部露出させる　シーンパース

■5階平面図兼配置図

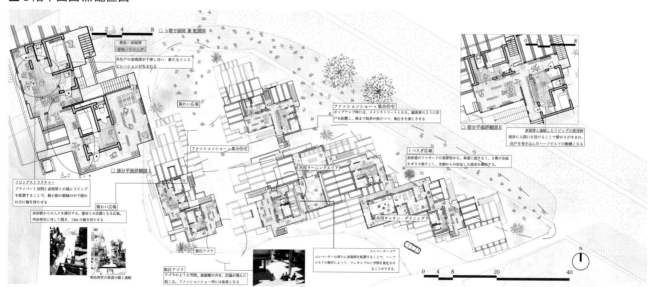

■敷地

敷地は東京都中央区月島のもんじゃストリートに面する細長い変形地一角である。月島の空気感を破壊するレンタルトランクルームが壁のように建ち、隣接する家屋の立面が全く活用されておらず、死んだ空間となっている。また、この敷地の前にはもんじゃ近どうという、もんじゃ屋の1号店があることから、「もんじゃ近どう」の2号店とその家族3世帯6人のための住宅を設計するというプログラム設定にした。

コンセプト

月島の独特な空気感はその「立面」によって構成されている。しかし現在、その空気感が失われつつある。そこで、月島立面のエッセンスを抽出することにより、再編集した新立面から空間をつくり、月島路地を継承・保存・蘇生する新しい設計手法の住宅を設計した。

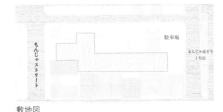

敷地図

月島立面路地住宅
─月島路地の継承と創造、蘇生─

ID.0028

髙橋 穂果
Honoka Takahashi

慶應義塾大学
総合政策学部
総合政策学科
3回生

作品用途：集合住宅
課題名：6人の家
取組期間：2カ月

■設計手法

・立面から設計する

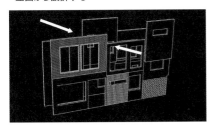

一般的に建築は、各階の平面図を描き、それによって立面の各機能の位置が決定する。しかし、月島立面路地住宅では初めにリサーチをもとに抽出した月島立面を左右に配置し、その立面の立ち現れ方が内部空間のつくりに直結する。

・狭小性

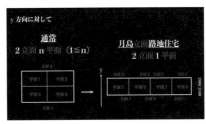

屋内の幅を2,000-3,000と生活できる最低幅にすることで立面の立ち現れ方がそのまま内部に直結する（立面と平面が密接である）現象が起こる。

・外部に生活が溢れ出す

内部が生活できる最低の広さとなった結果、自然と内部に収まりきれなくなったアクションが外部のベランダ、ひさし、路地に月島らしい生活の溢れ出しが起こり、外部を使わなければ生活できないようになってくる。

・住宅と同時に2本の路地を創造する
（周囲の立面をウラからオモテにする）

敷地にはもともと路地がなく、周辺との建物との関係性もウラとなっていたが、周辺立面との関係性を考えながらこの住宅をつくることで周辺の建物にとってもウラがオモテとなる可能性を与えられる。

■月島の骨格を形成するエッセンス

内部と外部を
連続させる縁側

洗濯物などの
生活物の溢れ出し

路地に突如として
現れる外階段

上記立面や月島の街並みをフィールドワークし、スケッチをする中で抽出した月島の主なエッセンスである。月島では路地への生活の溢れ出しが一番の特徴である。細かな要素の溢れ出しの集積が月島路地の空気感をつくっており、このエッセンスたちは月島の空気感そのものである。

西立面

東立面

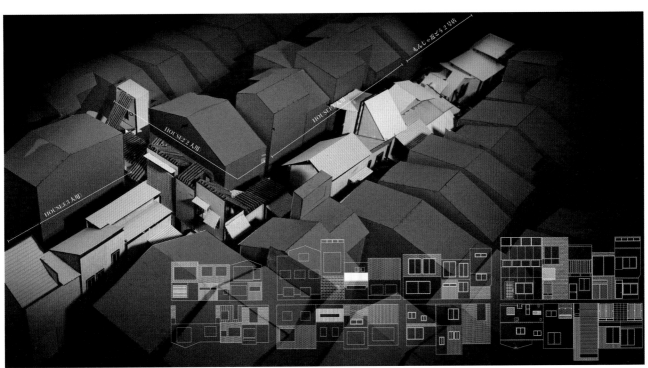

灯火
ともしび
—炎のある建築空間の提案—

ID.0388

花岡 凛
Rin Hanaoka

大阪公立大学
工学部 建築学科
3回生

作品用途: コミュニティ施設
課題名: NEW PUBLIC PLACE—[私]と[公]が共存する建築—
取組期間: 2カ月

コンセプト

遠い昔、私達は火を囲み、生活していた。火の灯りや熱にはその利便性を超えた不思議な求心力がある。これは不安定で不均質な建築。天気や季節によって炎はゆらゆらと、まるで生き物のようにその在り方を変える。揺れ動く火と共に人の営みも刻一刻と変化する。

なんでも指先ひとつで操作できてしまう現代。
ガラスで囲った空間の中で私たちは、私の外、公には無関心だ。

果たして安定、均衡は人の心を豊かにするのか。

熱や光、あるいは風や雨が揺らぐこの場所では、まるで建築が呼吸をしているよう。
私は「炎のある建築空間」の持つ可能性をここに提案する。

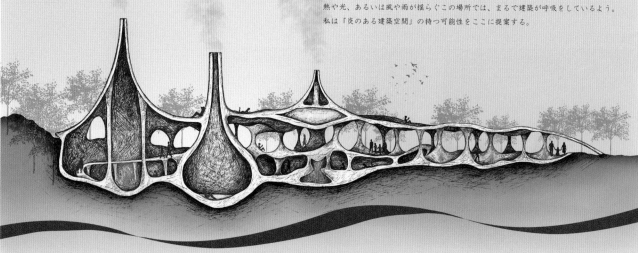

■縦と横に広がる炎

この建築は三種類の火を持つ。
建築に灯り、建築を熱し、人はそれを利用する。

食べる火

食材を調理し、食べることができる。
炎のもつ熱によって、自然と内部へのなだらかな動線が定まる。
悪天候時には開口部から侵入する雨が炎を消すこともある。
天候により調理場は広場へと変化する。

温める火

貯水槽と周辺の床面を炎が温める。
炎の熱は銭湯の浴槽や回りの空気に伝わってゆく。
気温によってこの場に留まる人数や炎の価値に揺らぎが発生する。
冬に近づくにつれ、通路は滞留空間となる。

集う火

火を囲んでも囲まなくても、何かをしても何もしなくても、自然と足が向かう場所。
炎の揺らぎが壁や天井に不安定な影を落とす。
関係性を持たない人たちに炎の求心力で緩やかなつながりを持たせる。
夜になるにつれて光を放つ炎の影響力は大きくなる。

■火の配置と熱利用

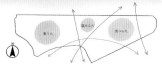
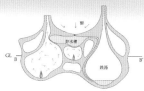

動線に囲まれた場所には滞留性が生まれる。人が留まる場所に火を配置する。
東側からの動線を想定し、最も滞留性の高い西側の地下に「集う火」を設ける。
雨が降ると、水は貯水槽に貯められる。
貯水槽の水は、火から発生する熱によって温められる。
温度の上がった水は貯水槽上部へ。銭湯は温度の高い貯水槽上部から湯を利用する。

1. 夜、建築から漏れ出る炎の光

2. 雨が侵入し火が消える、水溜りが空間を侵食

3. 外から集う火を見下ろす

コンセプト

江戸城の濠を埋め立てながらつくられていった高速道路。これは、都市を平面的にレイヤー化・高層化することで風景や機能の分断を生み、人々は風景や自然への視点を失った。そこで、大地と人間をつなぐイサム・ノグチの作品を介し、人々が風景の混在や層の横断による空間体験を再認識するための美術館を提案する。

転換をうむ連層
―横断的鑑賞による多面的視座の獲得―

ID.0391

辻本 雄一朗
Yuichiro Tsujimoto

早稲田大学
創造理工学部 建築学科
3回生

作品用途：美術館・博物館

課題名：イサム・ノグチ美術館―東京中心の文化施設群に加える新たな700㎡の美術館―

取組期間：2カ月

■PLAN

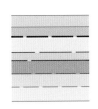

高速道路		高速道路
	濠	

①既存の層の間に壁を林立させ層をつくる

②層の幅を変え、空間に抑揚をつける

高速道路
コンクリートの層
木々の層
水の層
堀の層
石の層

③各層に皇居一帯に存在する空間を取り込み、壁厚やFLを変化

④横断的鑑賞を可能とする開口を設ける

■SECTION

各層の要素に対応して作品を配置する。

同時に、横断的鑑賞のために層ごとに特有の開口を設ける。

コンクリートの層（カフェ）

砂利の層―石で作られている「贈り物」

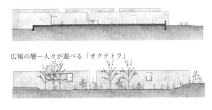

広場の層―人々が遊べる「オクテトラ」

コンクリートの層―屋根の影で表情を変える「黒い太陽」

低木の層―ヒューマンなスケールの「住人」

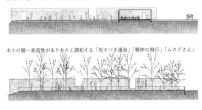

木々の層―垂直性があり木々と調和する「死すべき運命」「精神の飛行」「ムカデさえ」

水の層―水盤と調和する「水のテーブル」

段の層―「接吻」

■SECTION&EXHIBITION

層に並列する方向と横断する方向で、異なった鑑賞体験をうむ。

・並列する方向
①作品を近くで鑑賞し、時に触れたり遊んだりする。
②視線の抜けにより、道を歩く非鑑賞者への視点を与える。

・横断する方向
①作品を取り巻く環境や自分のいる環境が変わり、見え方が変わる。
②作品を高い位置から、地面のレベルからなど、様々な視座から眺める。

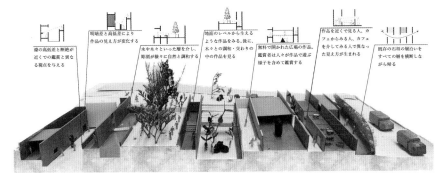

鑑賞の様子、ダイアグラム 断面模型

外濠の層の作品を高所から鑑賞する

空堀の層で「個」としての作品と向き合う

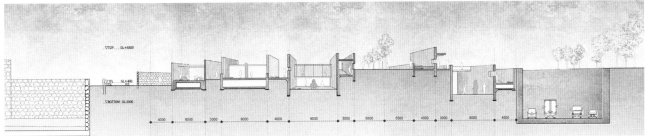

断面パース

屋根に住まう

ID.0581

岡田 彩那
Ayana Okada

近畿大学
工学部 建築学科
3回生

作品用途: 集合住宅
課題名: 集合住宅
取組期間: 2カ月

コンセプト

私は屋根に住む暮らしを提案する。自分の床が誰かの天井だというのはあたりまえだけど誰も意識していない。そこで屋根を伸ばし、誰かの屋根を自分の床にした。屋根が重なり、自分の部屋が外の世界とつながる。屋根が自分と外をつなぎ、集まって住むことを再認識させる。

■敷地

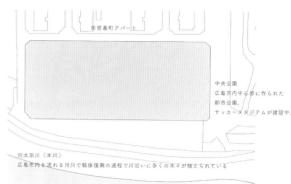

市営基町アパート

中央公園
広島市内中心部に作られた都市公園。
サッカースタジアムが建設中。

旧太田川（本川）
広島市内を流れる河川で戦後復興の過程で川沿いに多くの木々が植えられている

■設計手法

今のくらし

自分の床が誰かの天井であるというのはあたりまえ
だけど誰も意識していない
集まって暮らすことをかんじにくい

▽

提案

だれかの屋根が自分の床になる
屋根が重なり、自分の部屋と外の世界がつながる
屋根が自分と外をつなぎ、集まって住むことを再認識させる

ダイアグラム

ならんでいるいえ　　屋根がのびて隣の家にささる　　屋根が床になる

屋根の種類 屋根には5パターンの種類がある

設計手法

屋根のかたち　　ひきのばす　　さしこむ　　あつまる　　かさねる　　ずらす

■屋根の形態と使い方

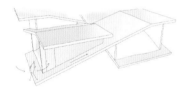

屋根が動線になる。屋根をのぼって部屋に入る。ずっとのぼるとみんなのスペースに

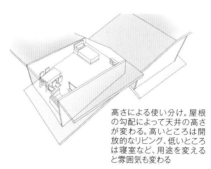

高さによる使い分け。屋根の勾配によって天井の高さが変わる。高いところは開放的なリビング、低いところは寝室など、用途を変えると雰囲気も変わる

屋根の影で休む。屋根の下には影ができる。そこで休んだりくつろいだりして交流が生まれる

空き家の再活用。この集合住宅では空き家も活用する。空き家の中は休憩スペースや交流所に、屋根はみんなの遊び場になる。人が住んでいない場所でも人が使える場所になる

抜け道での交流。家の間の抜け道でも交流ができる

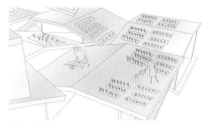

屋根で畑を育てる。屋根の上で育てることができる。屋上緑化で涼しくもなる

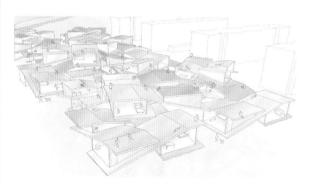

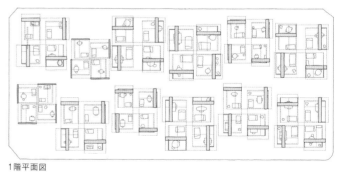

1階平面図

A-A'断面図

■提案内容

敷地は広島県広島市中区基町。広島市の中心部に位置し、北東方向には広島城、その周辺には小学校や住宅、商業施設が集まっている。付近には路面電車も通っているため交通の利便性が良く、県内で最も栄えている場所であり、近隣住民や観光客の利用も期待できる。

現代の美術館は、白い天井、白い壁に囲まれた「ホワイトキューブ」が理想とされる。どのような作品にも対応できるが、それぞれの作品の魅力が最大限に引き出せていないように感じる。そこで、ホワイトキューブではない空間で順路も設けず、日常の中で偶然、作品と出会うような建物を提案する。

コンセプト

地盤の隆起によってできた隙間から降り注いでくる光や雨。それに伴い、季節や時間とともに表情を変化させる作品。美術作品にあった空間をつくることによって最大限に引き出される作品の魅力。自然と重なり合った作品を通して豊かな生き方を探してほしい。

光に導かれて

ID.0615

石井 杏奈
Anna Ishii

近畿大学
工学部 建築学科
3回生

作品用途: 美術館・博物館
課題名: 現代美術のための美術館
取組期間: 1.5カ月

■ダイアグラム

敷地の形の地盤がある

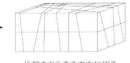

地盤をあらゆる方向に切る

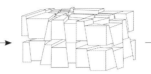

地盤を隆起させ、ランダムな高低差と隙間を生み出す

地盤の内部を無作為に取り除く。東西南北に開けた美術館は、美術館を目的として訪れた人以外も敷地に足を踏み入れやすい

■光の入り方の変化

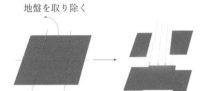

地盤を取り除く

空間全体に光が照り、全体が同じ照度となる

両サイドの地盤をずらす

光が一点に集まる

■地盤のずれが人へもたらす効果

段差。ほかの鑑賞者と目が合わないため、気を取られずに作品を鑑賞することができる

狭い路地。細い路地の奥には何があるのだろうと考えることにより、通る人の感情を高ぶらせる

A-A' 断面図

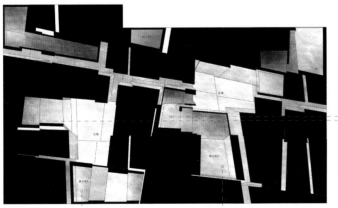

2階平面図

天井が吹き抜けになっているため、上を見上げると空が切り取られる。季節や時間によってその見え方は変わり、訪れるたびに違う風景を楽しむことができる。

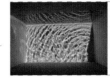

天井が周りの壁に囲まれているため、雨が降ると天井のガラス面に雨がたまる。波の揺らぎがまるで水中にいるかのような感覚を与え、雨の日のみ楽しめる作品が完成する。

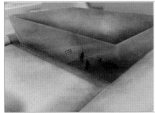

美術作品F 日付絵画／河原温
単一色に塗られたキャンバス上に、その「絵」が制作された日の日付だけを描いた作品である。制作は当日午前0時までに完成しない作品は放棄される。この作品を毎月12時に日が当たる室内空間に展示し、鑑賞者にこの作品と時間についての関係を楽しんでもらいたい。

美術作品D モニュメント／クリスチャン・ボルタンスキー
ピラミッド型にポートレートを配置し、電球で飾られたモニュメント。祭壇のような表現は、ナチスの大量虐殺行為を死者側から再構成する試みである。この作品は、作品の1番上のみに光が水平に当たるようにし、ホロコーストをイメージさせ、鑑賞者に、平和について考える時間を与える。

隠者の巣

ID.0642
平井 悠策
Yusaku Hirai

大阪工業大学
ロボティクス＆デザイン
工学部 空間デザイン学科
3回生

作品用途: 図書館
課題名: 新駅に隣接するこれからの地域図書館
取組期間: 1カ月

コンセプト

近年では突発的な才能を持つ人をギフテッドと呼び、さまざまな分野で活躍する人たちが、周りの環境を気にする必要のない空間が必要だと感じた。
この図書館を利用することにより、今までの趣味や興味をさらに駆り立て、いずれ日本や世界を変えていく人材を生み出すだろう。

■提案

大阪市内、大きなビルや建築に囲まれ、人々はこれを都会と呼ぶ。都会には高い建築が多くあるが、本当に縦に積む建築が良いのだろうか。スーパーや飲食店などが並ぶこの街には、ヒューマンスケールに合わせた建築が過ごしやすいのではないだろうか。私は縦に積む建築ではなく、下に埋める建築を提案する。
図書館は個人の趣味や興味を探求する場だと考えた。建築を地下に埋めることによって、屋外からの視線を遮断し、周りの目を気にすることがない。また、屋外からは屋根しか見えないため、これが何の建築かはわからない。本に興味がない人でも建築の興味や探求心によって人を内部へと動かす。そして、この図書館では1人の時間を大切にする。人の視線は気にならない。あるのは1人になる空間と間接照明だけ。好きなことを好きなだけ楽しむ空間となる。

■構成

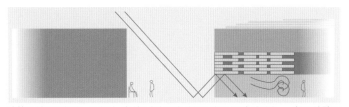

建築は地面に埋まっており、光が入らないためドライエリアを設けた。一部の外壁の周囲を掘り下げ、最下層をガラスにすることで建築内に光が入り、地上を歩く人からの視線を遮る。ドライエリアを設けたことにより風通しがよくなる。それにより湿気が少なくなり、本の管理がしやすくなる。

屋根には多くの隙間が空いており、日中はその隙間から入る光がフロア全体にさまざまな影を映し出す。また、日が落ちると図書館内の光がその隙間から漏れ、ランドスケープを照らす。

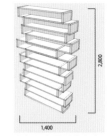

本棚と隙間が生む光。一般開架の本棚は一段ごとに棚がずれている。本棚を横に並べることにより、隙間が生じ、さまざまな形の光が差し込む。

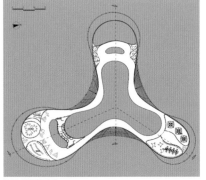

地下1階平面図

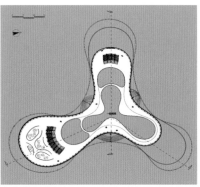

地下2階平面図

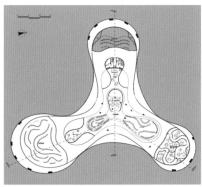

地下3階平面図

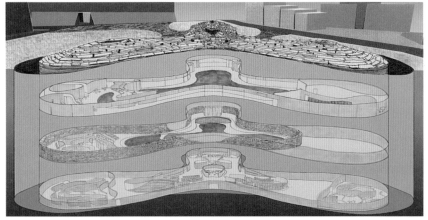

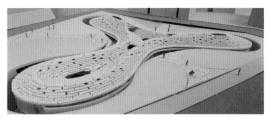

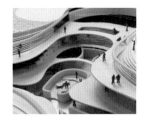

■敷地・プログラム：自然と都市の境界にある図書館

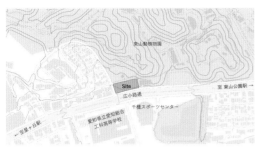

前面を名古屋随一の幹線道路に接し、背後に広大な山林が迫る敷地に、滞在型図書館を計画する。2つの地下鉄駅の中間部に位置し、周辺にスポーツセンター・動物園・高校など、都市の主要施設を擁すると同時に、緑豊かな都市計画公園の一部であり、普段から多くの人で賑わう。一方で、都市と自然の境界部に位置し、鬱蒼と生える木々や擁壁が人々を遠ざけてしまっている。

Urban Biblio-Grotto

ID.0902
近藤 叶望
Kanami Kondo

名古屋大学
工学部
環境土木建築学科
3回生

作品用途：図書館
課題名：Public Library in CHIKUSA
取組期間：1.5カ月

コンセプト
この図書館は、自然の中に潜り込んでいくような地中空間と、都市の一部となり、地中へのエントランスとなるガラスファサードにより構成される。名古屋の都市と、都市計画公園の豊かな自然との境界部に位置する、当該地ならではの図書館のあり方を提案する。

■マス構成：地中空間とガラスボックス

地中空間
・天井高が低く落ち着いた空間
・壁一面の本棚に囲まれる
・サンクンガーデンやハイサイドライトから光が入り込む
・書架、閲覧席

ガラスボックス
・都市スケールに応答
・人々を迎え入れるエントランス
・緑の景観を通行人に提供
・活動の可視化
・天井高が高く、開放的な空間
・大通り側には面を、南側には軒を提供

■平面構成：境界の再編

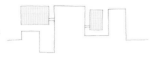

境界部の擁壁により、人々のいる都市とは一直線に分断されていた敷地に、都市の機能であり、人々の居場所となる図書館が入り込む

さらに地中に奥まった空間をつくる。静かな閲覧スペースや、一般の利用者が立ち入らない閉架や事務のための空間となる

配置図。緑の連続を受け止める都市スケールのボリューム

地中空間の様子。壁一面の本に囲まれ、中央のサンクンガーデンから光があふれる

ガラスボックスの様子。明るく開放的な空間を人々が行き交う

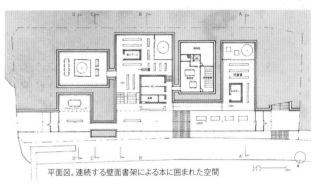

平面図。連続する壁面書架による本に囲まれた空間

■断面構成：2つのスケールに応答し、自然と都市の接点をつくる

豊かな自然と人のいる都市とが、擁壁により分断されていた敷地

擁壁を取り払い、土を掘る。そこは、都市にはない落ち着きと、自然とのつながりを持った新たな空間

大通り側にはガラスファサードを設置し、都市スケールに応答。まちから地中へ広がる図書館が誕生する

A-A' Section。天井高・光の操作による多様な滞在空間

B-B' Section

D-D' Section

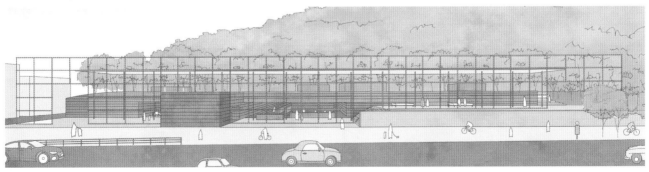

建築新人戦2023 公開審査会ドキュメント

16選へのコメント

ID0581 岡田 彩那（近畿大学 3回生）
「屋根に住まう」

工藤：「屋根に住まう」というタイトルで、屋根で過ごしたいという体験から作品を立ち上げたことは良いと思いました。模型がすごくきれいにつくられており、作品全体の質は高いのですが、図面がしっかり描かれていないのが残念でした。図面を描く工程で新たな発見があるかもしれません。全体をつくる力はありますので、図面を描く力をもっと身につければどんどん伸びていくと思います。

ID0391 辻本 雄一朗（早稲田大学 3回生）
「転換をうむ連層
－横断的鑑賞による多面的視座の獲得－」

中山：辻本さんに票を入れましたが、惜しくも8選に選ばれませんでした。こうしたコンクールでは完成度より、むしろまだ誰も考えていない新しい扉を開くような作品が評価を集めることが多いように思います。課題という枠組みの中では学内でなかなか評価されにくい作品の背中を押す意味がある一方で、コツコツと自分の建築言語を育て

ながら質の高い設計を積み上げている作品は選ばれづらい傾向があるとも感じる。そういう意味でこの作品は端正で美しく、イサム・ノグチが生きていたらこれを選んだのではないかと思いました。ノグチの彫刻や作品をとても気持ちよく置くことができそうな、実現性の高い提案です。建築新人戦には少し向いてなかっただけかもしれません。

ID0902 近藤 叶望（名古屋大学 3回生）
「Urban Biblio-Grotto」

中山：近藤さんも8選に選ばれなかったことがとても惜しかったです。最初にこれには投票しようと思った作品でした。私は断面図を見るのが好きなのですが、彼女が描いた断面図や模型を見ると、シンプルな要素で非常にシャープに明暗が表現されています。複雑な立体性をもつ作品の提案が多かった中で、近藤さんは建築の本質である光と影を断面的にうまく作り出していて、レベルが高く美しい作品です。自信をもって今後も設計の道を歩んでいただきたいと思います。

ID0028 髙橋 穂果（慶應義塾大学 3回生）
「月島立面路地住宅
－月島路地の継承と想像、蘇生－」

畑：私も票を入れて惜しくも8選に選ばれなかった方が2人いらっしゃいます。髙橋さんはその一人です。非常におもしろい連続立面のようなものの観察によって、立面から空間を起こそうという試みは、遙か昔ヨーロッパで行われていたことがありますが、それを月島で試みたらどうなるのかというユニークな視点がとても魅力的です。こういう考え方を月島とは別の場所で試みるなど、多様な建築のあり方を考えさせられる発展性のあるプロジェクトだと思います。

ID0388 花岡 凜（大阪公立大学 3回生）
「灯火 －炎のある建築空間の提案－」

畑：花岡さんの作品は、テーマである火と建築の関係が原初的なものを想起させるし、原初的なものから構想していることに対して信頼を感じます。この建築では、比較的我々が知っている火の取り扱いが中心となっているけれど、現代の我々の身体の中で、火とどう付き合っていけるかを発展的に重ねていった時に、きっとまだ見た

こともないような建築が想像できるのではないか
と思いました。とても魅力的なプロジェクトです。

ID0014 清水 大暉（法政大学 3回生）
「参道を熟成す －新たな世界観の表出・価値観
共有を誘発する表現帯－」

永山：清水さんの作品は、表参道の集合住宅です
けれども、表参道にこのようなバラック的な建物
が立ち現れると、とてもインパクトがあると思い
ます。内容も細かくエリア分けして性格付けを
変えたり、出てくる立面を調整したりしています。
表参道で集合住宅の内側が立面化したような見え
方はおもしろいと思います。ただバラック的な積み
上げのようなものは最近わりとよく目にすることが
多く、ぱっと見たときの新鮮さに欠けていました。
ただし、中身を細かく見ていくとすごく丁寧につく
られていたので、良い作品だと思いました。

ID0615 石井 杏奈（近畿大学 3回生）
「光に導かれて」

永山：「光に導かれて」というタイトルの図書館で、
雨粒の流れといった細かな自然現象をもとに図書
館を設計していて、一つひとつの雰囲気の出し

方は非常に良かったと思います。ただ、模型を
ぱっと見た時に、ストイックでコンクリートの塊
のような感じで、中に生まれている細やかな光と
水の表現が見えず、模型で損をしている気がし
ます。もう少し見やすくし、それがつくり出す生き
生きとした風景を重ねていくことができたら良かっ
たと思います。晴れた日の光の入る瞬間や雨の
瞬間など、天気によって変わる雰囲気がすごく
美しいと思いました。

ID0642 平井 悠策（大阪工業大学 3回生）
「隠者の巣」

永山：ランドスケープだけが見えている空間から、
地下の建物の中に入っていくと図書館があって、
本棚の積み方や屋根の架け方などにより、光が
隙間からきれいに下に落ちており、光の風景が
上手く表現されていると思います。もう少し中から
生まれてくるアクティビティや風景などが見えて
くると良いと思いました。また、どちらかというと
建物の形やつくられ方の説明が多くて、使われ方
の説明がもう少しあると良かったです。中に入った
時の流線形の空間を体験してみたくなる建築に
なるかと思います。

8選への質疑応答

ID0007 桂川 岳大（名古屋工業大学 3回生）「那古野リチャーム」

中山：たくさんの人々がブラブラ歩きながら買い物をすることのできる商店街を、階段を歩かせて最大で3階レベルまで引き上げることが目指された計画になっていますね。そのような建築において、買い物客と住んでいる人が立体的に関係を結ぶような場面を具体的に想像することが、少し難しいです。どこか1か所でも例を挙げて説明してください。

桂川：全体として2階建ての建物が多く、その中において、庭やベランダなどを使い一体的な場所をつくることによって人を集めようと考えています。小さくても求心性を持たせようと、ベランダが街に来る人々にとって通路になったり、住民にとって庭になったりするようにしており、そこで住民の生活を知り得ると考えています。

畑：建築を構成している空間ではなく、部分の構成が重要であると表明されていますが、具体的に部分を構成したところを説明して欲しいです。例えばこれとこれをこう構成したことが自分の設計なのだと、具体的な場所を挙げて説明ください。

桂川：例えば円頓寺商店街では、商店街側からのファサードの部分では階段が最初に見えてきて、それが商店街にとっては異質な場所になっています。この階段があって、黒壁があって、目の前の建物の2階から樹木が生えているという、少しイレギュラーな部分が、この街全体の構成に対して影響を与えるというようなことです。

中山：普通だったら通りから建物に掲げられた看板を見て店に入るのを、樹木、壁の色、階段といったエレメントとその組み合わせが人を誘って、奥に進むとまた次の黒壁や樹木と共に別の階段が見えてきて、そういう連なりに導かれながら立体経路を散策する。そういうことですよね。

谷川：再解釈という言葉を使われたと思います。人文学で使う「再」という言葉は繰り返すイメージがあります。あなたの場合の再解釈も一回で終わらないで、ずっと何かの部分を入れ替え、循環しながら進めていくという感じですか。

桂川：そうです。理想としては僕がこの建築を建てて、この街としては新しい建築が建っていくうえで、街の部分というか、この中の一部にこの建築があるのかなと考えています。

ID0017 宮田 太郎（日本大学 3回生）「、ときどき玄関」

谷川：プレゼンを聞いての印象ですが、玄関というより縁側の話を聞いている感じがしました。特徴づけが縁側的で、玄関という言葉にこだわる理由が見えない。特に住宅の玄関ならではの魅力があれば教えて欲しい。参考になるかわからないけど、出入口の魅力は必ずしも開けていることに限らないと思います。例えば神社はアプローチが長くて視界が制約され、閉鎖的であることが大切です。「閉じ」も魅力になりうる。これがヒントになるかわからないけど、玄関の魅力を、もう一度別の言葉で語ってほしい。

宮田：玄関の説明が縁側に聞き取れるということですが、縁側は意外と僕らの生活には身近ではない気がしていて、どちらかというと玄関が最も近いと思っています。ここはお金持ちが住んでいる街なので、かっこいい靴を持っている人たちが玄関にブティックのように靴を並べてあったり、キッチンがあって、食事が好きで、それをファッションの一部にしている人たちが住んでいるので、そのようなリッチな生活が玄関に表示されることを意図しています。

工藤：1階、2階が商業で3階が住宅。玄関どうしの関係で考えていることを聞かせてください。

宮田：1階に家具屋さんがあって、そこは高級な家具が置いてありますが、家具屋さんにふらっと立ち寄って、階段があるので上ってみた先に、家具のショールームのような場所があり、実はそれは住宅の玄関だけれども、それを見て楽しむ。そういう関わりがあったら良いと思います。

工藤：既存のものと新たに設計したものの大きな違いが、設計したことによって味わえるというのは分かりますが、それに関して具体的例を教えてください。

宮田：街の体験として、ブティックが並ぶ通りを歩きながら家に帰っていくという地理的なコンテクストがあったので、住んでいる人も、いろいろな建築の中で街を歩く体験をして、そして自分の家に帰っていくという体験を想定しました。

永山：階段室の延長として階段と玄関まわりのようなスペースが一体化して上に伸びる空間がある前提のもと、住宅がくっついているという構成になっているのですよね。一番やりたかったことが詰まっているのは3階なのでしょうか。3階にボックスがたくさんあり、間がすごく空いていて、自由な何かがあるようです。

宮田：3階の住宅から玄関とも、中庭とも、吹き抜けとも言えるような、そのような玄関の風景があり、そこから空が見えるのが僕の中で好きな所です。

永山：3階はもう玄関しかないフロアのような認識ですか。

宮田：そうです。

中山：ふと思ったのですがこの作品、インフルエンサーの家と捉えるとすごくおもしろい。今って、個人が企業にスポンサーになってもらい、それを所有している自分を発信する時代ですよね。でも、富裕層の家というのは大抵が閉じられた要塞みたいです。もしも自分の持ち物を含めた生活を、

それを売っているショップとの接点に垣間見せるような断面計画があったなら。富裕層や消費活動と街や風景の関係性のあり方として、批評的ですごくおもしろいと思います。

ID0247 半田 洋久（芝浦工業大学 3回生）「清澄アーカイブス」

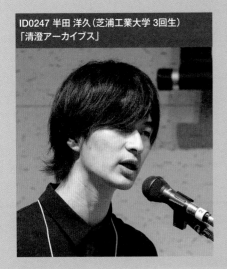

畑：このRC長屋を、これまでの変遷を含めて詳細に調べた上で提案を重ねているところに好感を持ちました。一方でこれまでRC長屋の上に居住者たちが木造で建築を構築していった歴史がある中、そこにあなたの提案は特徴的な鉄骨のブレースの代わりになるような、耐震壁のようなものを強い形で挿入していて、逆に言えばそれしか現れていないように見えます。木造が自然に増築されていったRC長屋に、強い鉄骨フレームを串刺しにすることは、あなたの中でどういうものなのでしょうか。

半田：創作の手がかりとして、この地で住民が増改築を自然に行っていった場当たり的で仮設的なものがありました。住民の改築は、住民がRCラーメンという骨から生成させた肉だと思っています。新たにそういったものを生み出したいと考えたときに、僕は新しい骨を入れる必要があると考えています。そういった空間の編成の先に考えた鉄骨フレームが、新たな骨として機能していくのではないか。もっと言えば、その骨は新しく生成する肉を待つのではないか、そういった少し先の未来を想定しました。

谷川：土地のことや建築のことをしっかり調べていて、とても好感を持ちました。でも、最後に付け足されている図書館の考察が普通にありそうなものになっています。もう少し、ここが売りと補足できる点があれば教えてください。街の歴史に対する解像度に比べて、図書館の解像度があまりにも粗い。少しもったいないので、何かディフェンスできるならお願いします。

半田：図書館はあくまで僕が設計をするための補助線に過ぎず、その補助線の先にあるもの、その地にあるものだったり、風景だったり、空間だったりを考えています。なので、図書館というビルディングタイプが崩壊した先に、ここに新しい別のプログラムが入ってもいい。そういうものを図書館というプログラムを補助線として考えながら場の質を考えることが僕の提案です。

中山：これはどのような課題だったのですか？

半田：成熟社会における図書館、市民の文化活動としての図書館という課題でした。

中山：私も同じところが疑問で、小商いと生活の混ざり合いがこれまで育ててきたものをアーカイブとするなら、それが図書館単体に統一されてしまうと、今後新しいアーカイブを生み出すきっかけが生じなくなるのではないかという懸念があります。ただし、それは課題だったのですね。今は古本と新しい本を同じ棚に混ぜて販売するような書店も多いし、貸す、売る、交換する、などが混ざり合うような時代になっていますので、そういう場としての図書館を新たに想定したら魅力が増したかもしれない。

半田：あくまで図書館という機能を入れていますが、ここにいた人の本が置かれたり、この場所の質とともに図書館という機能が再考されたりすることに意味を感じています。そこに本を住民が放置してアーカイブされてもいいし、ここが街の記録の母体になったらよい。図書館はそのような施設としてもありますから。中のソフトウェアについては説明していませんが、そういったものの受け皿になって本が電子化されていくことも有り得ると、想定しています。

ID0670 新延 摩耶（慶應義塾大学 2回生）「食人住宅」

工藤：この建築の住人は全員共同体ですか。例えば住人のAさんが、出かけたいと言っても家が

勝手に開かれていくのでしょうか。住宅を動かすためには、全員同じような動きをしないといけない気がしますが、それぞれの生活、共同体のつくり方が少し強引なようにも見える。全員右向け右のような感じもする一方で、その時に変わるおもしろさもあるので、その設定を教えてもらいたい。

新延：6枚の壁のうち1人1枚ずつ可動域を所有していて、使う人によってつくられる空間構成が異なるのがおもしろいところだと思っています。隣が動かさないと動けない可動域もありますが、個人で動かせる範囲もあります。若手事業主を集めて昼間は店舗を運営して、夜は住宅になる部分は6人全員で一致しているので、動かない部分や隣の人が開けないと動かない部分はあります。

畑：個人で開けない部分があってもよいのではないでしょうか。6人全員が連動するよりは、本当に食虫植物の触手をそれぞれが持っていて、そこで人間関係含め共同できたり、無視しあったり、喧嘩したりするという、日々の力関係などいろいろなものによって、まさに生命体が形を変えることが、本当に多様なものを絡めとるようで、そこがおもしろさだと思います。ただし、建築としてはかなり危険です。危険性はある種の可能性だと考えれば、単に形のバリエーションがあったり、動いていたりすることだけでなく、こういう関係によってこういう動きが発生したという具体的な想定を、模型やタイムラプス的なもので説明すると説得力が増すと思います。

新延：先ほど図面で示したように、時間帯により、大体このように使われるのではないかという可動壁の動き方の想定はしていますが、より細かく、こういう場面では、こういうふうに動かすというところについては考えられていなかったので、今後の課題にしたいです。

永山：開いている絵はすごくおもしろそうですが、トイレと風呂とベッドが昼間どうなるのだろうという、結構リアルで、難しそうな課題を手掛かりに、それが本当に収まる状況とは何だろうと検討していくと、意外ともう少し細やかな設計になるのではないでしょうか。今は少し大味に開いている感じがしますが、トイレやお風呂などが本当に解決されると、ジャンプできるのではないかと思います。ネガティブな要素から考えても良いのではないかと思いました。

新延：水回りについてはすごく悩んだところで、水回りやベッドなどを固定することも考えました

が、自分が大切にしたかったコンセプトとして、この一つの壁に全ての住機能が集まっていて、その壁とともに生活していくということを表したかったので、今回はコンセプト重視で進めました。全く考えていないわけではなくて、この可動壁は一部分が固定されていてそれが柱となっていますが、その固定されている部分のなるべく近いところに水回りを用意して、リンク機構による可動壁を動かすために軸が立っていますが、その軸の部分に配管を通して、その壁が動くと配管も同時に動くような機構が考えられると、上手くいくのではないかという希望的観測を持っています。

ID0700 長屋 諒子(名古屋工業大学 3回生)
「浚渫土を消費し、街を耕す。」

工藤: この場所の問題を捉えているのはすごく共感できますが、実験器具としてどうしていきなり出てきたのか、その関係が知りたいのと、これはどういう課題だったのですか。

長屋: 課題文として、ファベルジェという人に制作された「ファベルジェの卵」、イースターエッグと呼ばれるものですが、それとこの実験器具を使うという課題となっています。

工藤: その課題で、住宅をつくる人もいたし、図書館をつくる人もいて、その中であなたは工場を設計したということですか。

長屋: そうです。

中山: いま世界で港のスペックというのは、つけられる船のサイズでランク分けがされてしまうので、日本の主要な港などでは、今のままでは水深が足りず、アジアのハブ港になれないのでは、といった議論があります。グローバルな物流競争を勝ち抜こうとするのなら、そうした課題もあると思いますが、この提案ではそういったことは考えられているのでしょうか。

長屋: 名古屋港がもともと人工島で土が溜まりやすいため、ポートアイランドに大型船は停められていますが、全国的にも土の処分場として、埋立地がいろいろなところにあります。プロトタイプとして工場を建てることによって、他のところでもこの工場によって処分場の解決ができていくのかなと考えました。

中山: 現実が抱える物量に対して、長屋さんが設計した工場はあまりにも小さいので、問題解決というよりはデモンストレーションかなと感じましたが、実際の意図もそういうことだったのですね。プロトタイプとして、考え方を示すオブジェをつくろうとしたということですね。

永山: この課題があって浚渫土(しゅんせつど)がでてきたのか、それとももともと浚渫土に興味があったのですか。

長屋: もともとはなかったです。課題で名古屋港が敷地として選ばれていたので、どこを選択しようかといろいろ見ている際に、大きな土地があることに気づいて調べると浚渫土が置かれている場所があったからです。

永山: 学校ではどのような評価だったのですか。

長屋: 学校では、模型が独特な見た目だったので興味を持っていただけて、評価していただけました。

ID0754 小西 美海(広島工業大学 3回生)
「私たちは極楽を知っている」

中山: これはどんな課題だったのですか。

小西: これは大学施設内の坂道の下にある図書館がメインの複合施設で、プラスアルファは何でもよいという課題でした。

中山: この作品、すごく好きです。人間が情報を享受することって、とても全感覚的なものなんですよね。姿勢よく椅子に座って読むのと、靴を脱いで読むのでは、同じ本でも全然別の読書体験になる。最近は本棚を充実させている旅館なども増えてますね。紙の本やそれを扱う図書館は一面では絶滅危惧種でもあるけれど、ソフトやプログラムではなく、人間の基本的な感覚に働きかける場として考えようとしていることに共感します。

畑: 図書館と線が重なっている様は、はだしで歩けるところなどが具体的に伝わってきたのですが、自然発生的な道がテリトリーを生み出して集落ができていくという説明が分からなかった。集落ができていくというのはどういう意味なのでしょうか。

小西: 道は外にあるものですが、図書館の中は人がにぎわうようにつくっていて、道の外に出た場所は大学生だったり、地域の人が使うところになるので、自分の好きなものや自転車を置いたりして、それによって路地や道が、自然発生的に充実すると考えています。

谷川: 私もはだしで風呂あがりに歩きたいので、その点は最高だなと思いました。ただ、いろいろと要素を取り出すと、スーパー銭湯のようでもある。スーパー銭湯と似ることが望ましいかどうか。スーパー銭湯のようなものと、ここが決定的に違うという点を示してください。もちろん課題として大学の施設であるという縛りがあるけど、そういう話ではなくね。

小西：まず図書館の本の中に、銭湯専用の本があって、それを銭湯に持ち込むことができたり、はだしで建物全体をぐるぐる回ったりしますが、そのなかでも大学施設だけど街があるというところが一番のポイントだと思います。

ID0794 大町 有香子（京都工芸繊維大学 3回生）
「コビトノセカイ」

永山：これはコミュニティ施設センターということですが、図面にある部屋は、基本的にすべて苔が生えている外部空間になるのですか。それとも室内化されて機能的な部分もありますか。

大町：既存のL字型の校舎はほとんど内部空間で、ガラスで囲われたところだけ外部化されています。増築した曲線の部分は内部と外部が半々ぐらいで、屋上に苔のランドスケープが乗っているような形です。

永山：既存部分で苔が生えているところは、部分的にそういう部分が介入していて、他の部分はきちんと部屋として、そこは苔エリアではないということですか。

大町：そうです。

畑：グランドレベルや屋上が苔で満たされているということですが、これは建築も苔で覆われるというアイデアですか。ここに書いてあるガラスで覆うというのは、そういうことではないのですか。「小人になるための工夫の4番」というのは、立体的に苔が立ち上がってきているだけにも見えますが、そういうことの工夫があるということですか。

大町：普通ならば地面にしかない苔を立体的にランドスケープ化したくて、スロープのように上がっている増築部と既存部分がぶつかっている部分が苔で満たされて、もともと教室だった場所が苔のランドスケープの世界になっています。

畑：育成場所の中にコンクリートなどが書いてありますが、そこが教室で日陰になっていて、鉛直面含め、本当に建築が苔をまとっていく、飲み込まれていくような、そういうダイナミックな感じなのかと思ったのですが、そういうものでもなくスパッと苔の世界とそうでない世界に分かれているということですか。

大町：既存校舎の建築的価値を考えると、既存校舎をしっかりと保存していく必要があるため、ガラスで既存校舎と外の世界は切るようにしました。

中山：スケールの話をされていますが、苔という存在を対象化するとしたら、手のひら大か広くても畳一畳分くらいのスケールに宇宙を見るくらいの解像度がふさわしいように思います。それが学校のグランドスケールで展開されてしまうことに、なかなか想像が追いつかないです。ここまで大きなスケールで存在する苔って、どんなイメージなのだろう。

大町：苔はすごく小さなもので、苔が群となって一面に広がっていたら、壮大な景観をつくれるということを表現したかったです。

ID0893 若島 咲（神戸電子専門学校 2回生）
「往時を辿る道」

畑：一つひとつの魚礁がある種アトラクションのような性格で、それを巡るルートがありプロムナードができるということですね。単管を使うなど、一つひとつの操作は理解できますが、ビジョンとして須磨海岸をどうしていきたいのか、何のためにここに魚礁の集積をつくるのかを聞きたい。単にプロムナードができるということを超えた、海岸を通してこの海の環境をこうしていきたいというビジョンがあるのでしょうか。最初の動機を教えてください。

若島：現地に訪れたときに、自分が今回敷地とする須磨海岸で、環境保全の団体が海藻の養殖をするなど、海の中の生態系を豊かにしようという活動をしていることを知りました。それに合わせた建築をつくりたくて、魚礁を建築の中に取り込もうと考えました。

谷川：リサーチが良くできているのは好感を持ちます。それから、「想起」という言葉が使われていたと思いますが、モノが過去を覚えている、距離自体が過去を覚えているという着眼点で、過去の想起を実装しようとしていることも魅力的に見えました。通常、過去に思いめぐらす時間は、沈黙や静けさとともにありそうです。でも、建築は見世物やアトラクションの印象が強い。ここにミスマッチを私は感じたので、もし訂正できそうなら一言聞きたいです。

若島：タイプを多く設けたことで、静かに見るというよりは、少しアトラクションっぽくなっていると自分でも感じました。建物自体のスケールが大きくて、移動する距離が長いので、ゆったりと時間をかけて歩くことで、静かな空気感を演出できると考えていたのですが、タイプがたくさんあるので、少し賑やかな感じになってしまったと感じています。

永山：つくった物はほとんど海の底に沈んでいるわけですよね。模型では出ていますが、実際は海の底に建物も沈んでいますか。

若島：沈んでいます。入り口と山のようになっている漁場だけ、少し満ち引きで頭を出すようにはなっています。

永山：道は全部埋まっていて、細長いのが全部電車ですか。

若島：電車です。

永山：電車があんなに埋まっているのですか？そのことにびっくりしました。これはどういう課題だったのでしょうか。

若島：課題は、須磨の海岸を敷地として鑑賞する施設です。美術館でも何でもよくて、この場所にあった建築をつくるという課題です。ただし、土木的な目線も入れられるなら工夫して加えてみてくださいというものでした。

ディスカッション

光嶋：建築新人戦は賞レースとしてはゲームですが、学生の皆さんはここで交わされる審査員の議論を自分の作品、自分の言葉として翻訳しながら聞いて、学びのある時間にしていただければと思います。それでは工藤さん、追加の質問があればお願いします。

工藤：出展された作品は、課題に対する答えなのでトレーニングということもすごく大事かと思います。一方で、私たちの建築の活動と重なる部分が多くあり、それについてお聞きしたいことがあります。私は最近、もう少し時間軸を考えて設計しなければならないと思っていて、建築ができる前や後で、今回設計するものをどう位置付けられるかということと、その可能性を拾いたいと考えています。ある種、課題は自分たちでゲームを設定してクリアするという性格もありますが、その先に考えられるものがあれば良いと考えています。まだそのあたりを拾えていないのがID0017の表参道の作品とID0754の温泉と大学を複合した作品です。強く問題解決を意図していない印象を受けましたが、今回の作品をこの先の建築をつくるモチベーションにどのように結び付けようとしているのか聞きたいです。

宮田：特に玄関について考えましたが、3階に住宅のいろいろなキャラクターを持った玄関を配置するという計画から、玄関の役割を決めたり決めなかったりと、かなり曖昧にしています。住み開いたときに、こんな玄関ができたら良いということをイメージしながらパースなどを描きました。住人が玄関をどのように解釈してどのように見えてくるか考えた際に、南青山のみゆき通りを加工してブティックのように見えてくる、ユニークな玄関ができると考えました。

永山：玄関について追加質問ですが、玄関を立体の階段と組み合わせているメリットが分かりません。玄関から住人の生活が染み出してくるなら

平面の方がいいのではないか。立体化している意味や階段室と組み合わせた玄関の具体的なメリットは何でしょうか。表情が出てくる点に重きを置くのであれば、もう少し違う景色もあるかと思いますが、この階段室と組み合わせたことのおもしろさをもう少し言葉にしてもらえたらと思います。

宮田：3階に訪れた人からすると玄関かと思ったり、食事場と認識したりするかと思いますが、南青山はお金持ちの方が住んでいるので、リッチなベランダなどがあるのを目の当たりにするように、暮らしの裏側のようなものがあればおもしろいと思っています。3階は玄関かもしれませんが、住人によっては4階5階が吹き抜けのある中庭のようなものになっていて、もしかしたらそこで洗濯物を干したりするなど、南青山では見えなかった景色が裏側で展開されたりする場所としてつくった経緯があります。

中山：3階を二つ目のグランドレベルにして、そこに長屋形式の集合住宅を並べているということなのですね。そうすると各玄関に縦動線が現れるのは必然ですよね。そのことをそのまま表現に結びつけているのはごく自然だと思うのですが。

畑：玄関をさまざまな振る舞いを受け入れるショールームとして捉えると分かりやすいのかなと思います。確かに3階のプランはがらんとガラス張りのホールのような玄関と呼ばれているものがただ並んでいるだけになっています。なぜこれほどガラス張りなのか、それ以外のものが全くない状況なのか、もう少し具体的に説明してください。

宮田：ガラス張りにして、その振る舞いを受け入れるということは、お隣さんとご飯を食べるというような関わりを指しているわけではありません。例えば、靴箱を螺旋が取り巻いていて、そこにリッチな靴が置いてあるときに、街の一部がブティックに見えてきて、その見えてくること自体がすごく大事だなと思っていて、それが開くことにつながる

のではないかなと思いました。

光嶋：続けて小西さんから、できるまでのプロセスから、できてからの使われ方まで時間軸がこの建築の中でどう捉えられているのかを手短にお願いします。

小西：この建築を街にしたのは、まず大学施設が街中に大きく立っているにも関わらず、地域の人が周りを歩くだけの関係性になってしまっているので、街に溶け込むようにつくることで、地域の人がキャンパスを歩くだけではなく建物の中に入るようになることを意図しています。建った後、すぐに入り込んで使うというよりは、間違えて入ってしまったくらいの気持ちで、この街に溶け込んだ建築を見て欲しいという気持ちで設計しました。

畑：先ほどあったスーパー銭湯の話をもう少し掘り下げたいのですが、何が新しい点かというと、やはり大学であるというある種の公共性を引き受けているので、スーパー銭湯とは違う施設になっているはずです。先ほど質問したときも、「集落ができている」という奇妙な言い方をされていましたが、大学であるというパブリックとスーパー銭湯ではどういった違いがありますか。

小西：スーパー銭湯は街に対して急に現れる建ち方をしていると思っています。敷地の町にスーパー銭湯があるとニュータウンのようになってしまうでしょうが、施設の周りが田舎だったり畑だったりするので、大学としてその周辺に擬態することで、スーパー銭湯のような機能を持った施設が、異物感にならずに建つ新しさがあると思っています。

工藤：大学は4年間しかなくてその間に人は変わっていきます。一方で、この町にずっと住んでいる人の時間があって、それが変わって交わっていくということが、新しい公共性と考えるとおもしろいと思えてきました。一方で、宮田さんの表参道の作品は、スケッチはすごく魅力的で分かりやすいのですが、それとは裏腹にあっさりとグリッドと構成でつくってしまっている点が、分からなかったのです。

谷川：桂川さんの「那古野リチャーム」について。話はなんとなくわかるけど、腑に落ちきらない。周辺地域の要素が再解釈されて、それが実際に建築物になり、リチャームが達成される。つまり、魅力を見つけて、実装して、そこで暮らして……という循環を描いているようですが、実際にサイクルがどう回るのかわからない。例えば、解釈って何をどうすることですか。それは誰がやるんですか。地域住民ですか。この建築に住む人ですか。

審査委員の谷川嘉浩

その人たちと建築家はどう関わるんですか。それがどう住民に波及するんですか。何が言いたいかというと、哲学者からすると、「解釈」「再解釈」「循環」という言葉を便利に使いすぎているように見える。桂川さんが、自分で使った言葉でなんとなく納得してしまって、その先が突き詰められていないように見えるんです。なんとなく納得させる言葉ではなく、素朴な言葉を使って、もう一度、再解釈のサイクルについて話してほしいです。

桂川: いろいろな人がこの街の魅力を見つけることが僕の目標で、それは三段階あって、まず僕が街全体を回って見つけた魅力を建築の空間として取り入れていく。それが最初の段階です。次にここに住む人たちが、出来上がった空間に対して「この空間がいいな」とか「お気に入りだな」とか空間を活用していくという段階。最後にこの街の周辺住民がこの集合住宅で暮らしている生活ぶりや空間の使い方を見て、こういう生活スタイルがいいなという魅力を見つけて、自分たちの生活にも取り入れいくという循環です。

谷川: そう言いたくなるのはよく分かります。ただ、それって桂川さんが新たに装置や仕組みを作らなくても、新しい建築ができたら、その循環は成立しますよね。「この新しい家の生活スタイルいいな」と思った地域の人が、それを取り入れていくというように。だから、あなたの建築の魅力をもう一声ちゃんと説明しないと、現実にすでに行われていることと一緒になってしまう。あなたの建築の強みというか、こだわりどころ、ここが魅力なんだというのを、別の角度からぜひ語ってほしい。

中山: ですよね。もう少し自分がつくったものをちゃんと想像してみて、と思います。誰かの家の屋上と自分の家のベランダがつながっていて、そこを全然知らない人が行き来しているんですよ。それって普通ならとんでもないことですよね。その異常さを設計した本人がそう簡単な説明で片付けてはいけない。先程の質疑応答ではそこのところ

を応援演説したつもりでした。異常だけれどそこがすごく魅力的でもあるんですよね。建築学科にいると、極端な状況設定を競うような空気に慣れて、一生活者の感覚を見失ってしまうことがよくある。それは時々自問したほうがいいと思います。

谷川: そういう語りがなされたら、納得したと思います。もう一つ質問を。ID0794大町さんの「コビトノセカイ」について。苔という小さいものを集合させて大きな建築にまとわせていくことの意味が知りたい。プレゼンボードを見ていると、人の動線やアイレベルの話も一応しているけど、よく読むとむしろ苔の方の話が充実している。その上で、群として苔が学校全体を覆っているという途轍もないことをやっているわけですね。その群としての魅力がもっと知りたい。何に取り憑かれてこのサイズで苔を存在させているのか、あなたのオブセッションが知りたい。

大町: 普段私達は、植物かカビか分からないくらい苔を見下している中で、「本当はもっとかわいいのだぞ」ということに気づいて欲しい。アリなどとても小さな生き物は普段、苔を見上げて対等な関係で接していると思うので、それを少しでも感じられるようにしたくて、どこまでも続いていて天井にも苔があって、校舎の中に入ると苔に囲まれる空間をつくりたかったです。

谷川: 私たちを苔目線でのアリにしたいということですね。巨大な苔がかわいいかはさておき、苔が私たちに存在を訴えかけてくることを目指すには、この怪物的な巨大さが必要だということがよく分かりました。哲学ではそういうことを「崇高」と言ったりします。それを苔から見出そうというアンビバレントなチャレンジはおもしろいと思いますし、確かによく近づくと苔は森のように見える。この建築が森みたいと言えるかというとまだ判断に迷っていますが、どういう魅力を感じてこういう形にしているのかがよく分かりました。

中山: ちなみに好きなお庭とかありますか?

大町: 西芳寺という京都にあるお庭に行って、苔にハマりました。

中山: 素晴らしいですよね。ただ、管理のために費やされているエネルギーは、想像してみる必要があると思います。最初のセッションの時には、提案のいいところをできるだけ引っ張り上げようと心がけていたのですが、大学のエスキスでは逆のことも言うので、この時間はちょっとそういうことも言わせてください。小西さんは図書館に

ついてたくさん調べたと思います。大学の課題の醍醐味はそれまで自分が深く考えたことのなかった世界を詳しく知ることでもある。そんな時、例えば図書館を設計するときに忘れて欲しくないのは、司書という人たちの存在です。司書にとって本というのは、宝物なんです。中世の図書館では本は鎖につながれていたんですよ。知恵はとても強力な武器だから、それに触れることができるのは選ばれた者だけです。旅をして知識を得て、それを国に持ち帰る。図書館とはそういう場所だった。現代の司書もそれを引き継いでいます。だから、本をとても大切にしている。宝物だと思っている。水で濡れるなんてもってのほかだし、手垢がついたり傷ついてしまった本の修繕は、今でも司書の大事な仕事のひとつです。図書館が、そういう人たちのいる空間でもあるんですよね。銭湯はのんびりできる裸のつきあいの場であると同時に、そこには火を絶やさないように働く人がいる。そうした存在に対する想像力を、僕はとても聞きたいです。

小西: 司書さんも、働いている時は表にいるけれど、自分は裏側にいるという考えになってしまっていて、その人達も表にいるという気持ちになれるような空間をつくりたいと考えています。司書さんの方から利用者の歩く姿が見えたりして、風景に飽きないようにして、気持ちを表に向けて欲しくて、そのように設計を考えました。

中山: 銭湯の番台って、その町のことがどこよりもよく見える場所ですよね。あのおじいちゃん調子どうかなとか、新しい家族が引っ越してきたなとか、その街の裸のところがぜんぶ見える。だとしたら図書館の司書というのは、その町に暮らす人たちの頭の中が、誰よりもよく見える仕事です。そういう存在のための場所として設計されたものを見たら、僕はきっと感動すると思います。もうひと作品、プレゼンを聞くまでかなりSFだなと思っていたのですが、そういう作品が出てくるのも大学の課題の醍醐味だなと思ったのが新延さんの「食人住宅」でした。だけどまたちょっと意地悪

審査委員の中山英之

なことを聞きたいと思いますが、今まで自分の力で動かした一番大きなものはなんですか？

新延：椅子です。1回生の春の課題で、リンク機構を使った動く椅子、変形する椅子をつくっていて、その時からリンク機構にすごく興味があって、今度は建築スケールでリンク機構を使っていきたいという想いから、この作品が始まりました。

中山：なるほど。動力の発明は人類史的にはまだ新しいものですが、この提案はエンジンやモーターを使わず人力で動かすのですよね。だとしたら、そのような動力がまだなかった時代に、人間が自分より大きな力を発生させるためにどのような装置が用いられていたのかを、よく知る必要があるように思います。投石器とか。人間の入力を増幅させる機構にどんな仕組みがあったのか。そういった興味や観察が下敷きにあったら、同じアイデアでも全然違うものができたのではないかと思います。建築って、人間がつくる物の中ではひときわ大きいものですよね。そうした存在を、どこまで自分の実感を保ちながら想像できるかというのは、大変重要なことだと思います。例えばお寺の門には巨大な扉がありますよね。ちょっとした風でも制御不能に陥りますから、神社というのはあれを所有し、動かす事を許された特別な資格であるともいえる。そういう実感が加わるともっとおもしろかったと思います。

光嶋：ニューヨークにスティーブン・ホールという人がつくった「ストアフロント・美術建築ギャラリー」があります。細長い建物の壁が、どんてん返しのように動き、ギャラリーの中にいても急に外の街が見えてびっくりします。オランダのリートフェルトの「シュレーダー邸」は、間仕切り壁が動くようになっています。両方とも壁が動く建築ですが、建築が動くといってもそれくらいしか動かない。建築は「動かない」イコール建築というくらいなので、新延さんの作品くらい動くと、どこかおかしくなる。これは「建築だよな」とリアリティを

司会の光嶋裕介実行委員長

持たせられるかどうかが鍵というふうにも言えます。新延さんは8選の中で唯一の2回生ですが、これだけ動く建築は2回生の時期にしか発想し得ないアイデアだと思うので、「ストアフロント・美術建築ギャラリー」や「シュレーダー邸」を勉強して、突き詰めていけば良いと思います。

畑：プレゼンでの壁が動くパフォーマンスが非常に大仰なのでどうしてもそこに目がいってしまうけれど、出来上がった空間を見ると、固定的なものではつくることのできない世界観だと思いました。稼働的で仮設的な状況下であるからこそ浮かび上がってしまうような空間です。これが小空間であるか、住宅であるかということを通り越して、このような空間を実現する方法が提示されているとすると、とても新しいのではないでしょうか。結果的に生み出されたこのジャングルのような世界、その世界観を全く語っておらず、しっかり説明して欲しい。先ほどから写真がどんどん流れてくるけれど、このような世界観は、おそらく動いたり、仮設的なものであったりしないと、実現しない空間だと思います。

新延：敷地の松原商店街をとてもカオスな商店街だと捉えました。そのカオスな状態に対して、商店街が閉まっているときの姿がとてもシンプルで、そのギャップに興味を持ったので、自分が松原商店街に設計するのであれば、そのカオスさを最大限に表したかったです。出店方法に合わせて動くものを設計したかったし、松原商店街がもともと持っているカオスの中でも、一番カオスな空間をつくりたくてこういう形にしました。カオスさを実現するには、私もどのような空間になるのか実際に動かしてみないと分からなかった部分があり、模型上で動かしてみて、「やはり動くのがおもしろい」と感じたので、それを突き詰めました。

光嶋：畑さんからの質問はもともと持っているカオスさを言語化して欲しかったという意味だろうけれど、それはなかなか難しい。でも、ある種のカオスという言葉や解釈という言葉も、自前の言語のようなもので、建築はそもそも自律した言語なのです。「言語化」は翻訳しているわけで、中山さんが言ったことは、設計者も気づかなかったことをこのお風呂を通して翻訳してくれたのです。だから「私はそう考えたのです」と審査員の言葉をもらえば良いと思うのです。それだけのものを君たちの建築は持っています。そしてそれを言葉に翻訳するというトレーニングをこの講評会で行っている。このデザインで過剰性という言葉が出ないのもおかしい。カオスという言葉で止まらないで、その思考停止を自分の中で「過剰とは何なのだろうか」と自分たちが持っている言葉を自分たちが設計した作品に

審査委員の畑友洋

投げかけ、今日のような場で対話をして欲しい。

中山：しかし、僕は、建築家はカオスという言葉を使うことには注意した方がいいと思います。カオスと呼びたくなるようなあの風景は、現実に開店前の限られた時間のうちに、腰の曲がったおじいさんたちの手でつくり上げられている。そこにあるものは全て人力で動かせる大きさのものです。並べる時の導線は通路も兼ねていて、同時に立ち位置から客や商品に目線を配れるように配されてもいる。それはむしろカオスとは真逆の、秩序ですよね。誰が、どのくらいの時間で、どこからどこへ、どんな順序で運ぶのか。そういう隠れた秩序にこそ、建築的観察の本質があると思う。そうした事象を、リンク機構という新しく覚えたシステムによって対象化できたら、それは素晴らしいですよね。

光嶋：それが物事を考える時の解像度の中に「自分はこういう秩序を見つけたのだ」、「こういうシステムを見つけたのだ」と言った方が良いと思います。それでいうと過剰という言葉が出てこないことも考えて欲しい。もう一つ、このおもしろさは垂直性だと思います。おじいちゃんが人力で動かせるものはフラットなGLレベルです。この建築は建具的にバカバカと三層、四層、全部が一緒に動く垂直性の動きが特徴的で、さらに重層性を伴っている。そのように自分がつくったものをもっともっと考える。建築新人戦は、大学の枠を超えてさまざまな人と議論する場なので、噛み応えがあります。

永山：桂川さんの「那古野リチャーム」ですが、アーケードに接続していることが大きな特徴だと思いますが、アーケード側の顔の見え方や、アーケード側にどう接しているかが気になっています。特に後ろのつくり方などはやはり変わらなければならない。アーケードはコンテクストが強いので、割とこの後ろの住宅で、均質とまではいかないけれど、同じ手法でつくっていることが最初から気になっています。アーケードを中心に語るとどうなのかなと。あまり言葉に出てこなかったので、アーケー

ドとの関係を教えて欲しい。

桂川：お店の前に中が染み出してくるようなものをつくりたかったわけではなく、この集合住宅として奥に広い敷地が与えられた際に、奥まで引き込む必要性があると考えました。奥まで引き込み魅力を見せるため、例えば入り口を謎の階段だけがあるようにしています。つまり、商店街の中だと階段があるのがこの建物だけになるので、すごく謎な建築で、それを利用した引き込み方を考えています。サーカスのような店をつくって引き込むのではなく、迷路のように、少し入り組んだ動線の全体の中に引き込みたいという考えがあるので、アーケード側は強い店はつくっていないです。

永山：真ん中に明るいスリットがあって階段が奥まで見える感じをつくりたかったというのは読み取れましたが、それをしっかりと言わないといけない。引き込み方が重要なのであれば、商店街からの立面はしっかり絵として表現して、そこを意識的に説明する必要がある。開けと言っているわけではなくて、どう振舞って、どう意識しているかというのは語った方がいいと思いました。階段をつくって奥がどんどん明るい感じに見えている、それはいいと思います。
もう一つ聞きたかったのが、ID0247半田さんの「清澄アーカイブス」です。もともと課題が図書館だったというところから設計を始めたということで、私はこの挿入された形の方に違和感をもってしまったので、それ以上に読み取るのを進められなかったのですが、最初に見た時は、結構おもしろいと思いました。というのは、中身のミックス度が実はおもしろいことになっているのではないかと思っていて、日常的な風景と図書館の風景が勝手にミックスされている状態が生まれることを想定していますか。

半田：そうです。もともと個人の住居であった場所を、開いていく提案をしています。そこでは普通では起こり得ない風景を提案しています。

永山：では、断面でテナントがあったと思いますが、ワンスパンごとにそのようなミックスが起こっていて、それらが公園側の横串でつながっていて、縦は挿入した新しいものでつながっているということですか。

半田：大体そのような感じですが、空間はそれほどセパレートされているわけではありません。表面上のファサードは住民によって塗られたものだったり、看板建築の表情として色が境界まで塗られたりしているオブジェクトですが、僕がつくった空間は2階に壁を抜いていきながら、空中部分

や一部分を柔らかいカーテンで仕切っています。そのため、空間が過度にセパレートされているわけではありません。

永山：1階を図書館・オフィス、2階が開架書庫、上はテナントといった階層的な区分けは、平面的には一緒なのでしょうか。それとも混ざっていきますか。

半田：混ざっていきます。プレゼン資料の後半の色分けした資料にあるように、多少ミックスさせるようには計画しています。この断面に書かれている名前は基本的なものであって、全てこうなっているわけではありません。

永山：ところどころ置き換えていたり、上下がひっくり返っていたりするのですね。

半田：そうです。250mあると街の表情だったり、後ろにある清澄庭園と言いつつも途中までは児童公園だったりと、いろいろな些細なコンテクストを拾いながら空間のリズムを意図的に計画し直しています。

工藤：もともと界壁で区切られていたものを壊して、つなげて、補強して、プログラムを入れ替えて、空いているところには縦動線を入れるということだよね。

半田：そういう感じです。でも、もとから壁が壊れている部分も確認されています。

中山：これは課題そのものへのコメントになってしまうのかもしれないけれど、ここから未来のアーカイブがつくられていくと考えた時に、単一機能の施設としてまとまってしまうのは、やっぱり可能性を狭めてしまうのではないかな。個人事業主だとか、あるいはそこに住んでいる人を主役にできたらいいなと思います。そうでなくとも、主要なプログラムからずれた場所がいくらかでも混ざっているだけでずっと魅力が増す。表参道ヒルズも結局一つの施設になってしまったではないですか。以前は魅力的な個人事業主が、アパートにバラバラのまま集まっていることがある特別な世界をつくっていましたが、今は一つの屋号を掲げた施設になってしまった。店単体は個別の意匠を纏っていても、根底にある資本の仕組みが、大きなひとつの背景としてより際立ってしまう。そういうのはここで目指されていることとは違いますよね。

永山：私もどちらかというと横に抜かない方が良かったのではないかなと思っています。個別に図書館が入っているから、全体に図書館が虫食いで入っているような構成です。この文節をそのまま

使った相対的な感じなのかなと思っていたので、それはおもしろいかと思ったのですが。だから個別のキャラクターと所有権を残したまま図書館というプログラムが入っていて、虫食う。そのような構成だったらおもしろかったかもしれません。

中山：同じ問題は「那古野リチャーム」にも言えるかもしれません。個人商店の集合でも、商店会というひとつのアーケードに入って、会費を払って長老に忖度をしないといけなくなって、新しいことがしにくくなっているうちに近くに大きなショッピングセンターができたらいっぺんに潰れてしまう。みんなつくったのだから同じ傘の下でお互いに「このルールでやっていきましょうや」といったことや、その象徴としての大屋根のようなものは、これまで以上に機能しにくくなってしまうのではないか。そうではなくて、個人が自分の責任のもとで、ちょっとした公共性を帯びた小さな屋根を、互いに少しだけ重ね合あっていった先に生じる途切れ途切れの連なりのようなものが、結果的に街を作っていくようなあり方が、もっとあったらいいなと思います。既存の商店街から引き込まれた新しい小空間を提案するのであれば、大元の仕組みを引き込んだ場所としてではなくて、むしろそこへの批評行為としてあってほしい。

光嶋：最初の工藤さんの質問にも少し重なりますが、時間軸を想定した「過去からの継承」という余白のようなものや、整理していくという「アーカイブ」という視点も重要ですよね。図書館でいうと空いている本棚がないと成立しない。ストックしていくことがアーカイブであれば、これまでを整理すること、風通しを良くすることも大事なことですが、「これからの」というところが今の中山さんの言葉と工藤さんの質問とつながってくるのかな。
時間もありますが、追加質問が5人の先生方から出たので、今度は逆に全員にシンプルな質問をしますので、手短に8人全員に答えてもらいます。この追加質問も、そもそものプレゼンテーションも、まずはじめに「課題は何ですか」と聞かれまし

審査委員長の永山祐子

たよね。これが卒業設計との大きな違いで、与えられた問いに対して答えている。出した答えが魅力的だから、いろいろな解釈をされて議論が起こっている。そこで全員に聞きたいのは、何を最も問題点としてこの課題に取り組んだのか。それと同時に建築として答えを出すというのは、「誰のためになのか」ということ。設計者として「宛先」が必要ですが、誰のために、どのような建築をつくろうとしたのか。順番に答えてみてください。

若島: 私の今回の制作で最もアプローチしたかったのは、波によって削れていく砂浜と、街によって山と海が分断されている中での生態系です。山からの栄養が運ばれないためにやせ細っている海が、最初に須磨の海岸を見たときの問題点でした。漁村もありますが、とても少なくなっています。歴史を見ると、過去の対象敷地は賑わっていましたが今はその影もなくなっています。この海を、建築を通してもう一度豊かな生態系や、その生態系に人が集まって昔の活気等を取り戻したいと思い設計しました。なので、対象とするのは須磨海岸に訪れる人や、ノリ漁業といった須磨海岸で生き物と一緒に生計を立てている人になります。

大町: 私が苔のランドスケープで問題としたのは、私たちが苔を見下していて、魅力に気付けていないことです。それは、子どもよりも大人の方が気付けていないので、私たち大人が子どもよりももっと小さいサイズとなって、苔の魅力に気付けるようにと考えました。

小西: 2つの課題があります。まず、図書館離れの学生がどう図書館に寄り添うか。また、地域の人が大学施設内に訪れているのに、室内と言いながら歩くだけの道になっていること。もともとは住居が並んでいたところに大学が入り込んで生活を邪魔してしまったという申し訳なさなどから、地域の人が入るということが大事だと思っています。誰のためにかというと、学生よりも地域の人のための場所をつくりたいです。

長屋: 土がただ盛られただけのポートアイランド

は、3㎞×1.5㎞くらいありますが、本当に土しかない状態です。その活用されていない土の処分場の許容量がもうなくなってしまうというだけで、他のところで海を埋め、それにより生態系が崩れてしまう。それを一番問題に考えました。土をたくさん使うことができれば、処分場をつくる必要がなくなると思ったので、浚渫土を永遠に使えるものとして工場をつくりました。なので対象は環境です。

新延: 問題として捉えたのは2点あって、1点目は松原商店街に関することです。まず、敷地としている東側の通りは空き店舗が多く並んでいて、賑わいが減ってしまっています。その賑わいを取り戻せるような、たくさん集客が見込めるような建物にしたいと考えたときに、その手法として、壁を動かしてお客さんを絡めとる手法は合っていると思います。より継続できる商店街にするきっかけづくりを、この建築で提示したいと思いました。もう一つは、空間に対する問題で、動かない壁で仕切られた、動かない間取りが一般的な空間構成だと思いますが、そうではなく、もし動く壁で、動く間取りで、動く建築だったら、もっと自由な空間を生み出せるのではないかという定義をしたくて、このような建築にしました。

半田: プレゼン中は話しませんでしたが、近くの公園に深川図書館という堅牢なイメージの図書館がありますが、図書館はもともと堅牢なイメージでその存在を確立してきました。しかし今後、図書館が形のないものに置き換わっていく中で、その向かう先はどういうものなのかという問いが僕の中にありました。これは最終的に誰のためかという話につながりますが、清澄白河は表層的なブランディングによって延命され続けてきた街でもあって、カフェの街というイメージによってこの建築や街の寿命がやや延びて、街のブランディングというものがイメージによってつくられてきました。そんな与条件の中で、僕が図書館という建築を考えたときに、図書館をその街の風景にあるものと同時に考え、旧東京市営店舗向住宅を見つけて、その建築の変遷の先に建築を通して街を見ることができるような場所をつくりたいと考えました。それが図書館のアーカイブという機能と複合して、この建築の全体がつくられることで、清澄白河の全ての人がこの街と応答関係をもち、街に対して自覚的になっていく、この街をこの建築を通して見る。そういう場所を僕は設計しました。なのでこの建築は清澄白河を訪れる全ての人に捧げたいと思っています。

宮田: 僕は南青山という街で商業と住むことの関係を考えた際に、玄関に対して問題意識がありま

審査委員の工藤浩平

した。小学生のときにお母さんが家にいないときは「家に入ってはいけない」と言われていたので玄関でカードゲームをしたり、マンションでエントランス横のポストを見るとチラシがたくさん入っている部屋があったり、ずっと開けっ放しの部屋があったり、空室のシールが貼ってあったり。その経験から、玄関はもっとおもしろくなったらいいなという思いを抱いていました。みゆき通りを通って家に帰る体験の中でも、おもしろい玄関があったらいいなということで商業も住宅もそれぞれが玄関を持っていて、お互いの玄関に関係がある、そのような世界をつくろうと思い、玄関に取り組みました。

桂川: 敷地の話になりますが、Google Earthでこの場所を周辺も含めて見てみると、駅前の周辺は高いビルが建っていますが、この那古野一帯だけは2階3階建ての建物だけで、古い建物が残っている状態でした。少しすたれてきている場所になりますが、ここで復興・再興の活動をされている建築家もいらっしゃいます。そういう方たちは既存のものをリノベーションして新たな空間をつくり、名古屋市としても沿道の商店街の保全活動をしています。それは守っているような、現状維持というイメージが強いです。それに対して、新築の建物をつくる怖さというか、新たな刺激をいい方向に向けられるようにできるだけ意識しました。今までの商店街は道に対して店があって、そこの間の道を通っていくというのが古い一般的なイメージだと思っていましたが、そうではなく、生活の中に人々が混じりあっていく必要性があるのではないかということで、この建築を建てました。魅力という話がありますが、これは地域の住民のために建てた建築になります。

光嶋: ありがとうございます。人のためというのが多いですが、大町さんの苔や長屋さんの環境など、人以外のためにという答えも出てきました。特に人類共通の課題となっている気候変動を考慮して環境と答えたのは長屋さんだけなので、もう少しそのような答えがあってもよいかと思いました。

投票

光嶋：あれよあれよという間に投票をする時間になりました。これまでは審査員の先生方が重みづけなしに投票して、16選、8選を選んできました。しかし、この公開審査会では3点、2点、1点に重みづけをした票を入れてもらいます。誰に入れるか決まった人は投票用紙に書いてもらいたいのですが、その間もう一度学生たちに聞いておきたいことはありますか。

工藤：2つの玉子を使わないといけないという指示に対して、どう思いました？

長屋：課題文を出されたときに、まず建築のことは関係なく、玉子と実験器具のモデリングから始まったので、理解しないまま課題をスタートしました。

工藤：最終的に対象が環境になっているのがすごくよいし、与えられた課題をしっかり打ち返していますが、玉子と実験器具との最初の向き合い方について聞きたいです。

長屋：他の課題と全く違う形で始まったので、戸惑いながらとりあえず毎週のモデリングを提出しようと思い、進めていきました。

谷川：半田さん、図書館という縛りがなかったらこの課題はどうなっていましたか。以前も指摘しましたが、図書館の解像度が低いことが気になります。今後ブラッシュアップしていく時に縛りがなくなると、どうなっていくのでしょうか。

半田：場所の質だけを考えるのであれば、この建築の最もオブジェクト的なおもしろさは構造がつながっているにもかかわらず、空間がセパレートされている、それに合わせて表層もセパレートし始めたところです。それをそのまま引き継いで、後ろに一本の道を通すぐらいで、ブロックとして空間を残すべきだったかもしれません。形態的なおもしろさだけであれば、そうなるかもしれません。でも、僕はそうではなく、図書館というプログラムをガイドにしながら空間を考えたかったので、2階部分を抜いて長い空間をつくったので、場所の質だけを考えるのであれば、もう少し形態だけでおもしろくなっていく余地はあったかと思います。

光嶋：それでは票が揃ったのでいったん発表します。最優秀新人賞は10点を獲得したID0754の小西美海さんです。おめでとうございます。
次に優秀賞ですが、それがまだ決まっていません。ID0794、ID0700、ID0670、ID0017の4作品が競い合っていて、この中から優秀新人賞の2人を

選ばないといけません。4人は全員、審査員の誰かしらから3点という一番の推しの票をもらっています。また、4人の中で大町さんだけ5点をとっていて、他の3人は4点なので頭一つ抜けています。優秀賞は2人ですが、そのうち1人を点数に従って大町さんにするかどうか。まずはそこから決めたいと思いますが、いかがでしょうか――。わかりました。点数に準じて大町さんを優秀新人賞の1人にしたいと思います。おめでとうございます。
それでは最後、3人の中から1人を選ばないといけませんが、ID0017には中山先生が3点を、ID0670には畑先生が3点を、ID0700には工藤先生が3点をそれぞれ入れています。ここで3人の先生方に応援演説をしてもらって、3人のうち誰にも票を入れていない谷川先生に決めてもらうというのはいかがでしょうか。

中山：社会的に大きな声を持っていない市井の人々の声を代弁するのも建築家の大事な役目ですが、この世界を現にドライブさせている正体に形を与えることが、やっぱり建築家という職業の主な仕事の一つではあると思います。そういう意味で、ID017の作品は今日の中で僕には特に面白く思えました。現代的な建築の有り様を批評的にあぶり出すような作品だと思います。

畑：私の選ぶ基準はある種のみずみずしさがあるのかということですが、この作品は最も見たことがなく、新鮮な作品でした。危険で乱暴なところがあり、見た目は混沌としていますが、そこには仕組があることが議論を通して分かりました。混沌に見える世界を成立させる背景としての骨格をしっかり

持っていて、それを本人は、自覚はしていたけれど語れなかったのだと思います。そのような期待を含めて優秀新人賞に値する作品だと思います。

工藤：何かをつくりなさい、解決しなさいという指示は社会の中でよく受けますが、それを波に乗ってサバイブしている感じがして、すごく現代的だと思いました。現代の社会の切実な問題なのだけれど、さらっと乗り越えている感じがしたり、出来上がったものはよく分からない部分もあったりしますが、そこも魅力で、その魅力に対して票を入れました。

光嶋：ありがとうございます。今の審査員の応援演説は、学生3名にとって有意義な言葉になったように思います。建築新人戦のおもしろさは、学生と建築家の切実かつ誠実な対話の中から生まれますが、そこに建築家ではない専門家を入れることでさらなる広がりが生まれて更なるおもしろさが生まれます。今日は哲学者の谷川先生をお招きしましたが、最後どのような結果になるか。谷川先生お願いします。

谷川：審査員の推薦コメントを聞いて、作品が今ここで持っているもの以上に、未来や可能性を評価されていて、そのことを心強く感じました。作品はつくったら終わり、プレゼンしたら終わりではなく、語り合っていく中で建築の可能性が立ち現れることもあるのだなと。どの作品もそうだったのですが、ここで語り合った時間が特に有意義だったと思ったのがID0017の宮田さんでした。優秀新人賞おめでとうございます。

	ID0007 桂川岳大	ID0017 宮田太郎	ID0247 半田洋久	ID0670 新延摩耶	ID0700 長屋諒子	ID0754 小西美海	ID0794 大町有香子	ID0893 若島咲
永山祐子					1	3	2	
畑友洋		1		3		2		
中山英之	1	3				2		
谷川嘉浩			2			1	3	
工藤浩平				1	3	2		
計	1	4	2	4	4	10	5	0
		優秀新人				最優秀新人	優秀新人	

各審査員、◎3点、○2点、△1点で三人に投票

100選入選者交流会
エスキススクール 2023

ゲストの建築家や建築系の教員が、100選の中から24名（うち8名は16選のメンバー）を講評するエスキススクール。ゲストのうち5人は、8月に行われた一次審査で審査員を務めており、エスキスを通して評価がさらに高まったというコメントが出るくらい、少人数制の濃密な議論が展開された。

山口 陽登
（大阪公立大学講師 / YAP）

今年は非常にレベルが高かったと感じています。これはコロナ禍が明けたことと関係があるかもしれませんが、とにかく昨年にも増して、16戦に残っているかどうかは関係なく、このエスキススクールでコメントするに十分に値する作品が多いと感じられました。今日見た作品の中で、純粋に空間の喜びに満ち溢れている作品と、一方で空間性というよりも、すごく思考して悩んで、自分の思想を深めている作品など、バラツキがあると思います。どちらが良いということはなく、結局はその両方が重要で、空間の側から見ても優れているし、思考の側から見ても、すごく密度がある、それらが合流する一点を探す作業をしつこく行えたかというのが作品の質に影響すると思っています。2年生3年生に、それを求めるのは厳しいような気もしますが、空間の喜びを犠牲にしてはならない、だけれども思考することもやめてはならないということです。それを続けていくと、より強固な線が生まれて、そこはかとなく説得力が生まれてきます。これからも私は飽きずに建築を続けていくので、皆さんも一緒に、建築を通して社会に貢献していければいいなと思っています。

光嶋 裕介
（神戸大学特命准教授 /
光嶋裕介建築設計事務所）

一次審査で、朝から晩まで熱く語らい、今日改めて24人の作品を6人で4分の1ずつ見たのですよね。昨日の公開審査会よりも、今日の方がプレゼンやエスキスの時間が長かった。エスキススクールの方が、学びが深いかもしれませんね。今日エスキスした8人の作品はよく理解できました。エスキスの中で同じグループの作品でシンクロするものもあったかと思いますし、それをいかに自分のものとして持って帰れるか。1次審査をした先生方で、ここで初めて模型を見ると、さらに評価が高くなった作品があります。1次審査もすごく苦労するのです。特に10人の先生から一票しか入らない作品がたくさんある。それくらい拮抗しているのです。建築の見方は、皆違う「地図」を持って、その地図から建築という言語を言葉に翻訳しているのです。それをどれだけ豊かにできるかということは、たくさん本を読んで言葉を豊かにする、また良い建築を見ることで建築に対する感性を豊かにする。そして言葉と建築を往来し続ける。今日はその作業を長く行いましたが、エスキスをしている中で順位はついていないけれども100選の人たちは拮抗しているのです。だからゲームとしては優秀賞や最優秀賞が選ばれるけれど、それはまったく重要ではなくて、そこから得られる自分の建築に対する学びや成長の回路、つまり愛や希望を持てるかどうかです。そのときに一番大事なのは、他者への想像力を有すること。一人よがりではだめなのですよ。他者とともに建築をつくって、他者とともに味わうこと、それが建築の最大の魅力なので、それを今のうちに学ぶことはすごく大事だし、そこに思いを馳せて続けていただけたらなと思います。まだ2年生、3年生で新人なので、卒業設計、大学院、社会に出て、再会することを楽しみにしています。

福原 和則
（大阪工業大学教授）

一次審査を担当しましたが、今日は8人の方のプレゼンを聞いて、素晴らしい才能に出会えたと嬉しく感じています。しっかり社会性を備えた提案もあれば、建築の次の形式を打ち出そうという提案もあり、環境という観点をもっていたり、実際にワークショップを行なっているものがあったりと、視点と方法が多岐にわたっていて、それぞれ素晴らしいと思いました。ぜひ個々の強みを生かして伸ばして欲しいと思います。今年の出展作品の印象としては、全体的にクオリティが高く、熱を感じる作品が多かった。かたや、私は模型をしゃがみ込んでアイレベルで見ていきますが、そうやって見たときに、立ち上がった空間のリアリティという点において少し弱いと思われる部分がありました。建築は模型で鍛えていくことも大事なので、その観点は忘れないで欲しいと思います。2年生3年生ということで、まだまだこれからですが、建築はいろいろなことを考えなくてはならない包括的な学問でもあるし、昔であれば天才と呼ばれる人が携わっていた誇り高い分野ですので、皆さんも視野を広げてがんばって欲しいと思います。

堀口 徹
（近畿大学建築学部准教授）

私は実は「せんだいデザインリーグ：卒業設計日本一決定戦」でも一次審査を長くやってきました。建築新人戦の一次審査では、出展された課題作品を見ながら、どこの大学の、どの先生が出題した課題なのだろうと考える面白さがあります。皆さんの作品を評価する時に、大学や出題者は気にしませんが、長く設計教育に関わり、自分も出題、指導する立場にあると、出題意図を読み解くことも醍醐味のひとつで、自分自身が出題してきた課題を見直すきっかけになることもあります。今日、見させてもらった8作品についても、その背後にある出題意図とそれが持つ建築的な問い、設計演習の進め方について思いを巡らせていました。

私は、建築家や映像作家などがつくった建築や映像について評論を書く仕事もしています。作者が語ることや書いていることも読みますが、実はそれよりも、つくられた建築や空間が何を物語っているか、どのような体験が開かれるのかということの方を重視しています。プレゼンでは作品の背景や分析を丁寧に説明することも大事ですが、自分が作り出した建築空間をしっかり語って欲しいし、それを図面と模型にしっかりと語らせて欲しいと思っています。

あとは出題意図を理解した上で、さらに自分なりのテーマや問い、モチベーションが芽生えているかどうかに興味があります。例えば、小学校を設計する課題で、自ら小学校に働きかけて子どもたちとワークショップを行い、子どもたちの身体性と学びの地形の関係を模索している作品があり、印象に残りました。その行動力もさることながら、自分の身体に染みついた感覚を相対化しようという試みと、その結果、生み出された空間が面白かったですね。製図室を飛び出すことで自らを相対化させることも大事ですね。

榊原 節子
（榊原節子建築研究所）

ちょうど1カ月くらい前に私も一次審査に参加しました。プレゼンシートだけを見ていく中で、目に止まるものを選んでいきましたが、今日初めて模型を目の前にすると、やはり建築における模型の大切さを改めて感じました。やはり模型は、三次元のものを三次元で表現しているということのリアリティをひしひしと感じることができました。建築新人戦に参加するのは3年目なので、今年のという言い方はできませんが、今日見せていただいた8作品は非常にバラエティに富んでいて、非常にプリミティブな原始的なものもあれば、未来に対して語りかけるような作品があったりと、その幅も広く、皆さんの多様性を思い知りました。3年生になったときに、設計していく対象が大きくなっていきますよね。大きな施設系のものになったりしていくときに、全体の造形やプランニングを考えることはやれるのだけれども、そこにリアリティがあるのか、1分の1の世界で自分がそこに立っているかを想像できているかどうかは気になるところです。住宅の設計のときは特に皆さんそういうことをすごく丁寧にやっていったと思いますが、急に規模が大きくなっていったときに、その大きな造形や大きなプランニングになっていて、もう一段階自分がそこに立つという見方で設計を深めていくことができたらいい建築になっていくと思いました。私はいろいろな経験があって、建築学科を出ていないので、こういう場があることをとても羨ましいと思いますが、やはり建築は社会性というかあらゆるものを包括するような学問であると思います。社会的でもあり、工学的でもあり、芸術的でもあるという、そういう大きな視点を持って、ぜひこの先も頑張ってください。

倉方 俊輔
（大阪公立大学教授）

今年はAAFによる建築学生ワークショップと重なって、昨日の公開審査会には来られませんでした。仁和寺の境内に建築の学生が10個のフォリーを構築するワークショップの講評会だったのです。大勢の建築家や文化人で講評して順位を決めるのですが、実際決めようがないですよね。学生たちが頑張ってつくって、どれも個性的、それぞれに良いところがありました。この建築新人戦についても、比べられるようなものではない。比べられないけれど、点数をつけていく。かなり無理なことをしているのです。そこに参加することの学びは、その過程にあるのではないでしょうか。参加して、トップに向けてブラッシュアップして努力して、とにかく成し遂げるというプロセスが一番勉強になる。あとは建築家というものを実際に見て、建築のおもしろさを感じることです。丸一日、建築家がその場にいて講評している。この建築家が言っているのはこういうことなのではないかと自分で考える。そういう機会が関西にはあるし、今年はたくさんあった。ぜひ来年も参加してみたほうがいい。そう言いたいと思います。本当の教育は説明できない。とにかく参加すると良いということが伝わったらと思います。

一次審査会 審査委員座談会
「今の時代に求められる設計課題とは」

1次審査の様子。最後の絞り込みは審査委員全員で行った

【審査委員】芦澤竜一（滋賀県立大学教授／芦澤竜一建築設計事務所）、光嶋裕介（神戸大学特命准教授／光嶋裕介建築設計事務所）、小林恵吾（早稲田大学准教授／NoRA）、榊原節子（榊原節子建築研究所）、白須寛規（摂南大学講師／design SU）、福原和則（大阪工業大学教授）、堀口徹（近畿大学建築学部准教授）、前田茂樹（GEO-GRAPHIC DESIGN LAB）、山口陽登（大阪公立大学講師／YAP）　※敬称略

実感の伴った設計や可能性を感じられる作品を見たい

光嶋｜今日は朝から長時間をかけて、750程度の提出作品の中から100作品を選ぶ一次審査を行いました。一次審査は毎年実行委員の先生方に審査員を務めていただいておりますが、まずは審査を通して感じた例年との違いや、今年の感想をお話しください。

芦澤｜全国の126校から応募があったということですが、同じ大学の同じ課題が多い印象を受けました。応募が増え、バラエティが生まれるとさらによくなると思います。例えば海外の大学からの出展があれば、学生間での刺激も増えるかと思います。作品のレベルは、全体的に高かった。一方で、飛び抜けていたり、パンチが効いたりしている、ある意味審査員側を問うような案が少なく感じました。それは一つに、プレゼンに問題があると思います。A3シート6枚に情報がのっぺりと載っているだけだと伝わりません。課題を使って建築でどういうメッセージを伝えたいのかしっかり表現して欲しい。
課題文は小学校や集合住宅など、いわゆるビルディングタイプで定められた従来の課題にいろいろなアレンジが加えられているパターンが多いように感じました。そういう意味においても、自分自身もおもしろい課題は出せていないと反省します。我々教員側も課題そのものを問うていかなければならない。与えられたビルディングタイプの課題はよく解けているけれども、小さな家具くらいの建築的な案が出せるだろうし、あるいはランドスケープで社会を問うような案があってもいい。もっと既存の枠に捉われずに答えを導き出してもよいのではないかと全体を見て思いました。

榊原｜今年は毎年見られた課題の中で、変更されたものが多いように感じました。コロナ禍を通して教育の環境が変わったことが影響しているかもしれません。プレゼンを見て思うのは、学生の皆さんは調査やダイアグラム、設計手法の取りまとめなどはとても上手ですが、それが定型化していることで、むしろ訴えかけてくるものが少ないということ。「私の家族」や「私の家」を超えた住宅作品、いろいろな視点を持っている作品、またそこに主観性を入れていく作品が例年いくつか見られますが、今年は少なかった。少し私的

なものから発想していくことも、2年生、3年生にとっては大事ですが、それがほとんどなかったというのが今年の印象です。力作は多かったと思います。

堀口｜一次審査の審査員を務めるのは4年目になりますが、今年はなぜかこれまでで一番疲れました。良い意味での疲れだと思います。自分も大学で課題をつくる立場上、各大学の課題にはとても興味を持っています。とはいえ、いきなり課題資料を読むことはせずに、まずは学生たちが送ってくれた図面や模型を見て、そこにどのような問いかけが表明されているのかということを図面、模型、プレゼンテーションシートから読み取り、その上で必要に応じて、どの大学で、誰が、どのような課題を出しているのかを、確認します。建築新人戦に応募される作品は3年生前期までの設計演習が多いと思います。3年生前期までというと、私が教えてきた大学なんかではまだまだ基本的な考え方や作法も教えなければならない段階で、その一方で、与えられた課題を学生が読み解き、設計の問いを独自に立てられることも大事で、そのような問いを見出させる出題の仕方について常々考えています。今年の応募

作品の印象としては、CG表現を多用しているものが目立っていた一方で、図面に関しては読み応えのあるものがあまり多くなかった。CGの方が構想された空間や風景が伝わりやすいと思われがちですが、CGはそれらしく見せるためのメニューやコマンドが揃ってきているので、実はそれらしくできてしまうだけなのではないかと思っています。でも、無表情な人や場所や空間と結びついた振る舞いのない身体が賑やかしで配置されたCGは、あまり響いてきません。もちろんCGでも実感が伴った表現は可能です。むしろCGにはリアリティとは違う表現の可能性を期待しています。僕は新しい世界をつくり出そうとする実感（手触り）があるのかどうかを大事にしています。実感や手触りを大事にする上では、実は図面がしっかり描けていることが大事だと思っています。図面には、創作のためのメディアであると同時に分析のためのメディアでもあるという両方の側面があります。だからモノの寸法、厚み、それらの構成や関係性が描かれるのだと思います。図面にも質感や重さの感覚が描かれていると良いと思っています。フィールドワークを課す課題も目に留まりました。敷地に自分の身体を置いてみることも、自分と世界とのあいだに手触りや足触りを意識化させることなのだと思います。効率的な手法やツール、それこそAIやChatGPTを使っている作品も散見されるようになってきましたが、建築は非効率なもので、その非効率さゆえに世界をつくる実感や感触が感覚化されるのではないでしょうか。そのようなことも考えながらでしたが、今日は課題の出し方を教員同士で考える良い機会になりました。

光嶋｜毎年、全課題を見ているので、ある種の傾向みたいなものを把握しています。今年の傾向として、土や大地との関係をよく考えていて、あまりふわふわした形や私的なことを建築に展開するという提案が減りました。総じて問いに対する答えの出し方が社会の映し鏡だとすると、今はどういう

建築が学生に届いているのかが反映されているかもしれません。課題の中で、コロナという単語をちらほら見かけました。一方で北海道のスキージャンプの課題のようなものは今まで見たことがなく、地域性や祭りの空間、日常と非日常というものがよく考えられていました。一時期多かった、「つながり」をテーマにした課題は少し減った気がします。芦澤先生の言われたことに近いのですが、ポリティカルコレクトネス的なもの、あるいは同調圧力的な中で、自分の感性を押し出す作品が少ない印象を受けました。建築のリテラシーと、3年生ならではの自由度や感性の伸びしろとのバランスが僕の評価基準です。社会に出る最後の通過点が大学院卒業だとすると、卒業設計は実質卒業ではない。卒業設計までにある程度建築の基礎を習得し、大学院でさらに専門的な自分のやりたい建築のコンセプトを研究して実践していく。3年生はその1年前という助走期間なのでまだ荒削りでもよいけれど、やはり可能性を開いていく感性を持てるか、その感性をいかに伸ばせるかが重要です。常識に捉われてしまうと先細りしてしまうため、荒削りでもちょっとした可能性を感じたものを高く評価しました。ようやくアフターコロナの社会になり、対面授業やスタジオの使用が再開したことで、孤立して作業することがいかに縮小再生産になりがちであるかが分かり、改善してきたのではないかと感じています。出展作品には、大学で提出したものをそのまま出してくる学生と、ブラッシュアップして出してくる学生がいて、何となくその区別がつきます。それは設計をもっと良くしてやろうという想いが、1枚のパースや図面に滲み出ているからでしょう。100選という次のステージでさらにブラッシュアップしてくれることを期待して選んでいます。

山口｜全体的にレベルが高かったと思う一方で、トレンドの一つとして、小さなボリュームに分割していく作品が多かったような気がします。図書館

や保育園のプログラムでも分割し、分棟化していこうとする傾向は、コロナ禍を経て、高密度化に対する違和感が生まれたからかもしれません。分棟にすると線が多くなっていき、密度が非常に高くなるので、一見プレゼンとしてのクオリティは上がります。しかし、一方で外部空間がそれほど考えられていないことが顕在化してしまいます。多くの人が外部空間の設計を意識できているのか。分棟にすることで、単に「分断」を生んでしまってはいやしないか。また、先ほど堀口先生から実感という話がありましたが、私も大学で教えるときは、学生にリサーチやフィールドワークをしっかり行いなさいと話します。今年はフィールドワークやリサーチの密度「だけ」で100選に選ばれた作品はなかったように思います。そういう意味ではリサーチが当たり前になり、そこで差がつく時代は終わったと感じました。何を問題と捉えているか、ではなく、どういった建築を創出したかが問われる時代に入ったのかなと思います。

白須｜今日まで「新人戦まであと何日だ」、「間に合わない」と学生たちが盛り上がっている様子をSNS上で見かけていたので、熱を持った人たちが出してくると期待していました。きれいなCGが増えていることで、CGでパースを描いていれば設計できていると思っている人と、思っていない人が、はっきりと分かれたと思います。平面図が曖昧で説明だけを書いている人と、寸法まで書いている人は、全然違うと思います。それと同様にCGだけでは設計したと言えないことに気づいている人と気づいていない人でははっきり違ってきます。あと今年はとりあえず出しただけという作品が少なかったため読み込むのに時間がかかってしまいました。

福原｜熱心な作品が多かったので、最初は作品の読み込みが、思うようにはかどらなかったです。皆さん、ていねいにつくり込んでいる点は良かった。私の審査基準は建築新人戦がゴールデン

山口陽登

光嶋裕介

白須寛規

ルーキーの発掘なので、可能性を重視しています。それを中心に各作品を見ていきますが、理性的に判断をしていくだけでなく、直感的に訴えてくるものをしっかり拾い上げたいと思っています。理性的なプロセスや手法を構築することも大事ですが、パッと見た時に訴えかけてくるものがすごく重要です。そういう意味でプレゼンテーションの1枚目に注目しています。1枚目が推しの1枚で、そこから何か伝わってくるものがあれば、そこを評価します。あとは爪痕を残しているかどうかです。小さなシステムでも、その人なりの気配でもいいですが、自分の作品としての爪痕を残しているものを拾い上げようとも思っています。それから、住宅作品にも注目することで、2年生特有の可能性を持っている作品を拾い上げ、2年生にも機会を与えたいと思いました。

小林 | 山口先生が指摘された分棟型が多かった話にもつながりますが、それぞれのテーマを見ていると「つなぐ」、「集まる」、「広げる」というようなキーワードが入っている作品が多かったですね。それはよく分かる気がしますが、コロナ禍があけて集まったり、開いたりする態度が反映しているのかなと思いました。全体を通して、自然や動物などを含めた他者に関係づけていく試みと、主体の向いている視点を少しずらしていくことで異なった建築を生み出せないか、という2つの方向性を見ることができました。その中でも100選に選ばれたのは、前者の方よりも後者でした。またAIが描いたのではないかと思わせるようなパースが出始めたと感じたのも今回からです。今後おもしろくなりそうな予感がした建築案がいくつかあり、テーマとして興味深かったです。

あとは、プレゼンテーションの1枚目が一番よくて、めくるたびにがっかりしてしまうのはあまりよくないですね。図面が絶対もう1枚あるだろうと思ってめくったのに……みたいな。ダイアグラム的な図面がとても多かったように思いますが、絵や図としておもしろそうな雰囲気だけが一人歩きしてしまう現状は危惧しています。また、世の

中的な「正しさ」を表現している感じはしますが、自分なりの批評性や立ち位置が見えにくかった印象があります。

前田 | 今年は例年と比べて、地下の建築をつくっている人が多く、10作品くらいありました。課題に対し、何を問題にして地下に建築をつくるのに至っているか。その場所に建てることを検討したが巧くいかず、地下に入れることになった。そういう思考のプロセスを経て結論に至ったという見せ方ができると案はより強度のある提案になるように思います。

もう一つは、図書館と銭湯などを複合する課題が多かった印象です。そのような課題設定がもう少し増えてよいと思いました。実社会では用途が複合する方向に動いているし、計画学でまだ議論されていない建築のあり方が設計者に求められている。そういった課題設定が、社会とつながるきっかけになると個人的には思っています。そして、新しい複合施設では、誰がどのように運営するのかが大切です。新しいプログラムは通常の体制で運営できないため、運営者や運営方法まで言及することが必要です。今後ワークショップを行い、建築設計と並行して、利用する人のことまで責任を持って取り組むことが、課題に対する提言だと思います。課題ではそこまで要求はされませんが、問題意識を持って、自分がやるのだという所見があれば良い案もたくさんあったかなと思いました。

世相が反映される課題と作品

光嶋 | 建築は複雑なものです。コロナが一番分かりやすい例ですが、建築の社会における役割、意味合いが文脈依存型のため、社会に適応するために課題がどんどん変化することが必要なのかもしれません。しかし、複雑であるがゆえにすぐ変わってしまうと、むしろ本質が捉えきれなくなります。批評性のある案が期待されますが、批評性とはそもそもある文脈を自分の中に持っていないと成立しないので、学生が批評性を持つ

のは容易ではない。レム・コールハースが批評性を常に持っているのは、自分が世界をどう捉えているかという文脈をはっきり持っていて、それが現実世界のものと違うからです。「名前のない空き地」という作品がありましたが、「名前のない空き地」ということはそもそも空き地に名前がないため、文脈として成立しにくくて、批評性がない。また我々教員側に課題を変える勇気がないということもあります。毎年出されて名物課題になっていくことの方が、一定の水準を保てるという考えです。この良い面と悪い面が、何となく出てしまっているのかもしれない。学生を底上げして建築とはこうあるべきという想いが、100選の中から強く感じられないのは、課題提出者側が批評性の立つような世界の捉え方を課題の中でできているのか、という我々に対するブーメランでもある。でもそれは複雑であるがゆえに、ボタン一つで何かが変わるものでもありません。つくる側にもその時差がどうしても出てしまいます。常に変わり続ける社会との関係性をどう構築するのかということが教育的な点で最も難しいところです。その自由度を持たせた課題のつくり方は、逆に学生からすれば、もう少し限定して欲しいという気持ちがあるかもしれないですね。その塩梅が出題する側と提出する側に存在し、難しいですね。

山口 | 社会との距離感の話で言うと、僕らが普段行っている設計の仕事では、新築よりもリノベーションが中心になりつつあります。しかし、建築新人戦の作品を見ている限り、リノベーションの課題はとても少ないと感じます。そんな中、京都の小学校のリノベーション課題は、とても特徴的で印象に残っています。この課題には、3年生の時期にリノベーションを勉強すべきではないかという教員側からのメッセージが含まれていると思います。リノベーションを中心に建築を学びながら、一部、新築をクリエーションしていく方向に、今後反転するかもしれないなと。自分が今携わっている仕事の状況と照らし合わせて考えていました。

前田 | カリキュラムのどの時期にリノベーション課題に取り組むかという問題はあります。リノベーションは設計のバリエーションが少なくなるので、もっと自由にやらせた方がいいのではないかという議論がある。一方で、建物が目の前にあるのだから、具体的にモノに向き合ってクリエイティブにできるはずという意見もあります。けれども建築新人戦の提出物のレギュレーションだと、リノベーションの作品が地味に見られますね。CGとか模型でもなく、現物でスタディするなどの迫力が必要かもしれません。

堀口 | 自由な発想からは遠くなりがちですね。

前田茂樹

小林恵吾

榊原節子

山口先生はもう少し早い段階からリノベーションを課題の中に取り組んだ方が良いと考えていますか？

山口｜そうです。ですが、僕の大学では、現状3年生の最終課題でリノベーションの課題に取り組むという形になっています。そこまではリノベーションに触れていない。

堀口｜僕の大学でも3年後期からです。既存環境のドキュメンテーションをいかにできるかということもリノベーションをテーマにする設計演習では鍵を握りそうですね。

山口｜おそらく京都の小学校課題の出題者の間で、そういう議論がなされているのではないかと想像します。今後、全国に波及していくでしょう。

光嶋｜教員側のリアリティや意識がどこまで課題に反映されるのか、それが反映されることはいいことなのか、学びをプロデュースするのは常に難しい。3年生として最低限のスキルをどこに設定するか。新築とリノベーションは実際にはそれほど違わないはずなのに、リノベーションになった瞬間、地味になったような気がします。実は制約が増えるだけなので、リノベーションにおける解像度の違いを早い段階で体感することで、どう影響を受けるかというのは一概には言えず、なかなか難しいですよね。

福原｜以前ある大学で4年生の前期にリノベーションの課題をやりました。というのも結局リノベーションは新築より難しいのです。既存の建物の構造や構法をしっかり理解してから既存の上に新しいものを構築することになるから、構造や構法の知識が必要になります。それは根の深い話で、建築の学び全体の中で構造や構法というエンジニアリングの部分を、どの時期にどういう意識で身につけて自分の作品に反映させていけるのかと

いうことだと思います。

光嶋｜早稲田大学の名物課題であった「ハイパースクール」が3年生第2課題から第4課題に移ったことに関して、教える側として何か影響がありますか。

小林｜今、学校の議論はその周辺環境なしにはできません。学校自体をどのように地域に開いていくか、というような議論が当然され、建築単体重視よりも、もっと広いものとして捉えざるを得なくなっている。そのため、課題としては高度になり、後期課題になっていった。それによって、3年生のカリキュラムでは、前期の主に敷地の中を考える課題から、徐々に問いの範囲を広げていき、最後にハイパースクールを行う。最近はリノベーションも課題テーマとして議論されていますし、3年生の最後ぐらいにあえて住宅課題をもってくる、という可能性についても話し合ったりしていますね。

榊原｜住宅のリノベーションを課題に取り入れていくことは可能性がありますよね。学生には住宅のリノベーションをリアルなものとして掴んでもらい、そこに辿り着くまでに必要なことを習得していかなければならないと認識させるとよいのではないでしょうか。

光嶋｜卒業設計になると課題は自分で考える必要があるため、そこで本当の建築に向き合い、学生たちは主体的になります。しかし、指導をしている中で、問いを立てる弱さのようなものを感じる。もっと重い問いを、要は社会に対する危機感のようなもの、リアリティかもしれませんが、それが少し足りないような気がします。それは教員側が厳しい課題を設定すると学生に共感されないことを危惧し、生ぬるい設定に収めてしまうことが原因なのかもしれません。

福原｜私たちが捉えている社会と、学生が理解する社会との間には、かなり距離があると思います。課題文を読んでいると、集合住宅の課題で「人類とはそもそも」と書き出していて、人類か……と。そこに設定を定めて集合住宅を考えるのもなかなか難しい。私たちが使う時もニュアンスにかなり気をつけないと、全く響かない言葉になってしまう。社会を見ろと言っても、見ている方向が違うこともあります。

堀口｜僕の大学では3年生後期に、新しいパブリックスペースのかたを問う課題をユニット制で行っています。3年生前半までは基礎を学ぶ一環で、敷地とプログラムを与えていますが、3年生後期で、与条件ではなく問いの入り口を提示する出題方法に変えていますが、苦労している学生が多い現状があります。建築家として社会に向き合う面白さはここからいよいよ本番という感じなのですが、そこに辿り着く前に諦めてしまう学生が一定数いるのが現状です。

光嶋｜これは大きな問題で、多くの大学で起きているのではないでしょうか。早い段階のドロップアウト率は上がっていると思います。それは下から持ち上げることをしないで、1本釣りしようとすることのデメリットなのかもしれない。2項対立的に相反することではなく、両方をうまくやる方法があるかは課題次第なのか、そこは難しいですね。

堀口｜建築新人戦では、1年生から3年生までの設計演習がフラットに競い合う大会ですが、1年生後期あるいは2年生前期で出す課題と、3年生前期で出す課題は、やはり求められる内容が少し違うと思います。私の大学ではイニシエーション（初期化）ではありませんが、体に染み付いている常識と思われるものを相対化してみるための課題を出しています。機能を与えない、平面ではなく断面で考える、図面からではなく模型をつくり

ながら考える、建築を構成する要素を問い直すといったことが狙いですが、その課題の次に住宅課題を出しています。些細なことでも染みついた常識と思われるものを問い直すことで建築を通して世界の可能性を少しでも開く楽しさを感じ取ってもらえたらと思っています。CGでつくったパースに人を入れて建築空間を表現することは、得てしてメニュー化されたものの組み合わせの範疇にとどまることにもなるので初期化とは真逆の考え方です。初期化のプロセスは1年生後期や2年生前期にすることが大事ですが、その一方で住宅として求められることも教えなくてはならない。2年生前期の課題、あるいは一年生後期の課題も求められる内容は多層的だと思っています。

光嶋｜建築家に求めるものは教員側で異なれば、それこそ設定と評価基準もバラバラになります。それが魅力的である反面、歯がゆさも同時にあります。

堀口｜応募作品の中に小学校の課題が結構ありましたが、学生たちにとっては学校教育はまだ数年前の新しい身体的記憶に属していると思います。でも学校の課題と言われると、学校を変えないといけないと思うのか、変え方の手法も何となく似てくる。何か分かりきっているものを選んでいるような感じがします。だけど今回の出展作品の中には小学生の視点に立つことから始めているものがありましたが、設計者としての身体性や思考の枠組みを初期化する取り組みとして興味深いものでした。

光嶋｜それは初期化があるかないかで変わるのか。価値観が反映されるわけだから。

諦めず続ければ建築家になれる

光嶋｜学生側としてはどうでしょう。

学生｜チェンジメーカーや常識を超えるという

ことは、先生方のイメージでは具体的にどういうものでしょうか。

白須｜見たことのない空間をつくろうとしていることは、それが建築なのかということが問題となります。今日審査した作品の中に針金で建築をつくっているものがありましたが、そこに植物が生い茂ってどんどん蔦が絡まり、いつかそれが空間になるかもしれない。そんなことを考えさせてくれる新しい視点がありました。建築の固定観念に対して、少し別な角度を持つことが魅力的なものになるのだと思います。審査する側の期待はそういうところにあります。

光嶋｜針金の作品は2票入っていました。つまり、5人の審査員のうち2人が可能性を感じ、3人は常識を外れた建築は見たいけれどあれは駄目だと判断したわけです。でも2人は、やばいと思うところはありつつも、これはいけるのではないかと思ったのです。そこが建築の面白さだよ。作品全ての中にそれぞれのマトリックスのようなものがあり、問題作でも何か可能性を見出せるのか、それとも常識が外れているだけだと判断されるのか。同じ作品でも評価が違う。そこが建築の難しさで、常識を守ろうとしているのか、常識を飛び抜けて個性を出さなくてはいけないと思うのかでは結構違いますよね。

榊原｜それは多分、思っていたらできないですね。

光嶋｜勝手に出てしまうはず。

堀口｜常識を疑えとは言っているけれど、非常識なものをつくれとは言ってない。それは評価しない。疑って変えた先に新しい可能性を見出したい。「住宅に玄関は必要なの?」というものでもいい。

白須｜当たり前だと思っているカタチは、実は仮決定なのです。例えば学校の教室は生徒が40人くらいで先生が前方中央の少し高いところに

いるのが常識的な形だけれど、他の選択肢もあるはずです。ほとんどの人がそのカタチを経験しているし、それが多いから、正しいと思われている。ただ、他の選択肢があるということを、建築を設計している人たちは知っている。ですので、他の選択肢を課題でもつくってほしいと思っています。他にもあるはずの可能性を探してほしいのに、これしかないと思っていることがもったいない。なかなかその範囲の外に出られず、出られないという問題が常識という言葉で捉えられてしまう。

光嶋｜我々は常識を超えてほしいと願いながらも、その常識をちゃんと教えないといけないから、結果的に常識的な答えになっている事実に向き合わなければならない。

芦澤｜大人が常識人すぎるのではないでしょうか。我々も極めて常識人だよ。

光嶋｜芦澤さんの家はクーラーないんだよ。

学生｜へー（一同）。

白須｜皆さん驚くけれど、60年前はクーラーなんてどの家にもなかった。

芦澤｜僕の家にクーラーがないのは、通風が良いからです。それを最大限利用すれば無くても生活できます。以前、10年間くらい暮らした家は自分で設計したけれど、そこも通風を工夫することでクーラーはなしでした。何が常識かは結構微妙だよね。常識はその人の価値観だから、どんどん変わっていきます。

白須｜コロナ禍を経験して、もっといろいろ変わると思っていましたが、それほど変わらないようです。より戻しがすごい。コロナ禍前という言葉がすごく称賛されているけれど、コロナ禍を通した変化で良かったことがもっとあると思うのに、経験したことにものすごく縛られるのでしょうね。

学生｜大学の課題で求められているものと自分が正しいと思っているものが違う場合がありますが、その場合大学の教育に一度は従うべきか、それとも自分の正しさを持って、それとは違うものをつくるべきなのでしょうか。例えば、空間における構造がきちんとなされているかという点が見られましたが、僕はつくり方や設計手法に興味があるので、そういう提案をしたことがあります。

芦澤｜先生が言うことは、それはそれで聞きながら、最終的には自分が選択するわけですよね。意見をどれくらい取り入れるか、全く聞かないのか、ある程度聞くのか。それを自分で判断して

堀口徹

福原和則

芦澤竜一

いくことが設計だと思います。

堀口｜彼の言い分だけ聞いていても判断しにくいところがあります。課題の要求と自分が思っていることがずれているときは、エスキスで対話していくしかないのではないかな。それも手ぶらでエスキスに言って言葉だけを交わすのではなく、言葉は解釈の幅が人それぞれだから、なるべく具体的なイメージを共有できるように常に何かをビジュアルやカタチにしたものを挟んだ対話が大事で、対話の中で答えを一緒に探していくことが生産的だと思います。あとは、どんな挑戦をしたとしても、成果を出さないといけない、間に合わないといけない、図面を描かないといけない。図面表現がそもそも向いていないのではないか、といった問いの中で違うことをやることはあるかもしれない。そこをどこまでやったのかを具体的に見せてもらわないと何とも言えない。

福原｜私が教えている学科は、構法を少し緩めに教えています。課題のアンサーに対しても緩めの判定をしているので、結構自由な造形が出やすく、面白いものも出てくる。でも、比較的自由にやったとしても、自分が実際に設計する立場になったときには、構造がしっかりしなかったら建築は建たない。だからどこかのタイミングで構造についてもしっかり習得しなければならない。それをいつ習得するのかということですね。現実的に建ちそうにないものを設計する人もいると、構造を教えたい誘惑はものすごくあります。教えていても、学生も聞かないムードもあり、どちらがいいかはなかなか言い切れない。建築をつくることは、目的やニーズに対して建築としてどう応えるのか、ユーザーに対してどう応えるのか、それによってどのような建築のしつらえや空間を提供できるかが重要です。そのとき構法は手段や方法に過ぎない部分ではある。だから、どんなものをつくるべきかを求める態度はやはり正しい。正しい

と思うけれど、一方で、ある程度構造も伴った形で実践的に考えてほしい。最後に頂上に向かっていったときに構造を知らないと成立しないわけだから、結局どこかでやらないといけない。

学生｜その順番はどうでしょう。構造を先に学んだ方が良いのか、あとで学んだ方が良いのか。

福原｜そこは深い議論が必要なところだね。我々も常に悩んでいます。学生が素晴らしい作品を出してくるから、これでもいいのかなと思いつつ、あまりにも現実的でない作品が出てきたときには頭を抱えたりしています。

光嶋｜そもそも建築は誰のために何をするかですよね。建築はクライアントの満足を得るのは当たり前。でもクライアントだけのためにつくるのではなく、ある部分では建築のためにつくるとも言えるではないかという視点。

榊原｜でも学生の立場だったら、クライアントという言葉はあまり意識しないですよね。

光嶋｜結局、学校が正しい、正しくないというの

も、問いを設定したから正しいだけであって、その問いが間違っていたら全く関係ない。だからあなたが大事だと思うなら、その手法を徹底的にやればいい。それは人からどうこう言われて変わるものではない。先生が言っていることが正しい、正しくないではなく、自分の中で思考して判断できるかです。よく言われるのは、建築家になる人はほっといてもなる。それは学ぶ力があるから。100人いたら1人か2人しかいないけれど、自分で考えられ学ぶことができる。それぐらい建築は複雑だから、それを糧に主体的に考えて、クライアントのため、建築のためというところまでいけたらよいのではないでしょうか。

芦澤｜光嶋さんが、100人中1人か2人しか建築家になれないと言ったけれど、我々の世代は10年に1人しかなれないとも言われていました。けれど、最近はあまりにも建築家を目指す人が少ないから、みんななれるよと私は言っています。どうして建築家になれなくなるかというと、諦めてしまうから。諦めず、自分の頭で考え判断し、学び続ければなれるのです。皆さんがんばってください。

2023年8月7日（月）、8日（火）、10日（木）に開催された、学生実行委員のワークショップ「『うめきたパビリオン』を考える」。70名強の学生実行委員が11班に分かれ、JR大阪駅うめきた広場北側に立つパビリオンの提案を作成。最終日には、光嶋裕介委員長と山口陽登副委員長、そして公開審査会で審査員を務めた畑友洋氏を招いて、畑氏設計の原池公園拠点施設で講評会を開催。講評会の後はバーベキューを行い、実行委員の懇親を深めた。

【提案内容】
建築物はさまざまな機能が与えられている。住むという機能としての建物は住宅、働くという機能の建物はオフィスと呼ばれる。しかし、これらの機能を取り去ってもそこになお「建築」と呼べるものが残る。機能を持たない建築「パビリオン」の造形や空間体験を通して想起される感情を考えながら、うめきた広場に沿った建築の提案を求める。

【敷地】
JR大阪駅うめきた広場北側

【提出物】
模型1/50　A1シート1枚

【参加人数とグループ】
設計ワークショップ　76名

8月7日　74名

8月8日　71名

8月10日　60名

【スケジュール】
8月7日　総合資格学院 梅田校
13:00　うめきた広場に集合・班ごとに敷地調査
14:00　総務からワークショップの概要を説明
17:00　中間発表
18:00　終了

8月8日　総合資格学院 梅田校
13:00　各班に分かれて設計。
　　　　設計が終わり次第、シート・模型の作成
18:00　終了

8月10日　原池公園拠点施設
16:30　集合
16:40　総務からワークショップ概要の説明・敷地の説明など
16:50　1～6班発表（発表2分・講評3分・転換1分）
17:30　休憩
17:40　7～11班発表
18:20　全体講評
18:30　バーベキュー開始
20:30　閉会・片付け

講評会の会場「原池公園拠点施設」は、審査員の畑友洋先生が設計。木々と建築が混ざり合い木陰のような空間となっている

敷地の「うめきた広場」。水辺のクマは、フランスの現代アーティスト「ファブリス・イベール」の作品

制作は総合資格学院 梅田校で行われた

左：畑友洋先生、中央：光嶋裕介先生、右：山口陽登先生

講評会の後はバーベキュー大会。学生ワークショップは、学生実行委員同士の絆を深める役目もある

1班「そそぐ、はねる」

畑:うめきた広場に4畳半の空間が出現すること自体がおもしろいけれど、つくり方が拡散的です。茶室の4畳半は極小空間だけれど宇宙とつながれるような空間です。つまり、太陽が雲にかかることさえも感じられるくらい暗くして、巨大な何かと接続できる極小空間となっています。提案された空間は結構オープンに全部見えてしまっているから、例えば水や柱などで物陰をつくって、利休の4畳半のように大阪の街なんか全然小さいものだというくらい宇宙が感じられると良い。茶室を勉強されるといいでしょう。

山口:私も水盤の上に床と屋根があるだけの状態もおもしろいと思いますが、大阪中の活気を集めたり、新たなものが生まれる発信源となったりする場所ではないと思う。むしろ逆で、いかに梅田という場所性から切り離された場所をつくるかというデザインに見える。そういう説明のほうがしっくりくる。でも魅力的で、静かな場所で全ての事物が動的に存在している。そういう場所に来て、佇むことができるという場の特性はすごく魅力的だと思います。

光嶋:形について畑さんと山口さんが違うことを指摘しました。パビリオンが持つ可能性をどう紐解くか、それを茶室的に読むのか、大阪という都市から読むのか。そして三角形が傾いていることで、雨を受けて柱をつくるというアイデアひとつとっても、茶室における水の役割、雨の役割を考えなくてはなりません。建築は考えることがたくさんありますが、考えすぎて、結局何を考えたかわからなくなる可能性があります。この三角形の屋根は水が反転した形になっていますが、その相似形で小さくなっているとか、それが折れていたらどうなのかとスタディを重ね、その飛び石のような形の関係性、スケールの問題、そういうものをリンクして畑さんや山口さんが言っていることに対する答えを見つけていけたら良いでしょう。

2班「緑で導く」

畑:私も西神中央駅で同じようなことをやったので、よくわかります。これから緑地が広がっていくので、そこを都市的に見て、その境界線上にパビリオンを配置するという読み取りが良いと思います。その上で浸潤してくる感じもおもしろそうです。ただ、どういう素材でどうやってその緑を定着させて、単に乗せるだけではなくて、何か絡みつくような仕組みがあるなど、もう少し考えられるテーマがあるでしょう。素材などで、具体的に何か考えていることはありますか。

学生:細い鉄骨を立てて、そこに軽い素材を乗せることを考えています。

畑:軽い素材とは何ですか。何かしないと植物は定着しません。私は西神中央駅でステンレスメッシュをテープのように合わせてつくりました。何をすればそこに緑がはっていくのかという、その仕組みを追ってリサーチするだけでもおもしろいです。都市的な視点があるところはとても良いのではないですか。

山口:天井部分の真っ白な面をどのようにつくるかがこの建築の肝だと思います。屋根をつくるということは、同時に天井を設計することになると思います。屋根に意識が向かっていると感じますが、それと同じくらい天井を考えなくてはなりません。天井の色も実際の空間体験に決定的な影響を与えると思うので、そのあたり、さらなる検討に期待したいです。

3班「水雲」

光嶋:先ほどの水を切る案との関連で言うと、シンプルなアイデアだけれど、そのメタファーの豊かさが、空と水も常に形なく動き続けているものを映すということです。デザインする時に池をつくって水を張れば鏡になるから、それを図面上に記していく時は鏡と言ってもいいわけだよね。レイクやポンドと名付けるのか、「ミラー」あるいは「水」と名付けるのか、それによって設計者は建築をどう捉えているのかが分かる。この造形が持つ強さが湾曲しているがゆえに、太って見えたり痩せて見えたりして、その世界を歪ませている。単なる鏡ではないことをどこまで自覚しているのか。そういう効果を、このスケールでどう表現できるのか。説明してくれた浮遊感が本当に創出されるのであれば、持ち

1班「そそぐ、はねる」のプレゼンシート

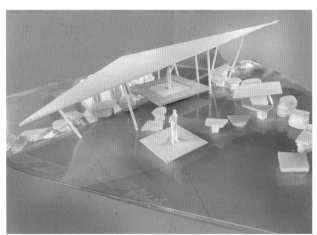

1班「そそぐ、はねる」の模型

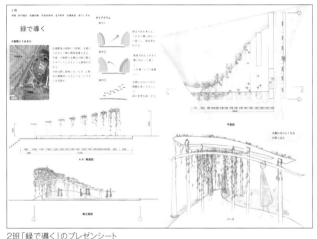

2班「緑で導く」のプレゼンシート

2班「緑で導く」の模型

上げ方などを含めて浮遊感が成立させるところまで気を遣ってこだわって欲しい。アイデアとしてはおもしろいので、その突き詰め方を考えると良いと思います。

山口:アイデアとしてはおもしろいし、このパースがイメージしやすくてすごく良い。薄く平たい感じもすごく良いなと思いますが、パース、立面図、平面図の形が全部微妙に違っていて、どの線が本当に描きたい線なのかわからない。やはりそこが設計だと思うのでしっかりと詰めて欲しい。例えば、ここの高さはどれくらいですか。

学生:1,500mmです。

光嶋:1,500mmということは、くぐって入る。

学生:そうです。くぐることで鏡の下の部分が、目線よりも下にくるので、包まれているように感じます。

山口:その良さはよく分かります。その体験をどうすれば表現できるか。それを突き詰めていくのが設計です。がんばってください。

4班「憩いの睡蓮」

山口:睡蓮の葉は浮いているのですか。

学生:浮いていないです。

山口:私は浮いていてもいいと思いました。そうすると実際の睡蓮の葉は動き続けますが、建築の蓮の葉は止まり続ける。そういう動的な状態と静的な状態が入り混じるような場所になるとおもしろいと思います。睡蓮の葉っぱは、もう少し小さいのから大きいのまであったら良かった。あと、これが少し悪目立ちしていて、小さければとんとんと飛び石のように飛んでいけたら楽しいな、と思いましたが、ここがメインでそれ以外がサブのように見えるのがもったいないという気もします。

光嶋:素材は何ですか?

学生:直島パビリオンと同じステンレス製メッシュを使って、花びら、庇になる睡蓮の葉っぱをつくり、その他の睡蓮や椅子などはコンクリートを想定しています。

光嶋:基本的には、建築をつくる時のイメージ、メタファーが言わなくても伝わったほうが良いと思います。であれば、あまりにも直接的なのではないでしょうか。そこに本当に睡蓮があったら、本物の睡蓮と、偽物の睡蓮は硬さや大きさが違う、役割が違うと、さまざまな違いが見え、そこで行われる行為のきっかけになります。また、機能のないパビリオンと言ったけれど、機能がないということは、逆に言ったら機能を生み出す宿命でもあるのです。そこでメタファーが直接的になってしまうと、てんとう虫のミュージアムをつくるのにてんとう虫の形をしているということになってしまう。それを木という形であえてそうする手法もなくはない。でもそれくらい建築は複雑なのです。これは本当に睡蓮をつくりたいのか、つくることで、何をどうしたいのかということを機能がないがゆえに想定しないとデザインできないです。それが考えられていくと、中央の睡蓮が本当の睡蓮に見えて、抽象化された円の組み合わせで生まれた木漏れ日ができたら良かったのではないかと思いました。

5班「+inside Oasis」

畑:この広場がせっかくあるのだから地上の広場はそのままで良いのではという説明に共感します。階段を伝って流れていく水が、どこからやってきて、どこまで流れ落ちていくのか明確であったほうが良いでしょう。梅田は巨大な地下ダンジョンが広がっています。水の流れをもう少し都心に展開することを考えると、その中で空間をつくる、つくらないという小さな話ではないと思うのです。巨大な響き合いが都市的に起きる。そしてインフラというのはイメージの問題です。水がこういう経路を辿って、ここに流れ着き、クマが座っているところから流れていくのだという。そこを設計したら、すごく都市的なプロジェクトになると思います。ただ最後は水を信じきれずに、何かいろいろ立ち上がってきているから、それは別にくまでも良いのではないかと思いました。

光嶋:読みは浅いけれど、パビリオンの在り方がポジティブにつくるのではなく、

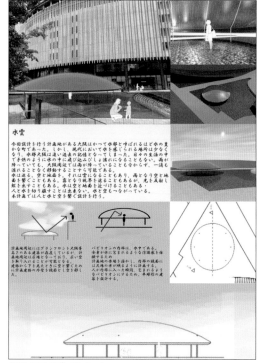

3班「水雲」のプレゼンシート

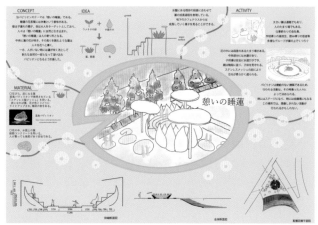

4班「憩いの睡蓮」のプレゼンシート

5班「+inside Oasis」のプレゼンシート

引き算をしながら場所や立ち上がり方の読み解きをしていると感じました。しかし、水にこだわるのであれば、その既存の形を近くにつなげた方が良い。そこにあった水が流れ込むことで新たな意味が生まれ、それが滝になってそれを見ることで癒されるというように、もっと明確な意図が欲しい。水は常に波打っていて不定形です。そこに定型な形を組み合わせてずらすことで、定型であるクマが不定形化していく。水がクマを反射させるのであれば、定型な鏡やガラスをいろいろな軸でずらすことで見え隠れする。ささやかに水を切ることで水の流れをつくり、その流れで人を誘うことで、地下からの流れをつくり、そこに違ったスクリーンを設けることで、まるで磁石が砂鉄を動かすように人を導く。そういう何もないところで、あるものを操作することによりパビリオンが立ち上がっていく可能性を感じました。

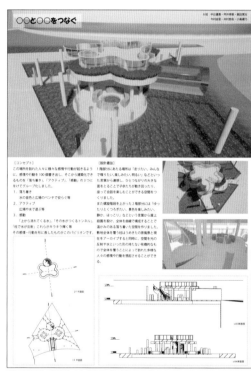

5班「+inside Oasis」の模型

6班「○○と○○をつなぐ」

畑：共感しますが、感情や行動を100個書き出して建築化するというプロセスの中で自己矛盾を感じるだろうと思いました。流れてくる水を見て感動する一方、広場や水で子供が遊んでいる風景を見ることに心を動かされる人もいます。感動はあるシナリオに対して、同じような作用として起きるものではないので、心が動く瞬間がどういうものなのかを考えることが重要です。感動を起こす仕掛けを一対一でつくっていくことが、本当に感動的な行為につながるのでしょうか。感動を生み出すために必要なものは形としてつくるのではなく、そこに埋める操作でも実現できます。それは感動だけではなく、「落ち着く」「アクティブ」などについても言えます。もっと単純な形で100個重ねられたかもしれないので、試みとしておもしろいと思います。

光嶋：アレグサンダーがつくったパタン・ランゲージの因果関係のように、心地良い、落ち着くなど250のストーリーをつくると、体験者側のストーリーとしては納得できると思います。しかし、設計者は体験した行為を逆回りします。空間を読み込む行為は、体験のパタン・ランゲージから考察することです。畑さんはこの会場の空間を何もなかったときに見てつくったわけだから、畑さんのパタン・ランゲージ的なものを混ぜてつくったのです。それは一つのギミックであり、意味がないのではなく、向きが逆ということです。建築の体験者は、この建築をどう読み解くかを想像しながら、両方を行き来することで設計が立ち上がります。そこに設計者の自信のなさが現れたら説明不能なものになってしまう。西日に反射して明るいだとか、いろいろな体験があるのが建築の豊かさです。それに対してこの案は過剰です。パビリオンはもっと軽やかで、小さなものでしょう。多様な空間の関係性が立ち上がる可能性を皆で話し合いながらつくっていく過程では、これをパビリオンと言われてしまうと、まだそぎ落とす設計の妙があると思います。

6班「○○と○○をつなぐ」のプレゼンシート

7班「未来へ」

光嶋：4班の蓮の作品に比べると、この船のメタファーの方がうまくいっています。それは船っぽくないから。そこで、その船のメタファーをそのままキャッチボールすると、船が動いていない時はドックにいるということは、この池はドックに船が止まっている状態になるわけだけれど、その場合、この造形はどうなのか。それと都市の水面というか、形のない都市にあるストラクチャーが立ち上がっているこの場所は、森のバーベキュー場のような場所だと思います。そう思うのは、意外と葉っぱなどが違うものとして、はっきり抽象化され、枝っぽくない枝としての柱が、面と線として構成されているから。この案も線的な構成と面的なものがうまくいっているのだけれど、この模型で見ると、平面的に無駄な曲線が出てきて、加えて「未来へ」というタイトルが本当にいるのかと疑問に思います。仮に「未来へ」だとしたら、なぜ未来なのか、向かっているのは男と女なのか。二つのものが未来に届かずぶつかって一つになって未来へとか。その時は空中からそのサーフェイスが、ここではなくてここにあれば、デッキとしてあるという意味においてはいろいろ考えたくなる。これはパビリオンとしては、かなり成功していると思います。

山口：私も体験してみたいと思える建築になっていると思いました。線材が

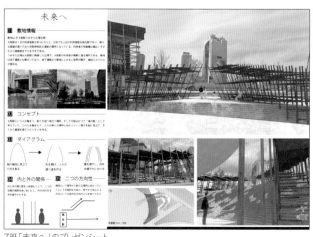

7班「未来へ」のプレゼンシート

ばらついたり、突き抜けて終わっていたりするのがかっこ良いと思います。でもパースでは、少しキレイな建築のように表現されているのがもったいない。もっとハンディな材料で、その辺の人が組み立てていったような屋台感が出てくる方がいいかな。もう少し表現を考えてみたらよいのではないかと思いました。

8班「人と水と緑と〜交わり集う場〜」

山口：三角形の二つの頂点から門型のフレームが連なって、途中でバラっと出会う形になっていますね。でも僕らなら3方向から同じ手法でやると思います。2方向からだけの、その美しくないコンフリクトが狙いなのかなと思いますが、それではコンフリクトを起こす場所が一つになってしまいます。

畑：おもしろいと思いますが、説明が少し回りくどいように感じました。人と緑と水なのか分からないけれど、あの場所に本当の拠点のような点を打つときに、違う座標を重ねて、最後に重なっているところのCTスキャン的な断面が、そのまま交わっているところを見て欲しいと思いました。それが成り行きになってしまっているので、違う座標が重なっていったときに、どの座標でもあるけれども同時にどれでもないようなところが生まれています。そういうところは流れが少し他とは違い、広場の中でまったく異なる場所となるという、一つの方法かと思います。やり方そのものはユニークですけれど、そこまで追い切れるほどの精度も今のところないので、もう少し詰めると良くなると思います。まだ成り行き感があるけれど、それはそれでおもしろいのかなと思いました。

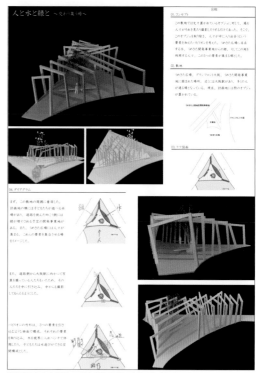

8班「人と水と緑と 〜交わり集う場〜」のプレゼンシート

9班「うねり」

山口：おもしろいと思いますが、もっとうんと大きい方が良かったと思います。流れるような形がじわじわと集まって、突然構造化したり、建築化したりしていくような動きが、形に含まれていればより良かったですね。しっかりとした変曲点があって、「装飾」と「構造体」の境目がわかりやすすぎる。こんなにきれいな球体でなくても良かった。

畑：不満があるとすると、どのような目的のために立っているのかが分かりづらい点です。何か調和することがあったとしても、それは周辺に逆らわないと言っているだけで、つくられることによって何が変わるのか、何が生まれるのかという説明が少なかったです。例えば私だったら、これをステージにします。そうするとこの広場全体を瞬間的に客席に見立てられて、ここが大きなある種の外部オーディトリアムのようなものに、たった一つのパビリオンで変えられる。そのため、ある種急進的な形態と周辺とそこから導いた形態層のようなものを連続させてきて、ここに小さいけれど覆いをつくったり、南側を開けたり、空間的なことや機能的な意味において何か周辺との響き合いがもう少しあると良かった。場所が難しいので、どうしても完結的なオブジェクトになりがちですが、そのように読み替えられ、何か考えられるのかなと思いました。

9班「うねり」プレゼンシート

10班「水鞠」

畑：少し突拍子もない感じもしますが、都心の真ん中で水琴窟の中に入ったような空間体験は唐突でおもしろいと思います。ただ、ステンドグラスを透明なものにすることで何が起こるかが分かりませんでした。エティエンヌ・ルイ・ブーレーという18世紀のフランスの建築家が、都市の文脈とは全く異なる幾何学的で完結性を持った空間を提唱しています。それは周辺と無関係に存在する完璧な球体の空間ですが、むしろ周辺の雑多性や多様性というものをそれが際立たせているし、それが極めて無機質的で抽象的な空間の特性でもあります。あなたたちの提案もそのようなおもしろさがあると思いましたが、スケールが小さすぎるので、もう少し大きい方が良いのではないでしょうか。手が届いてしまう空間だと全体像を簡単に把握できてしまいます。もう少しスケールを大きくするだけで、大きな変化が生まれるかと思いました。

光嶋：球体が人を囲むことの意味が大切になってきます。模型が溶けたマシュマ

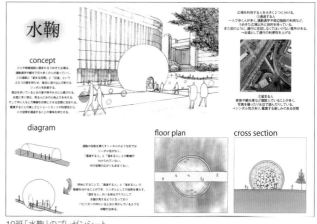

10班「水鞠」のプレゼンシート

口のようだけれど、「溶ける」ということは硬かったものが柔らかくなったということです。そして、人間の囲み方は無数にあります。透明なシャボン玉の中に入ると、球体はあるようでないような状態になる。形態に囲まれている状態を目標とするのならば、そのパビリオンにおいてどういった空間が立ち上がるかについて、球体だとイメージはしやすいと思うけれど、それを壊していかないといけない。3班のスクリーンの案にも共通するけれど、複雑な形ではなくても向きや角度を変えるだけで見え方が変わるように、強い球体でなくてもそれを壊していくことで、この場所に立ち上がる何らかの関係性が変わっていくのではないかな。あとは素材を考慮することで、どんな造形ができるか絞り込むことができる。どんな空間ができるかを素材から考えていくとおもしろい。

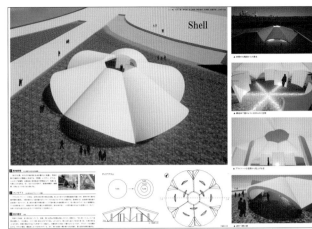

11班「shell」のプレゼンシート

11班「shell」

光嶋:貝殻をモチーフにすると、閉じる、開くという動きがありますが、貝殻の何を抽出したのですか。六つに分割することの意味や、六つだと偶数なので左右対称になることの意味があります。しかし貝は左右対称ではないですよね。その辺りをどう展開したのですか?

学生:貝殻のぐるぐるとした形を連想しました。

光嶋:ぐるぐるというのは幾何学的に抽出すると黄金比になって、それを利用して違う建築ができると思います。例えば、シドニーのオペラハウスは同じ円弧が交わった断片的なパズルのようなものを組み立て直すとあのようになります。それが貝または白いクジラに見えるなど鑑賞者がどのように感じるか。立ち上がっている建築が大阪のこの場所にどのような意味合いを付与し、新しい発見を与えてくれるのかを考慮しないと、唐突感が出てしまう。パビリオンに新たな機能を生み出すためには、ある引っ掛かりが欲しい。それがどこまで考えられたかがポイントだと思います。

山口:おそらく完成したら美しい作品になりそうな気がしますが、なぜこの場所につくる必要があるのかということが少し見えない。それはきっとあなたたちならではのオリジナリティに辿り着いていないからではないでしょうか。あの大きな敷地でシェル構造と水盤が出会った時に、どういったものが生まれるのかというところを突き詰めると良かったのではないかと思いました。

講評会には約60名の学生が参加

総評

畑:皆さんお疲れさまでした。私は今回の会が自主企画課題で、このために皆さんが努力していたことを光嶋さんから聞いてとても驚き、素晴らしいと思いました。こういうものは上手くできた、できなかったというよりは、プラクティスを続けていくことが重要です。我々は皆、日常の設計の中で、目の前の案をおもしろくするにはどうしたら良いのかという気持ちで臨んでいます。今回の課題はグループで取り組んだので、誰がどういう意見を言ったのかが気になるとは思いますが、そのようなことは問題ではなくて、よりおもしろくなるにはどうしたらいいのかを目標に、単純にポジティブな議論をするということを続けることが重要だと思うので、良い機会になったのではないかと思います。

山口:お疲れさまでした。全体的に皆さん楽しんで取り組んでいる印象で良かったです。今の畑さんの話につなげると、我々は普段、今日のようにああだこうだと自分でつくった案に問いかけ、言語と形態を往復しながらスタディしています。自分の言葉でこの案を語れているだろうか、嘘をついていないだろうかなどいろいろと考えます。プレゼンテーションにおいて自分の作品を語る際は自分の言葉で語ります。その時に原稿を書くことがあっても、原稿を読み上げることはほとんどないです。みなさんはまだ2年生や3年生で、原稿を書いてそれを自分の言葉で伝えているのは良いことだと思いますが、その先には全部自分の言葉で模型やドローイングを使って人の目を見て自分の案に嘘つくことなく語っていくという世界が待っています。それを4年生になる頃に練習して欲しいと思いました。

光嶋:お疲れさまでした。対面の効果だと思いますが、設計の水準がずいぶんと上がっているし、総じて2日間でそれぞれが感じたものが形になっていて驚きました。もちろん何か賞を与えるところまでは至っていないのですが、それよりも大事なのはプロセスです。今日の講評の中でも、あの人の案はこう言われたとか、それは私たちの案とどう違うのだろうかと考えることが重要です。私たち審査員は講評の中で、時々「私なら」と言いますが、それが響いたんだと思います。設計には粘土のように可塑性があり、一つの形が完成するまでに無数のバリエーションが生まれます。建築は実現するまでずっとその可塑性があることがおもしろい。模型も一つの言語だし、言葉にすることも言語です。コンセプトは言葉で考えるから建築という言語に翻訳しなければなりません。その翻訳作業がきれいにできれば良いけれど、建築の言葉はそんなきれいに翻訳できない言葉もあります。そこに挑戦していく。そのためには建築をどう捉えるか、自分がつくった建築はどうなのだろうか、その双方向の自分の言葉や体験を鍛え、常に対話して「私だったらこうするよ」と伝えます。だから審査員側は、常に自分ができないものをどういうコンセプトで考えたのかを意識しているはずです。今日の畑さんはきつかったと思いますが、その講評をエスキスと思えば来週もっと良くできると思います。その可能性を感じたのであればこの暑い中、自分たちの大学の成績などは関係ない場所に集まったことは意味があると思います。それが次なる建築新人戦につながります。この不思議な大学間、学年を超えたチームによる講評会は、対面だからできたと思うので、これからも頑張ってください。

学生実行委員特別企画2
建築新人戦2023 100選対象アンケート

今年の建築新人戦を盛り上げてくれた100選を対象にアンケート調査を行った。彼らはどのようにして挑んだのか、何を思い取り組んだのか、これからの建築新人戦に挑む学生たちは是非読んでほしい結果となっている(100人中76人回答)。また、来場できなかった人にも出展された素晴らしい模型を是非見てもらいたいという想いから、書籍班が特に目を惹かれた作品を、制作の裏側も併せて紹介する。

製図ツールに関するアンケート

Q. 普段使用している着彩ツールは?

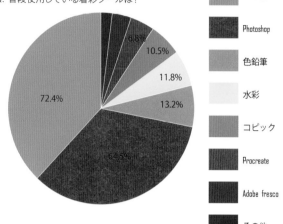

- illustrator
- Photoshop
- 色鉛筆
- 水彩
- コピック
- Procreate
- Adobe fresco
- その他

72.4% / 6.8% / 10.5% / 11.8% / 13.2% / 64.5%

Q. 製図の際に使用しているツールは?

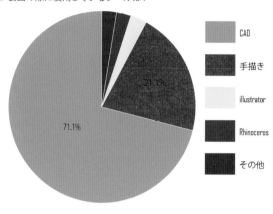

- CAD
- 手描き
- illustrator
- Rhinoceros
- その他

71.1% / 21.1%

一次審査時のプレゼンボードに関するアンケート

Q. 制作日数を教えてください。

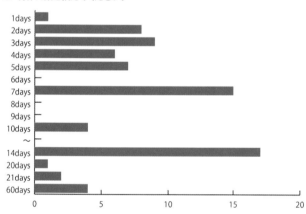

Q. 特に力を入れた制作物は何ですか(複数選択可)。

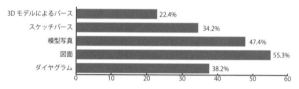

- 3Dモデルによるパース 22.4%
- スケッチパース 34.2%
- 模型写真 47.4%
- 図面 55.3%
- ダイヤグラム 38.2%

Q. プレゼンボード制作において意識したことはありますか。

A. 課題を知らない人にも分かりやすいレイアウト。

過去の新人戦受賞作品を参考にした。

ボード自体の見易さ。1枚ごとに何を見せたいのかはっきりさせる。

自分の中で可愛いと思える図面表現をすること。

あまり読まなくても伝わるように。

さまざまな雑誌のコラージュを見て、好きなページを参考にした。

自分の作品の雰囲気と合っているかを意識した。

見ていて楽しいシートにすることを意識した。

カラーチャートを用いた色調の統一、メインパースに合わせて全体も手描きで統一。

これからの建築新人に向けて

Q. ブラッシュアップを行う際に行ったこと、気を付けたことはありますか。

A. 学内講評会で言われたことを意識するために、完成した部分を一度解体して組み直すことでダメな部分を見つめ直すようにしました。

自分の中にある建築のルールや考え方を見失わないように意識しました。

全体模型だけでは分からない空間構成を、拡大模型を用いて表現しました。人の活動が伝わる楽しい模型になるようにしています。

シナリオ設定の解像度を上げました。

一目で伝わる魅力的なパースを目指して大幅に加筆しています。特にメインパースはより力を入れて描きました。

自分が何をつくりたくて、空間を体験した人に何を伝えたいのかを考え、それを表現することを意識しました。

できる限りたくさん描く!

言葉ではなく、図面やパースを用いて伝えられるように気を付けました。

先輩や担当教員の方よりいただいた講評とアドバイスをもとに、建築に付与したストーリーがより鮮明に具体性を増すよう、スケッチパースや話の構成、言葉遣いなどを再考しました。

初見で設計意図が伝わりやすいダイヤグラムをつくりました。

Q. 来年度の新人戦参加者に向けて一言。

A. 毎年度の予選通過者、受賞者の作品を分析し、良いところ悪いところを確認したうえでボードをつくると、完成度が上がっていくと思います。頑張ってください。

一緒により良い建築を目指しましょう!

通る通らないに限らず全力を出すことで当事者意識は生まれます。頑張ってください!

苦しい時期や孤独なこともあると思いますが、それが人を繋げてくれる優しさになると思って頑張ってください。

遠方からの参戦は大変ですが、準備する時間だけでも価値があると思います。

今回私が添景までつくり込めていなかったので添景の大切さを学びました。可愛い添景をつくってください。

たくさんの障害にぶち当たると思いますが、何とか耐えて!楽しんで!!

課題で一度完成させた作品を、さらに良くしようとすることに意味があると思います。新人戦は、そのためのいい機会だと感じました。

自分の建築的思考を伝え、全国の建築学生の思考を学ぶ、とてもいい機会なので全力で取り組み学んでください!

新人戦は本当にレベルが高く、学ぶことが多くあるので是非自分の全力をぶつけてみてください。

ID0295 矢部完太郎

材料: スノーマット、スチレンボード、グレー台紙　　費用: 2万5千～3万円
制作期間: (広域模型)2カ月 (部分模型)1カ月　　制作人数: 複数人

Q. 模型のアピールポイントは何ですか。
A. 1/300模型はどの角度から見るのがかっこいいのかを考えながら、置く向きを調整することを意識しました。部分模型では、当たり前かもしれませんが添景が入っているので空間のイメージが付きやすくなったかなと思います。

Q. 模型のカーブ部分は、スチレンボードですか。
A. そうですね。スチレンに切り込みを入れて、一面だけ罫書 (けが) いてカーブを出しました。

Q. 一番苦労したところは、どこですか。
A. 広域模型を部分ごとにつなげなければならなかったのは、骨が折れる作業でした。

ID0299 若松瑠冴

材料: 紙粘土、モデリングペースト、スノーマット　　費用: 2万円
制作期間: ―　　制作人数: 4人

Q. 模型製作で意識したことはありますか。
A. シェル構造で屋根と柱が一体になっていることや、コンター模型でレベルを分けて上から紙粘土を塗ることで自分がつくりたい有機的な建築を表現しました。

Q. 模型のアピールポイントは何ですか。
A. 内部を見せたかったので断面模型にしたことと、1/500で全体模型と分けた点ですね。

Q. 作業日の一日の流れを教えてください。
A. 朝から研究室にこもり、2日に一度帰るくらいのペースで作業していました。

ID0341 田中春士

材料: バルサシート、スタイロ、スチレンボード、トレーシングペーパー
費用: 1万円弱　　制作期間: ―　　制作人数: 3人

Q. 模型製作の全体の流れを教えてください。
A. 形が均一なので、全ての部材を切り出して制作しました。

Q. 模型のアピールポイントは何ですか。
A. 造形が気に入っているので、全体です。

Q. 参考にしたものはありますか。
A. 家の近くにある、木造の高層建築物を参考にしています。

ID0734 荒木玲乃

材料: スタイロ、木、綿の糸　　費用: 2万円弱
制作期間: 8～9月　　制作人数: 1人

Q. 模型製作全体の流れを教えてください。
A. 先に糸を張ると、周辺の表現に手が付けられなくなるので、先に周辺を完成させてから糸を張り始めました。添景から完成させるという、いつもとは逆のプロセスでした。

Q. 模型のアピールポイントは何ですか。
A. リアルさを求めたので、模型というよりジオラマ化させて場所や周辺の様子を細かく見てもらうことで、建築と空間の雰囲気が伝わるように意識しました。

Q. 参考にしたものはありますか。
A. 自然の空間性を建築に応用する課題でした。骨の中の海面骨構造を線として抽出し、線による空間性を追求しました。

ID0781 和田純

材料: 砂、セメント、スタイロ、模型用植栽
費用: 構想から含めて10万円弱　　制作期間: 4、5カ月　　制作人数: 1人

Q. 模型製作全体の流れを教えてください。
A. 何回も実験を重ねて建築の成り立ちを探る課題でした。実験から、建築に成るまでの実際の建て方をそのまま実践していきました。

Q. 模型のアピールポイントは何ですか。
A. 建築の成り立ちから終わらせ方、人がいなくなった時までの時間の流れを表現しました。

Q. 参考にしたものはありますか。
A. 「ブラザー・クラウス野外礼拝堂」です。ロジックは異なるけれど、何かを除くことで空間の質が生まれることから着想を得て、「錆」の解釈に当てはめ、参考にしました。

ID1149 信太秀仁

材料: プラ板、スチレンボード、段ボール　　費用: 5～7万円
制作期間: ―　　制作人数: 1人

Q. 模型製作全体の流れを教えてください。
A. まず全体をつくり上げてから細部をつくり込みました。また、図面通りに組み立てるのではなく、美しく補正しながら制作を進めることを意識しました。

Q. 模型のアピールポイントは何ですか。
A. 国境を拓いていく、閉ざされた境界を開いていくことを造形的に具現化するための屋根勾配をとるようにしました。

Q. 参考にしたものはありましたか。
A. レオナルド・ダ・ヴィンチが描いた絵画の光の捉え方を参考に、風の動き、光の誘導を意識しました。僕にとって藝術・建築は「未知なる力を、カタチにする魔法」です。

建築新人たちの歩み

建築新人戦から10年を経て、当時の経験がどのように生き、現在は建築とどう向き合っているか。当代の学生実行委員書籍班のメンバーが、当時の出展者や実行委員たちの歩みを探る。

Interviewer_01

若月 優希
[2013年度 最優秀新人賞]

×

Interviewer_02

大槻 匠
[2013年度 総務班]

——建築新人戦に関わったきっかけをお聞かせください。

大槻: 私は大会運営側の総務として、会全体をどううまく進めていくかに重点を置いて活動していました。当時関西の建築学生2、3年生を中心に運営していた「NEXTA」という作品展の代表をすることが翌年内定していたので、「学生自身が建築作品展を運営するのに、どのようなノウハウが求められるのか」ということを学ぶ場として建築新人戦の運営に非常に興味があり、参加させていただきました。

若月: 私が建築新人戦に出展したのは2013年の第5回大会なので、まだ大会の歴史自体は長いわけではありませんでしたが、私の周りではすでに有名な大会になっていて、大学の先生方や先輩方に出展を勧めていただきました。3年生の設計課題を建築新人戦に出展するのが当時の流れとしてあり、学内でも評価していただいた設計課題だったので、試しに応募してみて学外の方にも見てもらえればと思いました。応募前に大学の先生方にアドバイスをいただく時間はあまり無かったのですが、改めて自分の作品と向き合い、新しく部分模型も製作するなど、ブラッシュアップしてから提出しました。

——現在のお二人のお仕事についてお聞かせください。

若月: 私は普段リゾートホテルを中心に、その他には集合住宅などの設計に携わっています。プロ

ジェクトによって敷地の場所や大きさもさまざまですが、その土地の特徴を読み解いて計画することを意識しています。

大槻: 私はアトリエ設計事務所で、戸建住宅、共同住宅、ホテルなど、ある程度幅広い用途の設計・監理を8年間経験させていただいた後、建築と近くて遠い分野である「不動産」を勉強したいと考え、昨年不動産業界へジョブチェンジしました。例えば街中の空き地、マンションの一部屋も「不動産」と呼ばれるものです。我々の生活に密接に関わっている不動産のことを理解しないまま建築そのものを突き詰めていくのではなく、一度ジョブチェンジをして網羅的に学んでみたいと思い、現在は不動産の勉強中です。取り組みの一つとして、自分の中古マンションを購入し、自ら設計、自ら施工者様に工事を発注し、自邸をリノベーションしてみました。不動産を扱う中で一番身近なものはやはり自分の家だと考えていたので、まずは自分の手を動かしていろいろ試してみようとプライベートでは取り組んでいます。

——ご自身のライフプランに建築新人戦が影響したことはありましたか。

若月: 賞をいただき、いろいろな方に評価していただいて、設計の道への想いが強くなりました。ただ、周りからのプレッシャーをかなり感じてしまい、その後の設計課題や卒業設計では、自分の考えをうまく表現できなかったように思います。卒業後の進路にも悩み、大学院進学や留学への興味はありましたが、実務で学んでいきたいという気持ちが強くなり、学部卒業後は設計事務所に就職しました。

大槻: 建築新人戦は全国から建築に対して熱量のすごい人が集まってくるので、私の所属していた大学の建築学科とのパワーの差や意識のギャップを目の当たりにして焦りを覚えました。自分もこんな設計ができるようになりたい、という想いが芽生え、「より建築設計を突き詰めていきたい」という考えが強

くなりました。その後就活をするに当ってもアトリエ設計事務所を志望する動機になったと思います。

——建築新人戦で他大学の人と比較し合う中で、自分を見つめ直すきっかけになるということですね。

大槻: 大学の講評会で10名くらいの先生方の評価軸で見てもらうのか、外に出て何百の評価軸に照らし合わせて見てもらうのかは全然違うと思います。大学の先生が言っていることが100%正しいわけでは当然なくて、「そういう考え方もあるけれどこういう考え方もあるね」というように、多方面からの意見をもらえることで世界が広がるのは、建築新人戦が大学の垣根を超えたコンクールであるからこそその魅力かと思います。

若月: 私は大学では評価してくれる先生が多かったのですが、建築新人戦に出展したら100選の中から16選に選ばれる時に、五十嵐淳先生しか票を入れていなかったことを聞きました。けれど、公開審査会のプレゼンでしっかりと説明したら他の先生も分かってくれたという感じだったので、評価のされ方はわかりませんね。プレゼンでは文章を用意していましたが、自分の言葉で伝えることを意識して、用意していたものを読み上げるよりも、まっすぐ審査員の目を見て、プレゼンボードや模型を補足しながら話したのが良かったかと思います。

——学生のうちにやっておいたほうがよかったと思うことはありますか。

大槻: もっと「自分の中の当たり前」を引き上げておけばよかったと思います。建築に限らずですが、より強い負荷に耐えられるように自分の中で「これくらいたいしたことないな」と思えるような「自分の中の当たり前」がより高い位置にあると、社会人になってからも、少しだけ心に余裕をもって働くことができたなと今では思います。

若月: 学生の頃はあまり経験がないので何かを始めることに少し自信がないときがあると思います。しかし、自信をつけるためにはとにかく興味を持ったことをやってみるしかありません。それで失敗しても、その経験がどこかで必ず生きてきます。あのとき失敗したから、こうすればうまくいくと思えるようになります。設計に限らず、何が役に立つかは分かりませんが、何かがつながるときは絶対に来ると思いますね。

——自分に社会に通用する設計ができるかどうか、考えてしまいます。

大槻: 学生時代に賞を取られた方でも意匠設計をずっとやり続ける人はそこまで多くはありません。

若月 優希
1992年生まれ。東海大学工学部建築学科卒業。2015年より東 環境・建築研究所に勤務し、リゾートホテルの設計などに携わっている

大槻 匠
1992年生まれ。摂南大学理工学部建築学科卒業。2014年よりアトリエ設計事務所に勤務。その後、不動産領域を学ぶためジョブチェンジし、大和ハウスリアルエステート株式会社の技術管理部に勤務

星のや 沖縄（設計：東 環境・建築研究所）、撮影：中道敦（ナカサアンドパートナーズ）

私のように異業種に行ったり、設備設計者、構造設計者になったりとライフプランは人それぞれいろいろあると思います。自分のやりたい仕事、向いている仕事、それは学生時代だけではなく、社会人になって働きながら気付くことなのかなと思います。ただ、やはり楽しいと思えることを仕事としてやって欲しいと思うので、設計が楽しくない、楽しいというある程度の自分の中での判断基準は学生のうちに持っておくのがよいかなと思います。

若月：学生のときは施主がいるわけではないので、自分の好きなように提案するのが楽しかったのですが、実務では施主の要望があり、さらに事務所の作品の特色もあるので、それを理解した上で提案することが求められます。そういうところのバランスが最初は難しかったです。ただ、予算や要求など外的要因がいろいろあるなかで、ベストな提案を見つけることも楽しいのです。「これだ」という瞬間があります。そして、これを実現させるにはどうしたら良いかということに常に気を配っています。時には気難しい人もいらっしゃいますけれど、それではプロジェクトが成り立たなくなってしまいます。

大槻：難しいですよね。個性を出したいけれど、出し過ぎたら選ばれづらくなります。ただし、学生のときは縮こまった設計はして欲しくないです。社会人になると、ある程度プロジェクトのイメージができてしまうので、そうではないところからアプローチができる学生の設計はすごく魅力的です。コンペを見ていると、自分が思いつかないようなアイデアをしっかり学生は挙げてくるので気付きがあります。そこは大事にして欲しい。

―お二人が建築に興味を持ち出したのはいつ頃ですか。

若月：小学校5年生くらいです。4年生まではパティシエだったのが、テレビで放映していた「ビフォーアフター」の影響で5年生から急に建築家に興味を持ちました。

―私たちもその世代です。

大槻：私もそれがきっかけでした。放映していたときに、たまたま実家をリフォームして、工務店さんが外壁を張ったり塗り直したりしてくれました。その時、自分たちが住む家のことを設計する人がいることに気付いて、それで建築家はおもしろそうだなと思ったのが小学5年生のときでしたね。あと名前が「匠」で、両親も何かの匠になってもらいたいと名付けてくれたのもあって、建築の道に進みたいと考えていました。

―課題に取り組んでいると自分の出来なさを感じてしまいます。そういう時にやっていたことはありますか。

大槻：うまくいかないときでも、自分なりにもがくしかないと思います。新しいスキルを身に付ける、新しい表現の仕方を試してみるなど今できることを繰り返していくしかないと思います。

若月：スランプというのは設計課題をやるなかで、うまく表現できないということですか。それとも自分はいいと思っているけれど、あまり評価してもらえないということですか。

―そもそも良い提案をできないと感じます。頭が固く、柔らかい発想ができないというのを感じています。

若月：私は模型をつくりながら考えるタイプで、最初のイメージを固めるのは早かったと思いますが、そこから建築にしていく作業は苦手でした。図面をきちんと描いてから模型をつくるという、しっかりとした設計をする人もいたので、それぞれ良さがあると思います。頭が固いと感じるのは、課題文を読み解いて提案していく過程を真面目にやられているからでしょうか。その真面目さはすごく良いことだと思うし、それが駄目なわけではないと思います。

大槻：学生のときに、一つの案をずっとやっていくタイプの人と、一度に三つの案をつくってから詰めていくタイプの人がいましたが、後者のほうが最終的な成果物は良かったです。いろいろなものの中から取捨選択をして、これがいいと言える検討の履歴が大事だと思っています。学生時代に先生から「今日やってきた？」と聞かれたときに、先週から変わってない学生もいましたが、下手くそでも

いいから何か進んできて欲しいわけですよね。それを繰り返していくと前に進んでいきます。戻りながらも次に進める、設計というのはその繰り返しです。特に実務では、漠然とした要望を最初から枠組みに当てはめてしまうとうまくいきません。最初のもやもやした状態から徐々にそぎ落としていくような作業が続きます。プレゼンボードを作成するときも、いきなりイラストレーターにはめ込んだりせずに手描きでラフを描きますよね。そういう考え方や経験が生きてくると思います。

―私は住宅を建てたいという漠然な思いで建築学科に入りましたが、授業を受けていく中で、ランドスケープや大きい規模の設計をしたいと考え方が変わってきています。お二人は大学に入った後、考えが変わったことはありましたか。

大槻：私も入学した時は戸建ての住宅の設計をやってみたいという思いがありましたが、学生時代に団地をリノベーションしていく卒業設計に取り組んだことで、そういう方向の仕事に就いてみたいという思いが出てきたことがあります。戸建て住宅の設計も楽しかったですが、共同住宅というより規模の大きい「住宅」を設計することにも興味が湧いてきました。どのような領域に進むかによっても深掘りできる建築の道は違ってくる。そこがおもしろいと思うし、建築に対する考えは、将来変わっていって当然だと思います。

若月：学生時代、設計課題に取り組む中で、施主と話しながら住宅設計を進めるイメージが湧きづらく、何となく楽しさを見出せませんでした。3年生になり公共建築を設計するようになると、自分も普段から利用する施設のイメージは湧きやすく、こちらのほうが考えるのが楽しいなと気付きました。特定の人に対してつくることも、もちろん楽しさがあると思いますが、学生なので実際に経験したことがないこともあり、公共建築について考えるほうが自分には向いているかもしれない。そういう方向に行きたいなと思いましたね。

―私も自分のおもしろさを突き詰めて、いつか実際の建築を設計したいと思います。本日はありがとうございました。

大槻さんがリノベーションを手掛けた自邸

Interviewer_03

天野 直紀
[2013年度 8選]

×

Interviewer_04

上田 満盛
[2013年度 8選]

――新人戦に応募されたきっかけを教えてください。

上田：当時、設計に熱心な人は当然応募するという流れでした。個人的には100選に選ばれたら格好いいなという理由と、それに向けてのブラッシュアップもよい機会になるなと思いました。

天野：私は学外の友達をつくりたいとも思いました。上田くんとも建築新人戦で知り合って、それ以来10年仲良しです。

上田：天野くんとは夫婦共々仲良くさせてもらっています。当時の8選のメンバーとは今も仲良くて、今度食事もする予定です。

――リノベーションされた自邸で毎週のように食事会が開かれるとSNSで書かれていて楽しそうだと感じました。自邸の図面を見ると一般的なアパートとは違いますよね。

上田：2022年12月に会社を辞めて、翌年2月から工事がスタート、大工さんと相談しながら、設計・監理をして4月末に完成しました。同じ研究室出身で事務所を共同主宰している大坪良樹さんとの共通の価値観が、大きい、明るい、風通しがいいなど原初的で誰もが持つ感覚を大切にしていて、自宅も長くて風通しがいいリビングをコンセプトに設計しました。リビングは「余白」として扱い、どこがリビングでもダイニングでも作業場にもなってもいいような場所としました。

――天野さんも独立されたのですか。

天野：事務所は立ち上げていませんが、フリーの建築士として、個人で設計の仕事を受ける他にも、アトリエ事務所に出入りしたり、組織の外注の仕事を受けたりしています。もともと竹中工務店に6年間勤めていましたが、上田くんと同じタイミングで辞めてちょうど一年くらい経ちます。ゼネコンのことしか知らなかったので幅広く業界のことを知ろうと思い、さまざまなところに顔を出しています。設計の仕事としては、新築住宅、住宅改修、トイレ、カフェなど、外注の仕事としては、作図の仕事なども受けています。

――同時進行でそんなにたくさんの仕事をこなせられるのですか。私は課題一つでも頭がいっぱいです。

天野：学生の頃のいっぱいと実務でのいっぱいは質が違うと思います。社会に出ると関係者が多くなるので、自分のせいではない急なプレッシャーや対応が増えます。それらへの対応のほうがスケジュールを読めず大変ですね。仕事のピークをずらせば、数をこなすことはできると思います。

上田：現場で起きたトラブルは設計の人が間に入って対処しなければならないこともあります。設計側の無理を現場に聞いてもらうこともあるのでそこは持ちつ持たれつですね。

天野：いわゆる設計行為は全体の20%くらいで、残りは現場で対応したり、お客さんの話を聞いたりといった会話する時間になるので、学生の頃に経験するバタバタとは質が異なると思います。学生のときは自分の馬力でどうにかなる面もありましたが、実務では関係者と一緒につくる面が強いので、滞りなくみんなに動いてもらえるようにどれだけうまく段取りできるかが大事だと思っています。ただし、どれだけ準備しても誰かに無理してもらうことがあります。私は学生の頃から計画的に終わらせるのが好きなタイプだったので、社会に出たら自分ではどうしようもない状況で、徹夜しなければならない状況が発生するのが、ストレスでした。自分の中で完結できることが多くなったことが、個人で仕事をするようになって獲得したメリットの1つです。結果、仕事数を増やせるようになりました。

上田：大阪の田辺で展示をすることがあり、私はそんな彼に徹夜で展示の設営を手伝ってもらいました（笑）。設営期間が2日しかない中で大変助かりました。

天野：呼び出されたのが18時だったので徹夜になりそうな予感はしていました。朝の6時まで働かせていただきました（笑）。

――私はランドスケープやアーバンデザインを学ぶ学部なので、ランドスケープについてもお話をお聞きしたいです。

天野：ランドスケープは日本だとまだまだ軽視されることも多いので、もっと日本のランドスケープを盛り上げていって欲しいです。都市計画やランドスケープを設計する人たちが、建築の下請けのようになってしまっていることもあるので、それがすごくよくないと思います。語弊はあるけれども、建築の設計をやっている人がこだわるところが重箱の隅をつつくようなことになり過ぎてしまっ

上田さんがリノベーションを手掛けた自邸

ていることもよくあると思います。ランドスケープは人の営みに密接に関わっていることが多いから、そこをもっと重点的にやる人が育っていかなければならない。私は数万㎡の敷地で設計したことがありますが、敷地や周辺全体との関係を取りまとめるのに苦労しました。ですので、その分野を専門とする人が育つといいと思います。

上田：日本と海外では、外へのつくり込みの密度は全然違いますよね。学生作品のパースを見ていても、外へのつくり込みが海外の学生の人はすごいと思います。

――2人とも組織から離れていますが、建築新人戦から10年経って、みなさん独立する時期なのでしょうか。

上田：ちょうど大学院を修了して、就職してから6年、7年。やはり節目なのでしょうね。私は住友林業に入って3年半働いて、その後小さな設計会社で2年働いて、独立しました。最初に住宅を設計したので、1スパンがすごく短く、3年半いて大体業務的に一周したかなと思って辞めましたが、多分ゼネコンなら一周するのに5年くらいかかりますよね。

天野：私は関わった物件は多いほうだと思いますが、自分が設計に携わったといえるのは6年間で4物件だけです。とはいえ、6年もすると、みんな一人で設計をする自信がつくという感じですかね。

上田：自分でできるようになったから他に行くか、それとも残るか、そこで分かれるような感じだと思います。

――就職先の決め手はありましたか。

天野：私は、竹中工務店のバイトに行っていた際に好きな先輩が多かったからというのに尽きますね。実際に働いてみても竹中工務店はとても居心地がよ

天野 直紀
1992年生まれ。京都大学大学院修士課程修了後、竹中工務店に勤務。2022年に退職し、現在はフリーの建築士として活動

上田 満盛
1991年生まれ。大阪市立大学（現、大阪公立大学）大学院修士課程修了。2017-2020年 住友林業、2020-2022年 新空間設計に勤務。2023年にueo一級建築士事務所を大坪良樹と共同設立

かったし、設計するにあたって最高の環境でした。わからないことを聞いたら絶対に知っている人がいましたし、みんなデザインに対して真面目でした。

上田：私が住友林業を選んだのは、住宅が好きだという想いです。実は学部のときに1回、住友林業は受けましたが落ちてしまい、それなら院へと進学しました。その後、もう1回受けて入社したような形ですね。

—ネットで調べたら大学院時代の受賞歴がずらっと並んでいました。

上田：バイトはあまりしていなかったので、賞金を生活の足しにしていました。でも時給換算でいうと、バイトのほうがよかったです。学校の設計課題をコンペに合うようにブラッシュアップして出していたので、それを最終的にポートフォリオにまとめて、院試や就活のときにも使えると考えていました。

天野：私はコンペなどに対して本当にモチベーションが上がらないタイプで、建築新人戦に出せたのは奇跡でした。研究室の活動が刺激的だったので、そちらに注力していることが多かったです。どちらに力を入れるかは一長一短で、学生側に選ぶ権利さえあれば、私はよいと思います。

—学生時代、建築以外の時間で、趣味やほかのことにどのくらいの時間を費やしていましたか。

上田：私は学生時代にサークルでよさこいをやっていましたが、やりすぎて留年しました。でも、それはそれでよかったと思っています。3回生を2回やりましたが、建築新人戦で賞をとったのが2回目の3回生の時です。2回目の3回生の時に、建築新人戦をちゃんとやりたいなと思ったので、設計課題の単位は取っていたのですが、顔なじみのない新しい同期に混じり、もう一回取りました。よさこいサークルは100人くらいいて、週3回、夜10時くらいまで練習で、終わった後みんなでご飯に行っていましたが、そこから帰って設計をやっていましたね。

天野：私は美術部に所属していたので、結局絵を描いていましたね。アルバイトはチェーンのお酒屋さんと竹中工務店でした。お酒屋さんのレジ打ちや倉庫整理が6割か7割で、残りの3割か4割が竹中工務店での模型づくりでしたね。建築がオンでプラ

武庫川女子大学カヌー部部室棟（設計：竹中工務店）
撮影：河田弘樹

イベートがオフという認識はもっていなかったです。

上田：そうですね。暇だなと思うときはとりあえず製図室に行っていました。友達がいるので、そこで話しながらだんだんとやる気を入れ始めて、模型をつくりながら考えるような感じだったと思います。

天野：製図室にいるからといって真面目に設計に向き合うかというと、そんなことはなかったですが、いい時間でしたね。課題で忙しくしているかと思いきや製図室で遊んでいたことが、当時から付き合っていた妻にバレると怒られてしまいますね（笑）。

上田：私も製図室にはよく行っていて、泊まる日も多かったのですが、ある時母親から、あなた最近彼女のところに泊まりすぎじゃないと言われたことがありました。私は当時、彼女がいなかったので、それが凄くむなしくなりましたね。彼女がいないのを設計のせいにするパターンですね（笑）。学生のときはサークルか設計くらいしかなかったですね。

—設計課題は、どこから着想を得ましたか。

天野：私が学生の頃、「アイデアを三つ他人から借りてリミックスしたら、もうそれは自分のアイデアだ」と先生がおっしゃっていました。それを聞いて以来、ほとんどの手法がやり尽くされているのであればと、アイデアを借りることに躊躇しなくなりました。始まりは模倣からでもいいと思っています。

上田：新人戦の案で言えば、地層でビルみたいなものが出来ればおもしろいのではと思いました。有り得ない案ですが、エスキスに持っていくといいねと言ってくれる先生もいて、これもいけるのだと気付かせてくれました。

—例えばお二人は学生のとき、エスキスで案に対して酷評された際は、どうされていましたか?

天野：私も学生の頃、厳しく言われることもありましたが、あまり気にしなくてよいと思います。先生は学生が持ってきた設計をいかようにもアドバイスすることができるかと思いますが、自分以外の人のさじ加減一つで自分の気分を悪くされる必要はないと思います。もちろん謙虚さは必要ですが、自分が本当にやりたいことがあるならば、突き進んだほうが絶対よいです。

上田：自分の作品にどれだけ責任を持つかだと思います。先生に言われた通りに設計してもそこに納得できなかったら、他の先生から突っ込まれたときに説明がつかない。あの先生がこう言ったからこうしましたというのは、設計者としてはすごくよくないことです。だから、厳しいことを言われても自分の信念は変えない気持ちで。一方で絶対、褒めてくれる先生もいると思うので、本当に自分のやりたいことをやったほうがいいと思います。私の新人戦の案は学内では、上から7番目くらいでしたが、建築新人戦に出して評価してもらえました。それは、その時の評価軸の違いだと思います。ただし、言われる中で、これは取り入れたほうがよいと

思う点は素直に取り入れるとよいと思います。

天野：会社でリクルーターをしていたので、学生の設計課題をたくさん見てきましたが、最近はデータを積み重ねて、例えばこの町の人口に合わせてこう設計しましたというような手法をする人が増えてきた印象です。どことなく減点方式の減点を受けないように、言い訳がたくさん用意されている設計に見えてしまいます。学生のうちは、いろいろと理由付けがある設計よりも、単純に自分が格好いいと思う設計を追求して欲しいです。多くのデータを積み重ねて理屈で形態化した、一見理にかなっているかのように見えるダイアグラム建築はどうしても退屈に見えてしまいます。だったらもっと、自分の感性を素直にぶつけた、格好よかったり、不思議だったりする建築を見せてくれたほうが、学生自身もハッピーですし、実務の世界の私たちとしても刺激的でハッピーです。

上田：昨年、私の研究室の宮本佳明先生の還暦パーティーがあって、その中で宮本先生が「最近はスタディで何案かある中で決める際に、言葉にできなくても、格好よいかどうかという基準を大切にしている」とおっしゃっていました。60歳になる大先生が、そのように決めているのはすごく新鮮でした。学生もエスキスの場では、言葉にできないけれど一番格好よいと思う案はこれですという出し方でもよいのではないでしょうか。言葉にできないところは、周りの先生が言語化してくれるので、それを説明の一つとしてもらえばいいとも思います。

—建築新人へメッセージをお願いします。

天野：建築でつながった友達とは長い付き合いになると思います。ですので、気の合う友達を見つける場としてもいいのではないでしょうか。それと、またリクルーターの頃の話になりますが、賞を取ったことのある学生さんは喋りが上手です。人前で喋ることに慣れていて、賞を取ったという自信もあるので堂々としています。そういう学生さんのプレゼンテーションはやはり響きやすいですし、間違っていたとしても騙されそうになります。

上田：場数を踏むとか、作品に対してコメントをもらうということに関してはすごくいいなと思いますし、プレゼンテーションに向けて準備することもすごくよい経験だと思います。

天野：そういった点でも、建築新人戦をがんばるということに意味はあると思います。とはいえ、ただ賞を狙ってがんばるのは、おすすめしません。私はいつも、打算的に評価されるであろう設計をしていました。しかし、今思うとすごくもったいないことをしたと思います。先ほどの話のように、もっと自分の内から湧き上がってくるような感性をもって設計するということに取り組めばよかったです。また逆に言うと、賞をもってなかろうと、自信をもって話す人の言葉は人に響く言葉になると思います。だからみなさん、自分の感性や信念を大事にしてがんばってください。

建築新人戦2023

■テーマ
「馳せる」

■応募概要
登録期間：2023年6月1日（木）〜8月13日（日）
提出期間：2023年8月16日（水）・17日（木）
応募資格：4年制大学・3年制専門学校：3回生まで（3年次の前期までの課題作品）
　　　　　短期大学・2年制専門学校：2回生まで（2年次の前期までの課題作品）
　　　　　短期大学専攻科：1回生まで（1年次の前期までの課題作品）
　　　　　高等専門学校：4・5回生（4年次から5年次の前期までの課題作品）
　　　　　高等専門学校専攻科：1回生まで（1年次の前期までの課題作品）
　　　　　以上の全国の建築学生が対象　※グループでの参加は不可　※1人1作品まで

■展覧会
会　　期：2023年9月16日（土）〜18日（月・祝）
会　　場：梅田スカイビル タワーウエスト3階

■一次審査（100選選出）
日　　時：2023年8月18日（金）
会　　場：総合資格学院 梅田校
応募登録者数：1198作品（応募大学：126校、応募都道府県：37）
審査作品数：739作品
審査委員：光嶋 裕介（神戸大学特命准教授 / 光嶋裕介建築設計事務所）
　　　　　芦澤 竜一（滋賀県立大学教授 / 芦澤竜一建築設計事務所）
　　　　　小林 恵吾（早稲田大学准教授 / NoRA）
　　　　　榊原 節子（榊原節子建築研究所）
　　　　　白須 寛規（摂南大学講師 / design SU）
　　　　　福原 和則（大阪工業大学教授）
　　　　　堀口 　徹（近畿大学建築学部准教授）
　　　　　前田 茂樹（GEO-GRAPHIC DESIGN LAB.）
　　　　　山口 陽登（大阪公立大学講師 / YAP）

■二次審査・公開審査
日　　時：2023年9月17日（日）
会　　場：梅田スカイビル タワーウエスト3階 ステラホール
審査委員長：永山 祐子（武蔵野美術大学客員教授 / 永山祐子建築設計）
審査委員：工藤 浩平（工藤浩平建築設計事務所）
　　　　　谷川 嘉浩（京都市立芸術大学講師）
　　　　　中山 英之（東京藝術大学准教授 / 中山英之建築設計事務所）
　　　　　畑 友洋（神戸芸術工科大学准教授 / 畑友洋建築設計事務所）

■主　　催：建築新人戦実行委員会
■特別協賛：総合資格学院
　　　　　アーキテクツ・スタジオ・ジャパン株式会社
　　　　　株式会社コラボハウス一級建築士事務所
　　　　　ユニオンシステム株式会社

100選 選出者紹介

凡例
ID・氏名／所属大学・応募時の学年
作品タイトル
コンセプト

0013 大塚 達哉／日本大学・3回生
聞き合い、交じり合い、揺さぶる建築 都市のハザマに住まう

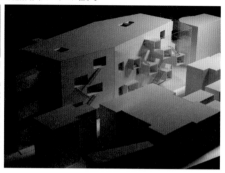

従来のように商業と住を別と捉えず、今回は建築のカタチによって、商業と住を同時にデザインする。都市に埋蔵した住空間のための豊かなオープンスペースと、都市に開放された商業空間のための豊かなオープンスペースが同時に共存して、同時に体験できる建築を提案する。

0020 宮下 航希／東海大学・3回生
こどものいばしょ 〜スロープによる連続的な空間体験が導くおもちゃと公園のビル〜

こどもの城が閉館し、周囲の公園が遊びづらくなった今、青山に子どもの居場所はほとんどない。時が経つと共に、子どもたちの遊び道具は、おもちゃから電子機器に変わっていった。今一度おもちゃの良さを発信し、スロープで子どもたちを誘い、新たに子どもたちの居場所を生み出す。

0023 松本 維心／早稲田大学・3回生
知の構造化の解体

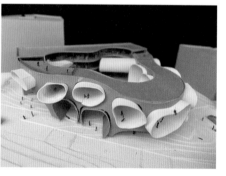

現在、効率的な知との出会いが重要視され、即効的な知に対して冗長的偶然的な知が疎かにされてきた。知との出会いが構造化画一化されてしまい、この図書館の有様を知の構造化と呼び、知の構造化の解体と新たな書架配置により、知の自由な吸収場が生まれることを期待する。

0026 森川 隼／京都府立大学・3回生
時空の京町家

京町家の歴史は平安時代にまでさかのぼる。条坊制で区分けされた土地は時代が進むにつれて細分化され、通り庭と呼ばれる独特な奥行きと陰影を持った空間が誕生した。本改修では平安時代の地層までさかのぼる体験を組み込むことで、空間と時間、すなわち「時間の奥行き」を設計した。

0055 山口 篤／早稲田大学・3回生
拡張する台座 〜個と全体の彫刻鑑賞を通した都市の再考〜

イサム・ノグチは、個と全体という対比する彫刻の鑑賞法を主張した。本来彫刻を置くだけの台座を拡張し、個としての台座が、全体としての建築へと漸層的に変化する。個に没入するという空間体験の層を重ねた後に、全体性を享受する。今まで見てきた作品が新たな姿となる。

0065 服部 大雅／大同大学・3回生
永らえる建築

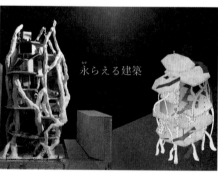

名古屋の市街地に建つオフィスビル。蛇行した柱に支えられながら人々は働き、生活する。これは従来のオフィスビルに代わる生き生きとした建築を目指している。

0161 荒井 百音／早稲田大学・3回生
都市の残像 ―「剥がす」ことで表出する世界の再構築―

計画敷地における政治性や歴史、意味性を覆い隠すかの如く、急速に進む近代化。既存の都市の地面を「剥がす」ことで生まれる空間を美術館として再構築し、これまで隠れていた世界を露呈させる。この美術館が、現代の都市や皇居のあり方を再考するための空間となる。

0173 面来 由羽／法政大学・3回生
トオリニワを紡ぐ ―小商いと暮らすここにしかない日常―

下北沢は未完の街である。従って提案に変化を許容するトオリニワを与える。そこには生活や小商いがはみ出し、多様な共有の度合いを生む。集う価値を見出す空間が重要な現代で、住民の主体性が重なり、住民の手によって育ち続ける集合住宅を提案する。

0189　西山 大地 / 日本大学・3回生
共創する演劇

作品の裏側に潜む、作者の苦悩や葛藤にフォーカスを当てる。表参道に点在するアーティストたちに表現の場として作品の制作過程という演目を演じてもらうと共に、表参道を訪れる人々と路上ライブ的な演劇空間を共作によって構成する。

0214　夕川 奈々 / 安田女子大学・3回生
ジャックと豆の木

絵本「ジャックと豆の木」から生成してくるイレギュラーなグリッド内に絵本の要素を割り振る。その中を園児たちが自由自在に走り回ることで場面を繋ぎ合わされることから、「園で生きること」は絵本に迷い込むように空間を読み進んでいくこととなる。

0244　片岡 晟柊 / 早稲田大学・3回生
石に刻まれた物語

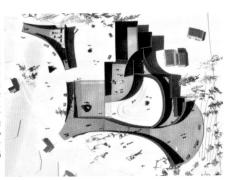

イサム・ノグチにとって彫刻とは石の本来の姿を掘り出したものである。石にはその土地の風土や歴史など多くのものが刻まれている。イサム・ノグチの彫刻と建築が作用し合い表面化する土地のアーカイブを読むことで人々の内面に新たな発見を創出する美術館を設計する。

0268　安達 志織 / 京都大学・3回生
カスケードの額縁から

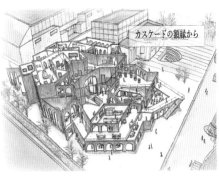

現実離れした美術館を日常の延長に。美術館の大きな1枚の壁を切り折りし、アーチをくり抜く。その壁が三種類のギャラリーにまきつき、アーチから映し出された人々のふるまいが、外↔内↔内へと連鎖（カスケード）していく。カスケードする第4世代の美術館の提案。

0280　設楽 天兵 / 神戸電子専門学校・2回生
ことばの箱庭

こどもとアートの関係性に疑問を抱いていた。今ある美術館は子どもにとってよい空間なんだろうか。これは子どもと大人、全世代に向けたアートスペースだ。

0285　古川 さらり / 法政大学・3回生
ボロイチ HOUSE

世田谷ボロ市を組み込んだ集合住宅を提案する。アーティストとコレクターが集まって住み、住戸にボロ市の定住ショップを開くことでお客様を呼び、地域でコミュニティの形成を目的とする。この集合住宅を通して、世田谷ボロ市に足を運ぶきっかけとなることを望む。

0295　矢部 完太郎 / 東京電機大学・3回生
廻る水に手を引かれて

地球上で起こっているさまざまな問題を切り口とした、建築そのものが教材となるような小学校の提案。用水路が街を区画する風景に着想を得て、建築内外を廻る水が繋ぎ、時には分節しながら、それに沿って実体験の場が散りばめられてゆく、終わりのない学び舎を目指している。

0299　若松 瑠冴 / 日本大学・3回生
海脈を紡ぐ ～海と人と生き物が紡ぎゆく横浜の物語～

かつては沿岸漁業や海苔養殖が繁栄し、海と生き物と人々は共存。現在その関わりは希薄化し、水質汚染や埋め立て地の増加により自然が喪失。時代と共に変化し紡がれてきた横浜の海・人・生き物の繋がりを海脈と称し、三つのスケールから横浜港の新たな海脈を紡ぐ水族館。

0312 滝 隆也 / 法政大学・3回生
連続的風景、額縁からのワンシーン

都心の中に存在する巨大な緑の敷地に「アーチ」、「曲線と直線」を用い現代の図書館が持つ背景を解決させ、現代の図書館が持つ本を読むことだけでなく、「発見」、「体験する」を取り入れ、図書館・本に対する価値観を変えさせる図書館を目指した。

0336 諸江 一桜 / 武蔵野美術大学・3回生
大使館とクレバス

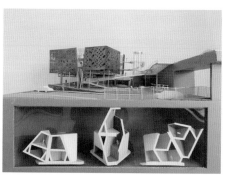

3つの国の大使館と交流スペースが複合する施設を設計する。安全上パブリック性が失われがちな大使館にヴォイドとなる「クレバス」を挿入することでプライバシーを守りながらも、大使館が地域に馴染み、街の人に文化や課題を深く知ってもらえる場になることを期待する。

0337 鈴木 祐介 / 日本大学・3回生
departurend ─場の転換による思考と創造の循環─

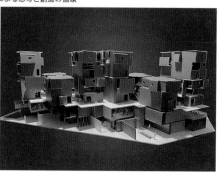

「ずれ」という一つの操作を建築から家具レベルまで行うことで、細分化された場が転換していき、人々は思考のスイッチにより新たなモノの見方を獲得する。そして自分とは何が好きか、何者なのかを考えるきっかけとなり豊かな暮らしを形成していくことを期待する。

0341 田中 春士 / 法政大学・3回生
障子併せの庭

この集合住宅では住戸の半分が屋外空間の庭として外に開けており、また空間と空間の境目に障子のような幕を配置、それを各々の意思を反映できる可変的な幕にすることでプライバシーを守りつつ、その時々で庭としての効果を発揮させることを想定し設計した。

0342 澤多 佑果 / 法政大学・3回生
神保町を知る、巡る ─古本屋と共存する図書館─

古本の街、神保町を生かし、図書館に古本をおき、古本屋を中心とする街の案内所となる機能を追加する。神保町の多様なコンテクストの結節点となる土地に、そのポテンシャルを生かした全く新しい図書館として、古本屋と公共図書館が共存する都市を提案する。

0356 一杉 健洋 / 早稲田大学・3回生
内なる美を引き出す

「彫刻」における「彫る」という行為は「内なる美を引き出す」という効果を持つ。「建築」で「ほる」ことで「うちにある作品が来場者に影響を与える」空間をつくり出す。その空間で来場者にイサム・ノグチの作品から刺激を受けてもらうことで新たな美術の創出を目指す。

0359 廣澤 陸 / 芝浦工業大学・3回生
地に受け、地に還る。

均等で均質な空間が乱立する現代。この図書館は地を受けて建つ。土地に呼応し空間の特性を増幅させ多様な空間を生み出す。そして、地に還る。図書館によって生まれる賑わいや環境は土地へと還元される。空間が先行し、本が副次的となる図書館。

0387 鹿又 悠雅 / 日本大学・3回生
日々の延長に溶け出す

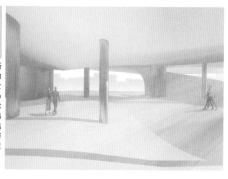

プロセニアムによって分断された劇場空間を流動的かつ日常の延長に融解させる。表参道という特徴を持った街並みを建築に取り込むことで街から連続する劇場空間、そして街へあふれ出す演劇性を計画する。積層する大地や貫く樹木がさまざまな戯曲を奏でる。

0402 小森 魁 / 京都美術工芸大学・3回生
子ども×音色

敷地周辺の環境音を取り入れながら建築的な操作でサウンドスケープデザインとして、さまざまな音が発生するさまざまな場所をつくり、聴覚の発達が著しい幼児期の子どものために音と共に成長できる保育園を計画した。子どもたちはさまざまな音の中で自分なりの遊びを生み出す。

0426 清水 逸未 / 早稲田大学・3回生
知のずれ目

人間もまちも不透明性が増す今の時代、高い塀によって分断されたこの広尾の地で、知を垣間見、知が染み出す「ずれ目」となるべく新たな「ランニング・コモンズ」を提案する。

0435　竹ヶ原 悠希 / 法政大学・3回生
火を囲む図書館

世界最古の小説は「焚き木を囲んで競い合った面白い話」と言われる。だが、本を読まないことはその人は孤独でないという証拠ではないか。急速に分断していく世界への抵抗手段として面白いと感じた本を薦め合うべきだ。よって「火を囲んで話をする」空間を図書館に組み入れる。

0474　杉下 英宇 / 北海道科学大学・3回生
Nude

その地に在る先天的価値と後天的価値。この二つの価値を建築を通して顕在化し、場に対する固定観念を脱がせる。

0492　鈴木 丈登 / /京都大学・3回生
b-Order

街と学校の物理的かつ精神的な距離感の再構築、創造的な生徒の成長を支えうる自由な学習の場の二つの側面を主眼に置き、街の一部としての役割、これからの社会を担う人材育成の場としての役割を全うして、人々をより豊かにする小学校を考えていく。

0521　出上 矢須志 / 近畿大学・3回生
糸 ～繋がりの中にある感性の偶発～

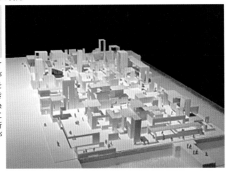

美術館とは、毎日が初めての赤子のように、どんな人が訪れても何か新しいものを発見できる場所であるべきだ。この美術館は、一本の糸のようにして空間をつくることで、複雑な空間ができ、新たな感性の発芽と出会いが生まれるだろう。

0535　小泉 満里奈 / 早稲田大学・3回生
循環するメディア

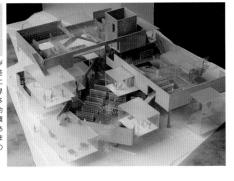

メディアの発達により、情報が伝わりやすくなったが、逆に差別的な発言や偏見が当事者に届くようにもなってしまった。世界は多様性を叫んでいるが、多様性を強要する社会は逆説的に差別を生む。メディアの循環が生まれるような図書館があれば、メディアに多様性が生まれ、新たな多様性が生まれるのではないか。

0458　北田 由祈 / 東京都市大学・2回生
The Rally House

敷地前面には都市に侵略されつつある等々力渓谷がある。その渓谷の景色への到達を遅らせる動線によって、見えないその先の空間と景色への期待と想像力が膨らむ。渓谷に対する新たな価値を見出していくことで、自然との能動的な関わり方を生み出す暮らしを提案する。

0484　柏木 宏太 / 法政大学・3回生
しおりの行方 ──好きな空間を探し、気になる本を集め、見知らぬ誰かに届ける──

紙媒体を収蔵する図書館には、機能以上に電子書籍にはない、そこでの空間性や体験が求められる。図書館各部に「個人の本棚」を設け、偶然の本との出会いという体験を誘発する。閉架書庫をきっかけとした空間構成が多様な空間を生み、この体験を活発にする。

0508　齋藤 匠真 / 早稲田大学・3回生
路地を建てる ──裏側のラーニングコモンズ──

図書館に裏路地空間を挿入する。縦に伸びる路地空間は本棚の間に生まれ、ラーニングコモンズとして機能する。そこでは、言語や国籍に関係のない偶然の出会いが生まれる。多様な国の人々が集まる広尾の街ではそこで起きる人々との交流こそが最大の学びとなる。

0528　橘 涼華 / 九州工業大学・3回生
タテに繋がる△家族 ヨコに繋がる多世代住人

19世帯、計100人の3世代家族が住む集合住宅。現代では家庭内と地域内で世代間交流が減少している。この問題に着目し、幅広い世代での世代間交流を生む空間をつくる。各住居に三角に吹き抜けた空間と共有キッチン・ダイニングによってタテ・ヨコに多世代を繋ぐ。

0551　殿村 桃果 / 近畿大学・3回生
コアと広がる

時間を止めることはできず、時代は刻々と変化していく。それに伴って求められる集合住宅の機能も異なってくるのではないか。規格化された現在の集合住宅はその余力を持たない。そこで、時間の流れに沿って変化し、居住者の需要で変化する集合住宅を提案する。

0557　鹿野 結恋 / 武蔵野大学・3回生
認知と出会いのライブラリ

小説「この世の喜びよ」から建築を考えた。認知と出会いを生む図書館。敷地周辺の道路と庭を引き込み多様な場所をつくった。

0560　珍田 大地 / 法政大学・3回生
結局は、奥 ―表札的納戸による"集まって住むこと"の再構築―

納戸は人そのものを表す空間であると考える。そこで、「納戸＝表札」となるような集合住宅を提案する。コレクターはものに引き込まれることで生まれる。そのため、集合住宅と共に建築全体に奥性を持たせ、コレクターのみならず街全体をその場に引き込む。

0564　米山 佳蓮 / 関東学院大学・3回生
Gap

私にとって早起きすることが生きる喜び。早起きをすることで一日の中で余裕が生まれ、時間を有効利用している感覚になる。ここでは母屋とは全く別の空間として、植物と共に木の下で気持ちよく朝を迎える離れを提案する。

0567　岩崎 颯汰 / 千葉大学・3回生
屋根で育む

小学生はさまざまな個性を持ち、また形成していく時期である。そこで屋根による空間操作により、小学生自身の個性を伸ばし、かつ多くの刺激を受けることができる小学校を設計した。さらに、屋根に対する再評価や新たな可能性、学年ごとの新たな学びについても提案する。

0574　浜口 真治 / 早稲田大学芸術学校・3回生
School of Landscape and Gaze ―ひと繋がりの虚実―

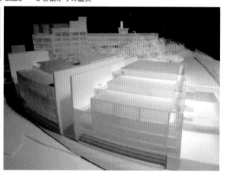

私は、本敷地における周辺環境を可視化・抽象化し、未来へと繋がる景観の創造を行う。分析し導き出された幾何学―球―を利用し、視点場ごとに異なる様相を演出する。建築の下から覗く地形と庭園や、連続するファサードは、まち並みを異化する。

0627　西村 隆司 / 芝浦工業大学・3回生
光の借景 木々の空間の質を拡張し、地となる図書館の提案

公園には木々が粗密に配置され、光が差し込む粗な広場と光が遮られる密な場所とがある。木々は柔らかな日差しを遮って影をつくり、我々は必要に合わせて思うがままに居場所を選ぶ。敷地の持つ空間の質を増幅させて、図書館に木々があふれる公園のような空間が広がる。この建築は新しいけれど、もともとそこにあったようにふるまう図書館を提案する。

0632　末松 拓海 / 芝浦工業大学・3回生
6°の箱

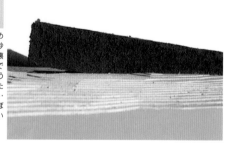

時間から解放されるために、人類が均質化させた1秒という時間を建築的に破壊する必要があった。そこで着目したのは1秒＝6°という角度である。6°に隠された人間の欲望は建築・アート・敷地へと新しい影響を及ぼし、現代で失われた出会いを蘇らせる。

0636　中野 宗壮 / 武蔵野大学・2回生
アフォーダンスを活用した親和性を軸にした住宅

吉祥寺という年齢関係なく活気あふれる街に加え、演劇、音楽、アニメの聖地など芸術的文化の価値に付与するような家族同士の親和性を高める住宅を提案したい。家族同士の親和性から地域へと広がり、最終的には吉祥寺の芸術的文化の価値へ付与する。

0645　芝崎 遼太 / 大阪工業大学・3回生
果てなく続く記憶の脈絡

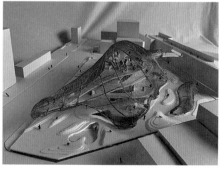

図書館とは海馬である。それはどちらも記憶と密接な機能であるからだ。図書館は都市や世界に記憶を、人を繋げる建物であり、海馬は脳全体に記憶を、血を繋げる臓器である。人や記憶が都市に留まらず世界へと繋がることで、この図書館は地球や宇宙の一部として存在する。

0653　渡部 七波 / 立命館大学・2回生
銅銅巡り

強酸性の火山湖は銅板を腐食し、湖水を用いた電解精錬によって純度の高い銅板をよみがえらせる。湖が持つ大きな営みに飲み込まれた鑑賞者は、恐怖と対峙し自然との関係を結びなおす過程で感受性が醸成されていく。観光体験を再構築することでお釜の魅力を引き出す挑戦。

0654　長谷川 らら / 立命館大学・2回生
工芸と住まう

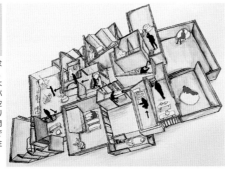

母は、陶芸家として常に求める刺激を時にはひとりで、時には他者との繋がりにより満たす。プライベートとパブリックの境界が薄れた空間の中での他者との関わりを育み、ひとりのときも仲間と集うときも、生活の傍らで工芸に打ち込めるような住宅を提案する。

0655　川本 将熙 / 近畿大学・3回生
生態系の垂直融合

現代の都市は無機的に舗装されるばかりで、人々は自然を忘れ生物は居場所が特定されている。都市の中に豊かな生態系を創り、人と自然の調和を図る。ビル内には高低差のある庭園や水辺を配置し階ごとに異なる生態系を再現し、多様な植物や生物が共存する高層建築を提案する。

0662　白﨑 暉 / 法政大学・3回生
出来事の予感

私たちの暮らす世界は不確実なことで溢れている。決定されていないこれから起こる出来事が私たちの暮らしを豊かに彩る。多様な人が集まって住む集合住宅での暮らしは、人々のこれから起こる出来事が交錯し合い、たくさんの物語が刻まれていくものではないだろうか。

0681　小山田 真美 / 近畿大学・2回生
農と業とそして（のうとわざとそして）

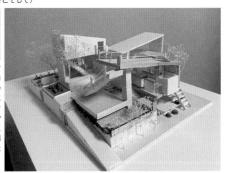

自給自足によって得た食材を地域住民に提供するコミュニティカフェ兼、住宅の趣味、農業、仕事を暮らしに最大限に生かすことができる住宅を設計した。住民や地域の人々が空間を上手く生かした暮らしづくりを構築するきっかけをつくりたいと考えた。

0691　神﨑 真弘 / 神戸大学・3回生
都市に隆起する

自然と文化、歴史が交錯する都市、神戸。整然とした街並みへ変化する最中、そのような敷地に大地のダイナミズムがあふれ出る美術館を提案する。不整形な館内、訪れた人々の感情、時間、そしてアートが交じり合うことによる固有のアート体験を提供する。

0699　石井 花実 / 東洋大学・3回生
包む

「人を惹きつける半透明で柔らかい素材」。既存の文化財をそのまま残し、半透明の柔らかい素材で全体を包むことで、外から見たときと中に入ったときの二面性を実現した。既存建物は内壁としての役割へと変化し、人々はどこにいても赤煉瓦を感じることができる。

0714　谷 郁人 / 大阪工業大学・3回生
呼応する渦

小学校は、教育だけでなく、人との関わりを通じて社会性を身につける場でもある。しかし、現代の小学校は、フェンスや壁によって境界をつくり、地域とはかけ離され、学校内では、教室という箱により他学年との交流が断たれている。この小学校は、渦巻く壁が境界をほどき、地域の人や違う学年と巡り会い、交流が生む学びの場を提案する。

0724　濱口 真白 / 京都工芸繊維大学・3回生
correlation

既存校舎からのびるアーチ型屋根は、校舎内外に新たな大空間を生み出す。そこでは「見る、見られる」「教える、教えられる」といった双方向性を育み、人々の交流と活動を活発にする。かつて京都の街の復興と発展に貢献してきた待賢小学校は、京都の街を再びけん引するメディアセンターとして生まれ変わる。

0734　荒木 玲乃 / 京都精華大学・3回生
人と自然の結び目

人が空間を知覚するために、最低限必要な要素は点や面ではなく「線」だと考えた。線がつくり出す「閉じ切らない空間」は、風を通し光を取り込む。線がつくり出す「曖昧な境界」は、人の営みと自然が混ざり合う。線がつくり出す「はじまりの建築」は、人と自然の結び目となる。

0748　小林 蒼 / 早稲田大学・3回生
まちの拠り所 ～日本的空間操作による国際性の受け入れ～

南麻布、広尾の国際性を日本的な空間構成を再解釈して受け入れると共に、形骸化した寺院のかつて担っていたまちの拠り所としての機能をもたせたラーニングコモンズを提案する。まちに知識を開くと共に、机に向かい合うだけでは得られない学びを提供する。

0758　鄭 佳恵 / 大阪公立大学・3回生
めぐり

ここは奈良美智さんが描く少女たちと出会う美術館だ。光が差し込む大階段のある部屋や、薄暗い洞窟のようなところ、原っぱのようなびやかなところなど、彼女たち一人ひとりから空間を決定する。そんな美術館をめぐり、少女たちと出会うことで、作品を"体験"する。

0778　伊藤 英 / 東京工業大学・2回生
蓼科の森とエスプレッソと

週末に家族と共にカフェを営業する別荘を設計した。蓼科山から見えるアルプスの山々とエスプレッソのクレマ・ボディ・ハートの三層から屋根の着想を得た。コーヒーの香りをどこでも楽しめる開放的な空間を目指した。

0781　和田 純 / 京都精華大学・3回生
「錆」と建築。

「錆」を「胚」とし、「錆」から解釈した空間の"質"を定義する。定義した空間の生成をシステム化する。それは、「水」の流れを享受し空間を発生させるものだ。「水」の流れにより発生した空間は更新される。空間は徐々に広がり、「棲家」としての"場"へも徐々に建築として成る。

0792　坂本 遥 / 東京大学・3回生
Crossing Theater

文化や人が交差する劇場「Crossing Theater」。ベランダは広場を一望し、小さく分散したホワイエがつくる大アトリウムは3つのホールを臨む。客席と舞台はホワイエ、動線、広場に拡がり、観客は撮影や会話をしながら日常と地続きの非日常を体験する。

0793　渡邉 芽 / 近畿大学・3回生
ふわり めぐる

ビジネス街における美術館に求められるもの、それは気軽さであると考える。自由に空を飛び花に集う蝶のように、ふわりと足を運べるアートスペースをつくることで大阪城下に彩りを。3つの島にかかるフレームが、空間、時間、人を結びさまざまな活動の場となる。

0795　サイ メイガン / 京都精華大学・3回生
海の橋

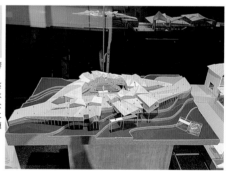

この作品は人口問題に影響された「搭裡島」に立地し、地元政府は観光業を発展させようとしているが、島には媽祖像と数百軒の家しかない。従って、図書館を媒介に島と都市を繋げ、人口問題を減らしたい。

0825　長坂 茉咲 / 京都工芸繊維大学・3回生
Bicycle Infrastructure

脱炭素社会を目指す試みによって、自転車が再注目されモビリティの転換期にある今、「自転車と都市を結ぶメディアセンター・コミュニティセンター」を提案する。大規模なインフラを必要としない自転車は建築そのものを移動空間として、建築を使い果たすことができる。

0847　原田 成己 / 近畿大学・2回生
屋根がつくる居場所

パンデミックの中で私たちは、一つの住宅内で「発見的」で人の存在を感じることができる居場所を求めた。住宅間の壁面を取り除き、各住宅の屋根を延長した際にできる屋根の重なり空間を一つの住宅に組み込むことで新しい「人同士の距離」と「居場所」を提案する。

0849　冷 雪瑞 / 京都精華大学・3回生
透明な図書館

透明な図書館の透明は、交流と情報の交換で人々の間の壁を透明化することである。情報を得る方法は本に限らず、この作品は図書の代わりに絵馬を交流の媒介として使った。目的は、関係のない人たちにもある方法で繋げられる、現実にあるネットコミュニティを設計することである。

0881　阿部 凌平 / 早稲田大学・3回生
大地への帰属

大地を掘り、大地から作品、躯体が生えてくることで作品と建築が大地を介し一体化する美術館を提案する。敷地周辺には皇居の濠、高速道路の堀があり、これに3つ目の堀として美術館をつくることで大地を再考する場となるのではないか。

0884　水野 香那 / 九州工業大学・2回生
庭と人の生活

豊かな暮らしは家の中（屋内）だけで完結するのではなく、いつも庭（屋外）との呼応関係のある空間から得られるものだと考える。そこで、「庭」が「人の生活」に入り「人の生活」が「庭」に広がる住まいを提案する。

0899　田尻 翔梧 / 名古屋工業大学・3回生
ケヤキは大黒柱へ、そして建築は朽ちていく

この集合住宅はケヤキとともに成長していく。苗木の時は2、3軒の家が集まり木を守り、木が大きくなると建築と交じり合い新たな空間を生み出していく。大きくなったケヤキはこの地に根を張り続け、建築が朽ち果ててもこの地の新たな住人として残り続ける。

0918　北岡 智也 / 神戸大学・3回生
繭と解体

歴史が浅く、2度の破壊を経て上書きを繰り返し続けている神戸という都市。その中心地に、既存建物を活用し、アーティストによって解体され続ける美術館を計画する。都市に対して逆行する解体行為に直面した時、芸術と鑑賞者は揺れ動き、変容する。

0931　横田 裕己 / 法政大学・3回生
ひらり ～建築的樹木による人とセカイの出会いの場

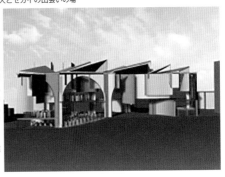

図書館に貯蔵されている書籍の数だけセカイが広がる。訪れる人にはそれぞれの脳内セカイが広がっている。訪れた人とセカイの出会いを促し建築内で脳内セカイの発展、新たなる創造、固定概念的セカイの破壊、失われていたセカイの再建を狙う。

0955　橋本 七海 / 岡山県立大学・3回生
蔵 ─守り守られる石の家─

敷地から望む400年もの歴史を持つ石垣が岡山城と地域を守るように、美術館においても、作品を守り、鑑賞する人と展示品との時間や空間の尊重が大切である。以上の点を心掛けて設計を行い、守り、守られる閉じた空間と開かれた緑豊かな杜の融合がある美術館とした。

0967　冨永 悠生 / 近畿大学・3回生
膨張する都市のなかで

都市の高層化・高密度化は目まぐるしい。窮屈になってしまった都市には巨大なコンクリートのビルが林立する。そんな都市で生きる現代人の生活に豊かな余白を与える都市型の美術館を提案する。

0975　森本 貫多良 / 愛知工業大学・2回生
アトリエ住宅

私の通う大学は山奥にあるため、電車及び車などで通学する学生が多く存在する。そんな学生生活の中で「模型や製図など大きい課題を持ち運びするのが困難」などと思ったことはないだろうか。ここで私は24時間勉強できる場所が大学の近くにあれば、この問題は解決されると考えた。

0987　山本 拓二 / 大阪工業大学・3回生
マホロバ

「マホロバ」、それは故郷、人々の還るところ。場が持つ見えない構造と集団の思考から生まれ、大きな世界と小さな自分を繋ぎ留めてくれる。それは、また建築の原初。この不安定な世界に人々を繋ぎ留めるための建築を設計した。

0993　雑賀 菜月 / 立命館大学・2回生
八感

毎日忙しい母に、感覚を研ぎ澄ましリフレッシュできる空間を提案する。また、母はコミュニケーションに関しては受け身であるため、感覚ごとに分類した建物の屋内をプライベート、屋外をパブリックとし、母の性格や生活、趣味に寄り添いつつ閉鎖的すぎない住宅を目指す。

0995　軽井 駿成 / 大阪工業大学・3回生
木々の間

農業の持続可能性が叫ばれる現代において、食に関する私たちの役割や意識を考え直し、伝統的農業を再認識することで、食の循環の新たな型をデザインする場を提案。

1020　藤本 美優 / 近畿大学・3回生
きっかけとの距離

均質、漂白されていき一様となっていく都市に疑問符がついている現在、ビジネス街と観光地、住宅街といった日常と非日常の狭間の美術館として訪れる人々に自分の考えや個性を見つけるきっかけを感受する感度を高めるような建築とランドスケープを提案する。

1076　羽田 哲平 / 大阪公立大学・3回生
Borderless ─領域分裂が織りなす新たな公共空間─

公共施設は壁、窓、天井に囲まれていて配列が整っている。公共空間におけるこのような既成概念から脱却する。定められた施設の領域を分割して散らばせ、境界線を定義しないことで人々に新たな居場所を提案する。

1115　山賀 紬生 // 武蔵野美術大学・3回生
境界体

都市においてホテルのような大規模建築が与える影響は良くも悪くも絶大なものになる。その影響をうまく扱うことができれば、周辺環境の印象を覆すことができる。建築という枠を超えて、周囲の環境にまで積極的に介入し、建築の内側と外側の新たなあり方を提案する。

1159　小山田 琢朗 / 芝浦工業大学・3回生
arch layer hall

代官山ヒルサイドテラスの形の更新とホール建築が箱ものであることを問題点とみなし、代官山の読本から得たボキャブラリーを曲解することで新しい形を建築とした。

1067　飯坂 直希 / 金沢工業大学・3回生
絡まる領域

居住領域が見え隠れする空間では住人の間に多様な距離が生まれ、自分の領域もさまざまに変化する。隣人の生活の気配を感じる生活から、住人の結びつきや地域コミュニティの発展に繋がる建築が、現代のこの地域にふさわしいと考え、壁柱を大いに用いた集住体を提案する。

1110　和田 親 / 東京都市大学・3回生
名前のない空き地 ─学びを広げる匿名性のある居場所

効率的に建物を建てようとすることでできる歪な「空き地」がカオスと称される渋谷の中に人々の居場所をつくっている。この「名前のない空き地」をキャンパスに持ち込み使用者と機能によってゾーニングし直すことで新しい教育形態やキャンパスを目指す。

1149　信太 秀仁 / 早稲田大学・3回生
境界を拓く ─人と人、人と本のインターフェイス・国境を越えて─

江戸時代、さまざまな人々が交差し、交錯しながら賑わい、人の流れが流動した有栖川宮の記憶に思いを馳せる。対照的に現在閉ざされた大使館の門。人と人、人と本のインターフェイス。閉ざされた国境を拓くように、この建築はこの場所で新たな境界を拓く。

1190　大坪 橘平 / 京都大学・3回生
心象のモワレ ─京都市の小中学生と考える次世代の学校

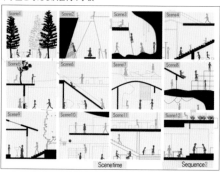

京都市の小中学生28人と8回に渡るワークショップを行い、学校に対する生の声や内から溢れ出る発想、斬新な着眼点に触発され、ソフトとハードの両面から学校に多層的な心象のフックを設け、それらが時間的な厚みをもって有機的に干渉し合う次世代の学校を提案する。

審査対象者一覧

凡例
ID・氏名／学校名・応募時の学年
「タイトル」課題名(取組時の学年)

2・田中 慧／滋賀県立大学・3回生
「─ 紡ぎ遺す─ 機能に縛られない生き続ける
建築の提案」滞在のリデザイン(3回生)

4・岡村 悠登／摂南大学・3回生
「消える子ども食堂」「子ども食堂」を併設した
集合住宅の計画(2回生)

7・桂川 岳大／名古屋工業大学・3回生
「那古野リチャーム」「円頓寺地区にすまう」
現代・未来の町家(3回生)

9・大道 菜々花／近畿大学・3回生
「余韻に宿る ─街の軒先小学校─」
地域の居場所となる小学校(3回生)

10・恵良 明梨／法政大学・2回生
「継ぎは芽を出す超芸術」
絵本ライブラリーをもつ幼稚園(2回生)

11・髙島 佳乃子／武庫川女子大学・3回生
「歴史を紡ぐ」歴史的都市に建つ宿泊施設(3回生)

12・仲西 風都／日本大学・3回生
「誘い込み拒むマチ ～豊かな廊下と暮らすこと
で生まれる広がりと緊張感～」豊かなオープン
スペースをもつ複合施設(3回生)

13・大塚 達哉／日本大学・3回生
「聞き合い、交じり合い、揺さぶる建築 都市の
ハザマに住まう」豊かなオープンスペースをもつ
複合施設(3回生)

14・清水 大暉／法政大学・3回生
「参道を熟成す ─新たな世界観の表出・価値
観共有を誘発する表現帯─」
集合住宅 リビングストラクチャー(3回生)

15・丸山 華穂／武庫川女子大学・3回生
「表象の立体化 ～触れられないに触れる美術
館～」瀬戸内の風景と共にある彫刻のための
庭園美術館(3回生)

17・宮田 太郎／日本大学・3回生
「、ときどき玄関」豊かなオープンスペースをも
つ複合施設(3回生)

18・細野 開友／日本大学・3回生
「わたしの暮らし、まちの風景」豊かなオープン
スペースをもつ複合施設(3回生)

20・宮下 航希／東海大学・3回生
「こどものいばしょ ～スロープによる連続的な
空間体験が導くおもちゃと公園のビル～」
青山・コマーシャルスペースコンプレックス
(3回生)

21・河野 奏太／芝浦工業大学・3回生
「佃島斜面地計画」地域と交換する集合住宅
(もらい・あたえる恒常的地域をつくる)(3回生)

22・林 優翔／芝浦工業大学・3回生
「紡ぎ、編む ─美術館設計による上野恩賜公園
の再構成─」アートと共鳴する美術館(2回生)

23・松本 維心／早稲田大学・3回生
「知の構造化の解体」Tokyo International
Learning Commons ─東京都中央図書館
国際館計画─

24・大池 岳／九州大学・3回生
「まちへの同化」多様化する地域ニーズに応え
るコミュニティセンター(3回生)

26・森川 隼／京都府立大学・3回生
「時空の京町家」京町家のリノベーション(2回生)

27・江崎 桃奈／大阪電気通信大学・3回生
「子供の学び場、大人の遊び場」多様化する
地域ニーズに応えるコミュニティセンター
(3回生)

28・髙橋 穂果／慶應義塾大学・3回生
「月島立面路地住宅 ─月島路地の継承と創造、
蘇生─」6人の家(3回生)

29・ヤンセン ラマプテラ／関西大学・3回生
「三原色」千里山こども園(3回生)

30・鎌田 蓮人／大同大学・3回生
「メメント・モリ ─最後の贈り物─」
パートナーに送るヴィラ(3回生)

31・齋藤 巧／九州大学・3回生
「菌糸興亡記」コミュニティセンター(3回生)

35・平田 千尋／芝浦工業大学・3回生
「気づき、交わり、集まり、感じる」まちに集い
暮らすもう一人の私の住まい(3回生)

37・柳生 水樹／東京理科大学・3回生
「道草」谷中の木造長屋 ─まちなみと路地の
デザイン─(2回生)

39・シュレスター アカシ／九州大学・3回生
「ハレとケの屋根」多様化する地域ニーズに
応えるコミュニティセンター(3回生)

40・池田 慎登／日本大学・3回生
「Minamiaoyama Simbiosis」豊かなオープン
スペースをもつ複合施設(3回生)

46・鈴木 理紗／慶應義塾大学・3回生
「つながりの家」屋外生活を楽しむ家(2回生)

49・上川 海人／大阪電気通信大学・3回生
「風に舞う記憶 ─落ち葉が織り成す物語」
緑の中のホール(＋文化施設)(3回生)

52・林 泰希／前橋工科大学・3回生
「CARAVANSERAI」複合施設を含む集合住宅
(2回生)

54・北 健三郎／東京理科大学・3回生
「IREKO」つながるかたちを再考する(3回生)

55・山口 篤／早稲田大学・3回生
「拡張する台座 ─個と全体の彫刻鑑賞を通し
た都市の再考─」イサム・ノグチ美術館 ─東京
中心の文化施設群に加える新たな700㎡の美
術館─(3回生)

56・上田 幹人／明治大学・3回生
「揺うラーニングスクエア」ラーニングスクエア
(3回生)

57・松林 瞳明／信州大学・3回生
「まちのお道具箱」地域に求められる学びの場／
芹田小学校中校舎立て替え計画(3回生)

59・水谷 優美／多摩美術大学・3回生
「WAVE」クリエイティブ・ワーカーのための
オフィス・ワークプレース(3回生)

60・島田 七海／東京理科大学・3回生
「広がる起点」つながるかたちを再考する(3回生)

63・後藤 藍／法政大学・1回生
「まどべぐらし ～過去の私に贈る家～」
ギャラリーのある家(1回生)

64・田澤 雄太／法政大学・3回生
「遊歩と偶発 ─壁形態操作による体験と所有
の図書館─」探索・散策・創作の図書館(3回生)

65・服部 大雅／大同大学・3回生
「永らえる建築」光と風の建築 ─オフィス
(3回生)

67・伊澤 歩夢／明治大学・3回生
「殻がおりなす無限のつながり」集住の現在形
─明治大学国際混住学生寮─(3回生)

68・柴田 龍之介／日本大学・3回生
「切り取る孔」
企業の家具コレクションミュージアム(2回生)

69・南畑 一心／日本大学・3回生
「百間を泳ぐ仔魚」自分の通った小学校の再生
(3回生)

70・春野 秀昌／名古屋市立大学・3回生
「シカクい境界とナナメの隙間」
神領交流センター(3回生)

71・藤林 未来／日本大学・3回生
「ぐるめな坂道 ─和気に精通する集合住宅─」
街に開く集住体 ─神楽坂の集合住宅─(3回生)

73・山田 健太／金沢工業大学・3回生
「不十住共同体」せせらぎ通りの80人の集合体
(3回生)

75・屋比久 祥平／九州大学・3回生
「居場所が見つかる」コミュニティセンター
(3回生)

76・伊藤 つばめ／大阪電気通信大学・3回生
「大地に抱かれて」劇場(3回生)

78・武田 翔／神戸芸術工科大学・3回生
「静寂な光の中で」新しいメディアスペース
～これからの公共空間を考える~(3回生)

79・柄谷 旬花／東京工業大学・3回生
「山の隙間から ～地域の拠点となる小学校と
新たな学習プラン」都市に立つ小学校
─多様な学習スタイルを展開させるための計画
(3回生)

80・川向 世輝／神戸芸術工科大学・2回生
「Harmonious」神戸まちなかファクトリー
(2回生)

81・深井 奎佑／大阪電気通信大学・2回生
「時間とともに変わりゆく ─人と自然と川の
流れ─」水辺の集合住宅(2回生)

89・奥村 匠悟／大阪電気通信大学・2回生
「振り向けば誰かいる」水辺の集合住宅(2回生)

92・山本 百華／大阪電気通信大学・2回生
「未来を照らす家」水辺の集合住宅(2回生)

93・黄田 蓮／大阪電気通信大学・2回生
「ライフライン」水辺の集合住宅(2回生)

97・米田 瑛可／大阪電気通信大学・2回生
「自然と住宅のあわい」水辺の集合住宅
(2回生)

103・八木 龍矢／大阪電気通信大学・2回生
「環 ～みんなが仲良くなれる住宅～」
水辺の集合住宅(2回生)

105・片山 鼓花／大阪電気通信大学・2回生
「2つの集合住宅が織りなすリズム」
水辺の集合住宅(2回生)

108・濱崎 七海／大阪電気通信大学・2回生
「Infinite Possibilities」
コミュニティ施設付きの集合住宅(2回生)

118・小川 智咲／大阪電気通信大学・2回生
「Puzzle」水辺の集合住宅(2回生)

122・川嵜 支聖／大阪電気通信大学・2回生
「ヤッホー物件」水辺の集合住宅(2回生)

129・反田 楓音／大阪電気通信大学・2回生
「自分色の空間」水辺の集合住宅(2回生)

130・土田 康介／大阪電気通信大学・2回生
「Cross of Divercity」水辺の集合住宅(2回生)

138・橋本 直樹／大阪電気通信大学・2回生
「巡る集合住宅」水辺の集合住宅(2回生)

146・熊倉 寧和／大阪電気通信大学・2回生
「～水魚之交～」水辺の集合住宅(2回生)

150・大崎 稚和／大阪電気通信大学・2回生
「やすらぎ」水辺の集合住宅(2回生)

157・木下 裕翔／近畿大学・3回生
「Path School」地域の居場所となる小学校
(3回生)

160・髙橋 直仁／明治大学・3回生
「街を取り込み 街に溶け込む」集住の現在形
─明治大学国際混住学生寮(3回生)

161・荒井 百音／早稲田大学・3回生
「都市の残像 ─『剥がす』ことで表出する世界の
再構築─」イサム・ノグチ美術館 ─東京中心の
文化施設群に加える新たな700㎡の美術館─
(3回生)

162・森口 沙耶／東京工業大学・3回生
「浮遊する癒し」都市の密度と速度に呼応する
建築・300人実験劇場を含む第2五反田ヒルズ
(3回生)

169・与儀 大輔／東京電機大学・3回生
「学びの展開」『未来の小学校』を設計する
(3回生)

171・伊藤 駿介／日本大学・3回生
「Sense of wonder」
自分の通った小学校の再生

173・面来 由羽／法政大学・3回生
「トオリニワを紡ぐ─ 小商いと暮らすここにしか
ない日常─」アフターコロナにおけるものづくり
のための職住一体型集合住宅(3回生)

175・大家 菜摘／明治大学・3回生
「壁の調べ」集住の現在形 ─明治大学国際
混住学生寮(3回生)

177・川村 誠希／関西大学・3回生
「対話で紡ぐ」
コンテンポラリー・アート・ミュージアム(3回生)

178・白石 翔輝／日本大学・3回生
「銭湯暮らし ─伝統の中で生み出す新しい縁」
街に開く集住体 ─神楽坂の集合住宅─(3回生)

179・渡邊 美沙樹／九州大学・3回生
「視覚的つながり」環境設計プロジェクトD(2回生)

180・瀬戸口 尊／東京理科大学・3回生
「無蓋掩体壕保存再生計画」自分の通った小学
校の未来化プロジェクト(3回生)

183・眞木 葵衣／東京工業大学・3回生
「隙間に停めるまちのいえ」東京ロッジア化計画
(3回生)

185・石橋 葉子／大阪芸術大学・3回生
「オオサカ アッセンブラージュ」建築ミュージアム
～大阪建築・空間アーカイブス~(3回生)

186・中村 綾／東京理科大学・3回生
「松かさなる小学校」自分の通った小学校の
未来化プロジェクト(3回生)

187・中川 貴世／武庫川女子大学・3回生
「きになる つながる こどもえん」
記憶に残るこども園(3回生)

188・池田 楓／法政大学・3回生
「飾ることで、彩る垣根」アフターコロナにおける
ものづくりのための職住一体型集合住宅(3回生)

189・西山 大地／九州大学・3回生
「共創する演劇」表参道のふたつの小劇場(3回生)

191・大塚 素充／九州大学・3回生
「VORONOI UNIT 個人が融合する新文化醸成
クリエイティブシェルター」集合住宅の設計
(3回生)

192・木下 綾乃／東京理科大学・3回生
「自ら選ぶ、自ら学ぶ ─これからの小学校建築─」
自分の通った小学校未来化プロジェクト(3回生)

193・石井 琢磨／東京電機大学・3回生
「誘いのプロムナード」『未来の小学校』を設計する
(3回生)

194・御園 恵理／日本大学・3回生
「舞観分離」表参道のふたつの小劇場(3回生)

195・北原 烈／工学院大学・3回生
「Convivial Pleasant wind ─風がもたらす
共に愉しむための学生寮─」工学院大学八王子
国際留学生寮(2回生)

197・鶴 こはる／長崎大学・2回生
「華簾ful(カラフル)」床／柱／壁／屋根の建築
(1回生)

199・悦田 愛子／神戸電子専門学校・2回生
「Return to Earth」中規模設計課題・B4(2回生)

200・山口 瀬南／武庫川女子大学・3回生
「わたしとみんなの間」幼稚園 ─均一空間の
構成と空間の連結・階層化(2回生)

204・薄井 李空／日本大学・3回生
「街ヲ呑ム」水族館(3回生)

206・野仲 陸土／日本大学・3回生
「路地のおもてみち ─路地からたまり場ができ
る集合住宅─」街に開く集住体 ─神楽坂の
集合住宅─(3回生)

207・石井 万葉／東京理科大学・3回生
「Individuals' House 個人同士がつながり
共生する集合住宅」つながるかたちを再考する
(3回生)

208・菊池 康太／日本大学・3回生
「重層的共生 ─レイヤ化された絵画的水族館
の提案~」水族館(3回生)

209・香取 洸太／東京都市大学・3回生
「kakuremino」集まって住む建築(2回生)

211・水野 春輝／神戸電子専門学校・2回生
「自然×美術館」中規模設計課題・B4(2回生)

214・夕川 奈々／安田女子大学・3回生
「ジャックと豆の木」地域に開かれた幼稚園
(3回生)

216・熊田 英之／法政大学・3回生
「めぐり、出遭う」探索・散策・創作の図書館(3回生)

217・田中 立輝／東海大学・3回生
「絡み合う個性、街を繕ふ」青山・コマーシャル
スペースコンプレックス(3回生)

218・角屋 圭祐／金沢工業大学・2回生
「交ざり合う」かなざわカフェ(2回生)

220・向山 祥馬／大阪工業大学・3回生
「畦道 平群の削り取られた石・産業拠点の共生」
道の駅(3回生)

221・金原 未歩／読売理工医療福祉専門学校
・2回生
「桜小径に暮らす」「集まって住む」集合住宅+a
(2回生)

222・大西 明日香／武蔵野美術大学・2回生
「心理的距離の概算」小規模集合住宅(2回生)

224・大久保 愛里／法政大学・2回生
「出会いの途」絵本ライブラリーをもつ幼稚園
(2回生)

225・釜田 菜々華／神戸電子専門学校・2回生
「めくり めぐる」中規模設計課題・B4(2回生)

226・堀米 輝／法政大学・3回生
「飾られ暮らし」ナンドが紡ぐ集合住宅 ─者と
モノが交感する家─(3回生)

229・宮地 愛美／東京都市大学・3回生
「灯をさがして」新しい『環境共生ハウジング』
(3回生)

232・蒲池 太陽／法政大学・3回生
「折り紙に導かれて ─神楽坂と繋がる幼稚園─」
絵本ライブラリーをもつ幼稚園(2回生)

236・大村 真生／日本大学・3回生
「RE GENERATION」豊かなオープンスペース
をもつ複合施設(3回生)

237・岩井 祐希奈／成安造形大学・3回生
「クリフステップ」子供と高齢者のための空間
(3回生)

238・伊藤 博章／京都橘大学・2回生
「お酒と料理で彩る感情の拠り所」
3人が暮らすシェアーハウス(2回生)

240・武田 麻由／京都大学・2回生
「動線をほぐす 空間をつなげる」生きている家
(2回生)

243・石岡 理瑠／神戸電子専門学校・2回生
「浸食される美術館」環境に馴染む美術館
(2回生)

244・片岡 晃祐／早稲田大学・3回生
「石に刻まれた物語」イサム・ノグチ美術館
─東京中心の文化施設群に加える新たな
700㎡の美術館─(3回生)

245・小野寺 由里香／茨城大学・3回生
「図書館×劇場 ～広がる音に囲まれる～」
都市的機能を持つ新たな様相を兼ね備えた
図書館建築の設計(3回生)

246・加藤 舞／青山製図専門学校・2回生
「プレートを編み上げた丘 ～レベル差が導く広場所の開拓～」アトリウムと交流施設をもつ地域図書館（2回生）

247・半田 洋久／芝浦工業大学・3回生
「清遵アーカイブス」地域の公共複合施設 成熟社会における市民の文化活動拠点としての図書館（3回生）

248・細田 雅人／芝浦工業大学・3回生
「堆積する美術館」アートと共鳴する美術館（2回生）

250・海田 亮祐／芝浦工業大学・2回生
「Ensenble」“ホームオフィスのある家”近隣とのつながりを考える（2回生）

252・秋吉 晃弥／近畿大学・3回生
「まちを肯定する建築」まちづくりの核として福祉を考える（3回生）

254・今給黎 純／千葉大学・3回生
「border gradation」集合住宅 ─裏千葉に集まって住まう（2回生）

258・林 芽生／東京電機大学・3回生
「流れる雲に乗って」「未来の小学校」を設計する（3回生）

260・菅 大輝／日本文理大学・3回生
「日常の観測者」美術館（3回生）

261・木下 菜津葉／武庫川女子大学・3回生
「Motion City」池を中心とした集落と公園（3回生）

262・今野 晧介／日本大学・3回生
「三角屋根の地域センター」地域センター（2回生）

265・内山 佳歩／京都工芸繊維大学・3回生
「都市に机をつくる」都市と建築：元待賢小学校校舎の保存再生（3回生）

266・梅下 颯真／京都工芸繊維大学・3回生
「融解する境界」都市と建築：元待賢小学校校舎の保存再生（3回生）

268・安達 志織／京都大学・3回生
「カスケードの額縁から」第4世代の美術館（3回生）

270・日野山 拓／大和大学・3回生
「chain pocket ～呼応する共同体～」コーポラティブハウスの計画（3回生）

271・小西 乃愛／武庫川女子大学・2回生
「緩急」平面構成による小規模建築空間の設計（学生会館）

274・来田 拓也／近畿大学・3回生
「年齢の壁をなくす」多機能福祉施設（3回生）

277・澤畠 知穂／北海道大学・3回生
「語り合う団地」公的ストックの再生：五輪団地リノベーション（3回生）

278・岡 真琴／立命館大学・2回生
「裂開」風景のパヴィリオン（2回生）

279・児玉 睦／多摩美術大学・3回生
「アートに入り込む美術館」アレキサンダーカルダーの作品のためのギャラリーカフェ（2回生）

280・設楽 天良／神戸電子専門学校・2回生
「ことばの箱庭」中規模設計課題（2回生）

281・間念 真優／京都大学・3回生
「想い出を結ぶ」未来の自由な学びの場 ─小学校を『発酵』させる（3回生）

282・渡邊 修司／近畿大学・3回生
「すきまから生まれる空堀の福祉」まちづくりの核として福祉を考える（3回生）

284・野澤 凜／法政大学・3回生
「線を辿る」緑の中のメモリアル・アーカイブス（2回生）

285・古川 さらり／法政大学・3回生
「ポロイチ HOUSE」納戸のある集合住宅（3回生）

287・岡本 純佳／大阪市立大学・3回生
「まちに連続する図書館 ─プロムナードが導き、始まる交流─」文化複合施設『地域のコミュニケーションプレイス』

290・吉川 日々輝／神戸大学・3回生
「基準線を解放せよ」都市河川沿いに建つ〈子育てスクエア〉（3回生）

291・服部 瑛斗／慶應義塾大学・3回生
「High Line Hall Gallery」デザインスタジオ（都市内）

294・興井 かなみ／法政大学・3回生
「オープンラボ×図書館 ～日常に最先端を、最先端に日常を～」法政大学市ヶ谷新図書館

295・矢部 完太郎／東京電機大学・3回生
「廻る水に手を引かれて」「未来の小学校」を設計する（3回生）

296・西本 景亮／名古屋市立大学・2回生
「交錯 ─人、アート、風景が相交わる美術館─」美術館課題（2回生）

297・小澤 知華子／日本大学・3回生
「シズル感を感じさせる」水族館（3回生）

299・若松 瑠冴／日本人学・3回生
「海脈を紡ぐ ─海と人と生き物が紡ぎゆく横浜の物語─」水族館（3回生）

301・園田 悠生／日本大学・3回生
「過去と未来の魚の住処」水族館（3回生）

304・大槻 一貴／京都大学・3回生
「ふるさとツナガルL字」未来の自由な学びの場 ─小学校を『発酵』させる（3回生）

305・五十嵐 果保／京都大学・3回生
「水のアヤ」第4世代の美術館（3回生）

307・佐々木 諒／日本大学・3回生
「みちくさ」表参道のふたつの小劇場（3回生）

310・幹田 華花／広島工業大学・3回生
「つながり、生まれる」地域に賑わいをもたらし街を豊かにする大学施設（3回生）

312・滝 隆也／法政大学・3回生
「連続的風景、額縁からの　ワンシーン」知の集積としての図書館を設計する（3回生）

315・松下 久瑠美／東京電機大学・3回生
「今日は、ここがいい」里山小学校（2回生）

322・井戸 莉花／安田女子大学・3回生
「unpolished 磨かれていない凹凸」地域に開かれた幼稚園（3回生）

323・石井 萌々香／法政大学・3回生
「丸で繋がる」絵本ライブラリーをもつ幼稚園（2回生）

324・中根 圭太／日本大学・3回生
「スパイラル」豊かなオープンスペースをもつ複合施設（3回生）

326・田中 佑知乃／島根大学・3回生
「nLDKのクラしかた」集まって住む（集合住宅）（2回生）

327・安川 晴登／関西学院大学・3回生
「誘う」関西学院発祥の地に建つメディアセンター（3回生）

328・中島 悠／東京理科大学・3回生
「まちをつづける家」つながるかたちを再考する（3回生）

331・安藤 美月／日本大学・3回生
「Blue Mountain's ─青山氏による広がる都市─」豊かなオープンスペースをもつ複合施設（3回生）

334・三ツ木 譲二／東京テクニカルカレッジ・2回生
「HOTEL ～とまり木～」中規模都市型ホテル（2回生）

336・諸江 一桜／武蔵野美術大学・3回生
「大使館とクレバス」都市の環境単位 ─富ヶ谷（3回生）

337・鈴木 祐介／日本大学・3回生
「departurend ─場の転換による思考と創造の循環─」豊かなオープンスペースをもつ複合施設（3回生）

338・田中 悠翔／近畿大学・3回生
「『静』と『動』を緩やかにつなぐ『そうな』図書館」地域交流図書館（3回生）

339・川端 草和斗／近畿大学・3回生
「重なり、交わり」美術館（3回生）

340・二渡 準／近畿大学・3回生
「シークエンスの展開図」大学セミナー会館（3回生）

341・田中 春士／法政大学・3回生
「障子併せの庭」現代のリビングブリッジを再構する（3回生）

342・澤多 佑果／法政大学・3回生
「神保町を知る、巡る ─古本屋と共存する図書館─」What is the New Library?（3回生）

343・丸山 千遥／明星大学・3回生
「寺弧舎」小学校設計（3回生）

344・姫野 由衣／日本大学・3回生
「水育館」水族館（3回生）

346・前田 駿／広島工業大学・3回生
「光に導かれて」地域に賑わいをもたらし街を豊かにする大学施設（3回生）

348・飯田 健太／京都工芸繊維大学・2回生
「住戸の解体、再構成」北山通りの集合住宅（2回生）

349・濱島 萌凪／法政大学・3回生
「幾重にも重なる暮らし ─未完成な場に滲み出る生活の工夫─」ナンドが紡ぐ集合住宅 ─者とモノが交感する家─（3回生）

350・鈴木 創／芝浦工業大学・3回生
「岩窟と光の美術館」地域の公共複合施設 成熟社会における市民の文化活動拠点としての図書館（3回生）

351・西村 侑莉／追手門学院大学・2回生
「階段コミュニティ」まちの集会所（まちづくりセンター）（2回生）

352・藤井 幹太／近畿大学・3回生
「福祉を解す」まちづくりの核として福祉を考える（3回生）

356・一杉 健洋／早稲田大学・3回生
「内なる美を引き出す」イサム・ノグチ美術館 ─東京中心の文化施設群に加える新たな700㎡の美術館─（3回生）

357・横田 大河／近畿大学・3回生
「ひとつながり ～ひと続きの空間で 人々のつながりを～」地域交流図書施設（2回生）

359・廣澤 陸／芝浦工業大学・3回生
「地に受け、地に還る。」地域の公共複合施設 成熟社会における市民の文化活動拠点としての図書館（3回生）

362・三野宮 弘太朗／日本大学・3回生
「廻り 巡り」水族館（3回生）

364・安達 飛鳥／武蔵美術大学・3回生
「自転車と石のノード ─茨城県桜川市岩瀬地区における小学校廃校統合計画─」地域にとっての学びの拠点（3回生）

366・澤 朋奈／神戸電子専門学校・2回生
「馴染み・未来に残る」環境に馴染む美術館（2回生）

367・Lee Shao Wee／京都工芸繊維大学・3回生
「Artcade芸術アーケード」美術と建築（2回生）

368・森本 花穂／京都工芸繊維大学・3回生
「マドベノクラシ ─マドを着飾り、マチを彩る─」ナンドが紡ぐ集合住宅 ─者とモノが交感する家─（3回生）

369・大森 康正／早稲田大学・3回生
「知の再編として／見え、隠れ、潜り沈んで、浮き上がる 漂い登り、途切れて囲う」Tokyo International Learning Commons ─東京都中央図書館国際館計画─（3回生）

370・堤 碧／武庫川女子大学・3回生
「景色を切り取る家」家族のための家（2回生）

373・阪本 柊汰／近畿大学・2回生
「〈内〉と〈外〉をつなぐ住宅」社会的活動の場を内包する〈住宅〉（2回生）

374・吉田 真由／日本大学・3回生
「Lumiere ─ランダムな光がつくる空間─」豊かなオープンスペースをもつ複合施設（3回生）

376・須田 琳々香／東京都市大学・2回生
「ながれの家」風呂の家（2回生）

378・細田 祥太郎／日本大学・3回生
「阿吽」豊かなオープンスペースをもつ複合施設（3回生）

379・高石 倫太朗／神戸芸術工科大学・3回生
「土と還る」新しいメディアスペース ～これからの公共空間を考える（3回生）

380・柴田 裕斗／東海大学・3回生
「青山に浮かぶシーン」青山・コマーシャルスペースコンプレックス（3回生）

381・宮崎 怜／京都大学・3回生
「学びの土壌」SCHOOL（3回生）

382・三隅 健太郎／立命館大学・3回生
「その先に」アクティビティと場の構築 地域とつながる国際学生寮（3回生）

385・稲垣 沙弥香／近畿大学・3回生
「みんなでつくる とりどり図書館」地域交流図書施設（2回生）

386・小林 愛実／滋賀県立大学・3回生
「自然を還る」滞在のリデザイン（3回生）

387・鹿又 悠雅／日本大学・3回生
「日々の延長に溶け出す」表参道のふたつの小劇場（3回生）

388・花岡 凜／大阪公立大学・3回生
「灯火 ─炎のある建築空間の提案─」NEW PUBLIC PLACE ─[私]と[公]が共存する建築─（3回生）

390・宗實 聡太／神戸芸術工科大学・3回生
「知って触れ、触れて知る。～体験と知識の行き交いを通し、知る─」新しいメディアスペース ～これからの公共空間を考える（3回生）

391・辻本 雄一朗／早稲田大学・3回生
「転換をうむ連層 ─横断的鑑賞による多面的視座の獲得─」イサム・ノグチ美術館 ─東京中心の文化施設群に加える新たな700㎡の美術館─（3回生）

392・宮地 幸助／明治大学・3回生
「段々で紡ぐ人間らしい生活」集住の現在形 ─明治大学駿河台混住型学生寮（3回生）

395・知念 啓人／東京理科大学・3回生
「Footpath between rooms」私の住まう将来の住宅（2回生）

397・髙橋 光希／芝浦工業大学・2回生
「のりしろ ～はみ出しによるコミュニティ～」“ホームオフィスのある家”近隣とのつながりを考える（2回生）

398・大飼 采那／名城大学・3回生
「かたどり ～地形を可視化し再認識する陶芸体験施設～」体験 滞在型余暇活動施設（3回生）

400・山本 明日香／大阪工業大学・2回生
「たゆたう海はあそび 光はくつろぎ 影はうごめく」ギャラリーのある彫刻家のアトリエ（2回生）

402・小森 魁／京都美術工芸大学・3回生
「子ども×音色」まちなか保育園（3回生）

403・倉田 草生／京都工芸繊維大学・3回生
「竈金の精神」都市と建築：元待賢小学校校舎の保存再生（3回生）

404・今西 悠真／摂南大学・3回生
「無限遊路 ─We are WELLBEING～」まちのコミュニティスクール（3回生）

405・鈴木 万由／早稲田大学・3回生
「せせらぎの図書館 ─流れを誘発する4つの洲～」Tokyo International Learning Commons ─東京都中央図書館国際館計画─（3回生）

406・小山内 里奈／東京電機大学・3回生
「新しいを受け入れる湾岸づくり」「未来の小学校」を設計する（3回生）

407・西澤 瑛真／関東学院大学・3回生
「棚田に映るシェアの風景」シェアタウン ─暮らしを拡張する建築～（3回生）

408・本多 生／金沢工業大学・2回生
「束の間、息を吐く」かなざわカフェ（2回生）

409・田中 希穂／名古屋大学・3回生
「本、人、空間に出会う森」Public Library in CHIKUSA（3回生）

410・河内 遼／立命館大学・3回生
「追憶 酒蔵を回顧さする、幼老複合施設との融合」幼老複合施設 ─多世代交流を促進する空間の創造（3回生）

413・鬼塚 己生／関西学院大学・3回生
「日常の延長」原田の森 メディアセンター（3回生）

414・上米良 亮輔／法政大学・3回生
「知ノ渦」知の集積としての図書館を設計する（3回生）

416・渡邊 光輝／摂南大学・3回生
「私の学び舎はここにある。」学校の再構築（3回生）

417・田中 蒼大／大阪芸術大学・3回生
「Changing a view makes the world changed」Kid's style<=>Parents' style（3回生）

418・落合 心之介／前橋工科大学・3回生
「Wear ～総社の個性を纏う～」橋本スタジオ JR群馬総社駅 文化交わる形（3回生）

424・北原 航太／前橋工科大学・3回生
「意識の多様化。その器」「ポストコロナ」の前橋中心市街地に建つ小型店舗併用住宅群（3回生）

425・山内 あす実／立命館大学・3回生
「邂逅する音と人」幼老複合施設 ─多世代交流を促進する空間の創造─（3回生）

426・清水 逸未／早稲田大学・3回生
「知のずれ目」Tokyo International Learning Commons ─東京都中央図書館国際館計画─（3回生）

433・南出 悠志／近畿大学・3回生
「街中ナラティブ」地域交流図書施設（2回生）

435・竹ヶ原 悠希／法政大学・3回生
「火を囲む図書館」What is the New Library?（3回生）

436・山本 実和／奈良女子大学・2回生
「ビーバーがつくる暮らし」2人と1匹のための住宅（2回生）

438・小林 千陽／大手前大学・3回生
「集う・広がる」夙川ほとりに建つ地域交流センター（2回生）

439・横野 亮／東京都市大学・3回生
「絢 ～繋ぎ合わせるキャンパス～」都市大キャンパス（3回生）

446・戸庭 志月／芝浦工業大学・2回生
「領域展延による誘引」“ホームオフィスのある家”近隣とのつながりを考える（2回生）

445・岸本 ほのか／武蔵川女子大学・3回生
「暮らしのおもかげ」三世代で住む家（3回生）

447・西村 惇佑／武蔵野大学・3回生
「交流の丘ライブラリ」コモンズとしての公共図書館（3回生）

448・大久保 一輝／東洋大学・3回生
「川越史奉小話」川越の新しい文化と賑わいの拠点[敷地A]川越ブランドのショーケースと地域活動の拠点（商業施設を中心として）（3回生）

449·尾島 惇聖 / 日本工業大学·3回生
「Hirusaido Mall」
ヒルサイドテラス 第8期別棟計画（3回生）

453·高橋 虎琉 / 日本大学·3回生
「境界を崩す」豊かなオープンスペースをもつ複合施設（3回生）

456·深澤 一弘 / 東京都市大学·3回生
「無限の漂白から乗り越える」都市大キャンパス（3回生）

457·松村 颯太 / 前橋工科大学·3回生
「Branch」前橋駅、駅前サテライトキャンパス（3回生）

458·北田 由祈 / 東京都市大学·2回生
「The Rally House」風呂の家（2回生）

461·渡部 峻 / 日本大学·3回生
「Place to talk」自分の通った小学校の再生（3回生）

462·田中 瑛子 / 京都工芸繊維大学·3回生
「"縁"でつながるたいけんのリビング」都市と建築:元待賢小学校校舎の保存再生（3回生）

464·太田 北跳 / 芝浦工業大学·3回生
「門馬仲町ウォーターフロント ～親水空間がつくる家具製作オフィス」オフィス建築（3回生）

465·小野 優夏 / 日本女子大学·3回生
「続編 ―愛しき生活者に贈る―」地区センター（3回生）

469·尾崎 るり / 立命館大学·2回生
「移りゆく風と変わらないもの」風景のパヴィリオン（2回生）

470·奥 瑞貴 / 武庫川女子大学·3回生
「小豆島彫刻庭園美術館」瀬戸内の風景と共にある彫刻のための庭園美術館（3回生）

471·上田 千乃 / 国士舘大学·3回生
「Book Forest」ずっと居たくなるような図書館（3回生）

472·佐藤 南 / 読売理工医療福祉専門学校·2回生
「ぼくらのギャラリー 陽だまり」まちのギャラリー（1回生）

473·田村 さやか / 北海道科学大学·3回生
「だんだん廻る」都市と建築を繋ぐ セミパブリックスペースを持つ積層建築物の設計（3回生）

474·杉下 英宇 / 北海道科学大学·3回生
「Nude」都市×公園×美術館（3回生）

475·鈴木 大喜 / 北海道科学大学·3回生
「Biotop」都市×公園×美術館（3回生）

476·山本 真之介 / 信州大学·3回生
「個性のたまり場」地域に求められる学びの場/芹田小学校中校舎立て替え計画（3回生）

477·松原 真愛 / 日本大学·3回生
「overflowing」劇場（3回生）

478·安江 将輝 / 東京都市大学·3回生
「渓谷から続く家」風土の家（2回生）

479·村上 直暉 / 金沢工業大学·2回生
「廻り巡る」かなざわカフェ（2回生）

481·亀之園 篤 / 大阪教育大学·3回生
「音の溢れる広場 ～中津に活気を届ける～」地域の「広場」としての運動施設の提案―場所性への配慮と環境工学·構造工学からのアプローチを重視した設計―（3回生）

484·柏木 宏太 / 法政大学·3回生
「しおりの行方 ―好きな空間を探し、気になる本を集め、見知らぬ誰かに届ける―」What is the New Library?（3回生）

485·安達 慎之助 / 東京都市大学·2回生
「斜面の意味」風呂の家（2回生）

486·永野 智也 / 近畿大学·3回生
「透き影」地域交流図書施設（2回生）

487·二杉 晃平 / 近畿大学·3回生
「壁のスキマに棲まう」共同住宅（2回生）

488·毛利 瑠花 / 九州大学·3回生
「縮景の住処」生活の多様性をささえる住宅（2回生）

492·鈴木 丈登 / 京都大学·3回生
「b-Order」SCHOOL（3回生）

494·今村 雅貴 / 早稲田大学·3回生
「みんなひとつの輪の中で」Tokyo International Learning Commons ―東京都中央図書館国際館計画―（3回生）

497·日阪 貴斗 / 九州大学·2回生
「重なり集う」設計演習A（2回生）

498·久保田 璃乃 / 東洋大学·3回生
「斜めに繋がるあたまき」コーポラティブハウス赤羽台（3回生）

501·鈴木 海人 / 日本大学·3回生
「Memento mori」豊かなオープンスペースをもつ複合施設（3回生）

502·中村 皆知 / 名古屋大学·3回生
「層造」Public Library in CHIKUSA（3回生）

503·堀江 善 / 滋賀県立大学·1回生
「交流するウネリ」"奥"を感じる、考える（1回生）

504·岩田 悠生 / 国士舘大学·3回生
「知識の種、育つ大地:人間の知恵が土を育む」ずっと居たくなるような図書館（3回生）

505·飛松 ちひろ / 名古屋造形大学·3回生
「紡ぐレストラン」水辺の価値を高めるコンバージョン ―土間のあるレストラン―（3回生）

508·齋藤 匠真 / 早稲田大学·3回生
「路地を建てる ―裏側のラーニングコモンズ―」Tokyo International Learning Commons ―東京都中央図書館国際館計画―（3回生）

509·増田 賢人 / 東洋大学·3回生
「Community Houses」街のなかの家、家でつくる街（2回生）

512·阿部 莉々子 / 名古屋工業大学·3回生
「いきもの繁る海上競技場」既存の都市と建築に立地する水辺のアルカディア（3回生）

513·風岡 万里子 / 金城学院大学·3回生
「みんなの通学路」地域に開かれた保育施設（3回生）

514·中瀬 加南 / 愛知淑徳大学·2回生
「具象と抽象」私設現代アート美術館（2回生）

515·重岡 理香 / 大阪市立大学·3回生
「みんなの万代池音楽ホール ―自然と融合する拡大ステージの提案―」文化複合施設「地域のコミュニケーションプレイス」（3回生）

516·山﨑 稜太 / 神戸大学·3回生
「都市が穿つ 否、都市を穿つ」NEW MUSEUM on the Contexts as "KOBE"（3回生）

518·芝﨑 琉 / 神戸大学·3回生
「記憶の楔」NEW MUSEUM on the Contexts as "KOBE"（3回生）

519·大橋 萌香 / 東京電機大学·3回生
「自然と街並み」『未来の小学校』を設計する（3回生）

520·山田 萌野花 / 法政大学·3回生
「活溢る」What is the New Library?（3回生）

521·出上 矢須志 / 近畿大学·3回生
「糸 ～繋がりの中にある感性の偶発～」現代美術のための美術館（3回生）

522·山本 夏海 / 山口大学·3回生
「冒険への誘い ～交錯が生む新たな視点～」屋外彫刻ミュージアム（3回生）

523·長崎 裕希 / 穴吹デザイン専門学校·2回生
「畑と私とあなた（まちに開く共有住宅の提案）」街に開く住宅（1回生）

527·長友 蓮 / 京都大学·3回生
「分解」SCHOOL（3回生）

528·橘 涼華 / 九州工業大学·3回生
「タテにつながる△家族 ヨコに繋がる多世代住人」新しい住戸プランと、その集合（3回生）

530·羽田 美紀 / 京都大学·3回生
「School's Core」未来の自由な学びの場 ―小学校を「発酵」させる（3回生）

531·平田 悠 / 近畿大学·2回生
「sucked 1.2」幾何学系によるパビリオン（2回生）

532·本橋 快晟 / 日本大学·3回生
「フロートシアター」表参道のふたつの小劇場

533·公文 ひかる / 九州工業大学·3回生
「狭く暮らし、広くつながる」新しい住戸プランと、その集合（3回生）

535·小泉 満里奈 / 早稲田大学·3回生
「循環するメディア」Tokyo International Learning Commons ―東京都中央図書館国際館計画―（3回生）

536·中村 亜美 / 近畿大学·3回生
「境界を曖昧に」美術館（3回生）

537·松野 菜々海 / 大阪電気通信大学·3回生
「寄り合い場 HOIHOI」ホールと文化施設（3回生）

539·田中 柚衣 / 摂南大学·3回生
「地域の場であり学校であること ～空間を生む屋根」学校の再構築（3回生）

540·江藤 あずさ / 東京電機大学·3回生
「ゆらぐ小学校で、子どもは街と学ぶ」『未来の小学校』を設計する（3回生）

541·増井 智也 / 日本大学·3回生
「交わり、流れ、移り行く」豊かなオープンスペースをもつ複合施設（3回生）

547·三上 泰生 / 近畿大学·3回生
「斜壁との繋がりに住まう」集合住宅（3回生）

549·立野 将 / 近畿大学·3回生
「繋がるテラス」集合住宅（3回生）

550·門藤 愛 / 近畿大学·3回生
「家と人の架け橋となる」集合住宅（3回生）

551·殿村 桃果 / 近畿大学·3回生
「コアと広がる」集合住宅（3回生）

552·重光 真広 / 近畿大学·3回生
「匂い立つ交差点」集合住宅（3回生）

553·土屋 優希 / 近畿大学·3回生
「森のこもれび」集合住宅（3回生）

554·柳瀬 由依 / 近畿大学·3回生
「時をかける美術館」現代美術のための美術館（3回生）

555·吉田 さくら / 近畿大学·3回生
「抜け道」現代美術館（3回生）

556·大田 祥悟 / 明治大学·3回生
「生活乱舞」集住の現在形 ―明治大学国際混住学生寮（3回生）

557·鹿野 結恋 / 武蔵野大学·3回生
「認知と出会いのライブラリ」コモンズとしての大学図書館（3回生）

558·田代 佳奈絵 / 法政大学·3回生
「逍遥の集積 ～閉架図書による新しい距離感を描いた図書館～」知の集積としての図書館を設計する（3回生）

560·珍田 大地 / 法政大学·3回生
「結局は、奥 ―表札的納戸による「集まって住むこど」の再構築―」ナンドが紡ぐ集合住宅 ～者とモノが交感する家～（3回生）

561·利國 碧 / 多摩美術大学·3回生
「自然な歩みが集うオフィス」スモールオフィス（3回生）

563·髙見 琳生 / 近畿大学·3回生
「凹凸から染み出る暮らし」集合住宅（3回生）

564·米山 佳蓮 / 関東学院大学·3回生
「Gap」あなたと誰かのための『離れ』（3回生）

565·網中 郁斗 / 東京電機大学·2回生
「自分と向き合う場」図書館の設計（2回生）

566·竹島 舞 / 共立女子大学·3回生
「Cross to... 室へ角で出会い、交流する」街に開く大学（3回生）

567·岩崎 颯汰 / 千葉大学·3回生
「屋根で育む」小学校（3回生）

570·佐武 真之介 / 横浜国立大学（作品は明石高専在学時）·2回生
「AGORAKA」人口1万人程度の町の"顔"となる新しい役場（4回生）

571·前川 咲葉 / 愛知淑徳大学·3回生
「触覚と建築」『人と人』『人と自然』をつなぐ家の設計（2回生）

572·鈴木 志乃 / 近畿大学·3回生
「小さき他者と暮らす」社会的活動の場を内包する〈住宅〉（2回生）

573·林 恒耀 / 近畿大学·3回生
「『非日常』のその先に」現代美術のための美術館（2回生）

574·浜口 真治 / 早稲田大学芸術学校·3回生
「School of Landscape and Gaze ―ひと繋がりの虚実―」Roppongi International School（3回生）

575·大手 晃生 / 金沢工業大学·3回生
「所有から共有へ」せせらぎ通りの80人の集住体（3回生）

576·堀井 七海 / 金沢工業大学·3回生
「人が栞を生み出す」本を媒介としたパブリックスペース（3回生）

577·岸川 亮介 / 近畿大学·3回生
「不整合が生む開放感」集合住宅（3回生）

579·佐藤 菜乃 / 東京都市大学·2回生
「気配のいえ」風呂の家（2回生）

581·岡田 彩那 / 近畿大学·3回生
「屋根に住まう」集合住宅（3回生）

582·中井 唯人 / 近畿大学·3回生
「作品をカンショウし、空間をカンショウする」現代美術のための美術館（3回生）

583·松井 瑠菜 / 新潟工科大学·3回生
「みんなの家」ポストコロナ時代の住宅の設計（3回生）

584·藤本 理玖 / 立命館大学·3回生
「玉の水脈」まちの中心となるグラウンドデザイン ―メタデザインとシミュレーション―（3回生）

585·森田 さくら / 九州産業大学·3回生
「つなぐ集合住宅 ～子供が育つ住空間:共有空間～」"同じ家"が集まってできる、豊かな"集住"のむら（3回生）

586·常田 正弘 / 京都工芸繊維大学·3回生
「過去と今を巡り歩く保存再生」都市と建築:元待賢小学校校舎の保存再生（3回生）

598·松本 直也 / 京都工芸繊維大学·3回生
「京都art déco2.0をめざして」都市と建築:元待賢小学校校舎の保存再生（3回生）

599·秋吉 大和 / 大阪工業大学·2回生
「A morphous ～人と彫刻、アトリエと、その全てを壁で繋ぐ～」ギャラリーのある彫刻家のアトリエ（2回生）

600·添田 慧佳 / 福岡大学·3回生
「着彩 ～子どもたちが彩る舞鶴地区～」アンサンブル（3回生）

601·辰本 桂 / 福岡大学·3回生
「絵画を通した新たなきっかけ」アンサンブ（3回生）

602·岡本 二葉 / 北九州市立大学·3回生
「開いて閉じる小学校」小学校（2回生）

604·石井 さくら / 法政大学·3回生
「木々に宿る本の虫」What is the New Library?（3回生）

606·岩坪 誠人 / 近畿大学·3回生
「ヒカリ×ヒト=ワ」集合住宅（3回生）

607·高橋 遼 / 近畿大学·2回生
「Community Movement」幾何学形によるパビリオン（2回生）

610·水本 朱音 / 大阪工業大学·3回生
「歩いた先にある出会い」新駅に隣接するこれからの地域図書館（3回生）

611·早川 天哉 / 大阪工業大学·3回生
「螺旋の踊り ～高低差とシークエンスが紡ぎ出す空間の可能性～」豊かなオープンスペースをもつ複合施設（3回生）

614·綿貫 亜美 / 近畿大学·3回生
「わ」現代美術のための美術館（3回生）

615·石井 杏奈 / 近畿大学·3回生
「光に導かれて」現代美術のための美術館（3回生）

618·堂徳 詩乃 / 大和大学·3回生
「あそびの原風景」大学に併設される認定こども園（3回生）

619·小川 美奈 / 大阪芸術大学·3回生
「『てがかり』を見つけて」Kid's style<=>Parents' style（3回生）

620·藪 朱梨 / 椙山女学園大学·3回生
「NEW SCHOOL LIFE」地域とともにある都市の小学校（3回生）

624·原嶋 康多 / 日本大学·3回生
「自然と共存する建築」豊かなオープンスペースをもつ複合施設（3回生）

627·西村 隆司 / 芝浦工業大学·3回生
「光の借景 木々の空間の質を拡張し、地となる図書館の提案」地域の公共複合施設 成熟社会における市民の文化活動拠点としての図書館（3回生）

632·末松 拓海 / 芝浦工業大学·3回生
「6"の箱」アートと共鳴する美術館（2回生）

633·熊田 知優 / 静岡文化芸術大学·3回生
「千本松原×富士山」鋼材会社の新社屋の設計（3回生）

634·後藤 僚我 / 大阪電気通信大学·3回生
「牧歌的な劇場」緑の中のホール（＋文化施設）（3回生）

635·大池 智美 / 芝浦工業大学·3回生
「つらなり つながる まちの場所 ～門型フレームが作り出す本の世界～」地域の公共複合施設 成熟社会における市民の文化活動拠点としての図書館（3回生）

636·中野 宗生 / 武蔵野大学·2回生
「アフォーダンスを活用した親和性を軸にした住宅」住みたい街ランキング1位の街に住む（2回生）

637·森 幹太 / 神戸電子専門学校·2回生
「潜在化されたアーカイブ」中規模設計課題·B4（2回生）

638·三村 千咲 / 大阪芸術大学·3回生
「層」建築ミュージアム ～大阪建築·空間アーカイブス～（3回生）

639·久田 晶子 / 武蔵野大学·3回生
「緩やかに繋がり、人の気配を感じる図書館」コモンズとしての大学図書館（3回生）

640·松本 一馬 / 日本大学·3回生
「結節点 ～絡み合う人とアートの創造力～」美術館·芸術家記念館の設計 図書館分館機能を持った記念資料館の設計（3回生）

641·成田 陽登 / 新潟大学·3回生
「屋場所となり生きる建築」にいがたパブリックシアター（3回生）

642·平井 悠來 / 大阪工業大学·3回生
「隠者の巣」新駅に隣接するこれからの地域図書館（3回生）

643・前田 陸斗 / 近畿大学・3回生
「象徴」現代美術のための美術館（3回生）

644・野々村 佑菜 / 立命館大学・3回生
「ヨシとめぐる」風景のパヴィリオン（2回生）

645・芝端 遼太 / 大阪工業大学・3回生
「果てなく続く記憶の脈絡」新駅に隣接するこれからの地域図書館（3回生）

646・QU PENG / 京都精華大学・3回生
「Water Drop Library」新しい図書館（3回生）

648・村地 敢斗 / 大和大学・3回生
「余白に色を飾る」
大学に併設される認定こども園（3回生）

651・伊勢 玉奈 / 京都大学・3回生
「コレクトスルカキョウ」未来の自由な学びの場
—小学校を「発酵」させる（3回生）

652・吉川 仁一郎 / 関西学院大学・3回生
「五感を味わうセンサリーガーデン建築」
「風の彫刻家のための美術館」—自然とアートの風景化—（3回生）

653・渡部 七波 / 立命館大学・2回生
「銅銅巡り」風景のパヴィリオン（2回生）

654・長谷川 らら / 立命館大学・2回生
「工芸と住まう」母の家（2回生）

655・川本 将照 / 近畿大学・3回生
「生態系の垂直融合」集合住宅（3回生）

656・牧 奈亜美 / 名古屋造形大学・3回生
「かさね」水辺の価値を高めるコンバージョン
—土間のあるレストラン—（3回生）

659・伊藤 美紀 / 武蔵野大学・3回生
「境界のない見つかる図書館」
コモンズとしての大学図書館（3回生）

660・西村 風香 / 東京電機大学・3回生
「すみ開き—"隅"を開き、"住み"を開く」
集合住宅の設計（3回生）

662・白崎 暉 / 法政大学・3回生
「出来事の予感」集住 リビングストラクチャー
（3回生）

663・杉山 舞 / 日本大学・3回生
「立体まち住宅」豊かなオープンスペースをもつ
複合施設（3回生）

664・廣瀬 慶太 / 京都大学・2回生
「空間の変化」House（2回生）

666・中筋 美沙 / 九州大学・3回生
「街庭～自然を身近に感じる まちの庭のような
コミュニティセンター～」コミュニティセンター
（3回生）

667・櫛野 敬太 / 九州工業大学・3回生
「連なる段差」ソーシャル・サード・プレイスとして
の市民センター（3回生）

670・新延 摩耶 / 慶應義塾大学・2回生
「食人住宅」デザインスタジオA 住まいと環境
（2回生）

671・日時 誠太郎 / 武蔵野美術大学・3回生
「fluctuation of matter」
都市の環境単位 —富ヶ谷—（3回生）

672・西尾 美希 / 武庫川女子大学・3回生
「軸の家 —関わりあい方による形態変化—」
三世代で住む家（3回生）

673・宮下 莉子 / 関東学院大学・3回生
「Obbligato」あなたと誰かのための『離れ』
（3回生）

674・喜入 柊介 / 明治大学・3回生
「曖昧」集住の現在形 —明治大学国際混住
学生寮（3回生）

677・津田 梓 / 法政大学・3回生
「学びの扉 神保町の学生文化から生まれる本
との出会い」What is the New Library?
（3回生）

680・海江田 理絵 / 九州大学・3回生
「建築と自然の再構築 ～絶滅危惧種
"カブトガニ"を救う設計手法～」
建築設計基礎演習C（3回生）

681・小山田 真美 / 近畿大学・2回生
「農と業とそして（のうとわざとそして）」
社会的活動の場を内包する〈住宅〉（2回生）

683・安平 圭汰 / 法政大学・3回生
「居場所をつくる集合住宅」ナンドが紡ぐ集合
住宅 —者とモノが交差する家—（3回生）

684・中村 紗也佳 / 奈良女子大学・3回生
「園児たちよ 君たちはどう生きるか ～循環する
森から都市へと広がるこども園～」
外とつながるこども園（3回生）

685・大橋 俊介 / 愛知淑徳大学・3回生
「折衷長屋」3軒長屋（2回生）

686・竹川 葵 / 愛知淑徳大学・3回生
「新陳代謝する美術館」私設現代アート美術館
（2回生）

689・長竹 璃子 / 京都大学・2回生
「重ねあって住まう」生きている家（2回生）

690・坂本 宗隆 / 近畿大学・3回生
「ゆく川の流れは絶えずして」美術館（3回生）

691・神崎 真弘 / 神戸大学・3回生
「都市に降臨する」NEW MUSEUM on the
Contexts as "KOBE"（3回生）

694・久保木 貴一 / 神戸大学・3回生
「LIVE Museum」NEW MUSEUM on the
Contexts as "KOBE"（3回生）

695・坂本 慶次 / 東京理科大学・3回生
「住宅を集合させ、人を繋げる 生活の可能性」
つながるかたちを再考する（3回生）

696・喜多 梨紗子 / 関西大学・3回生
「隙間から」コンテンポラリー・アート・ミュージアム
（3回生）

698・川上 翔平 / 広島工業大学・3回生
「僕はここを歩いていた」地域に賑わいをもたらし街を豊かにする大学施設（3回生）

699・石井 花実 / 東洋大学・3回生
「包む」赤レンガ旧醸造試験所のリノベーション
とメディアテーク（3回生）

700・長屋 諒子 / 名古屋工業大学・3回生
「浚渫土を消費し、街を耕す。」既存の都市と
建築に立地する水辺のアルカディア（3回生）

701・瀬戸口 照 / 武蔵野美術大学・2回生
「3Y 中野集合住宅」小規模集合住宅（2回生）

703・大原 虎太朗 / 広島工業大学・3回生
「今日の居場所探し —人の表情のように、空間
にも様々な佇まいを—」地域に賑わいをもたらし
街を豊かにする大学施設（3回生）

704・箱崎 妃咲 / 大阪工業大学・3回生
「屋根の下で」Ogimachi Place（2回生）

705・永井 美安 / 奈良女子大学・3回生
「持ちつ持たれつ共に育つ」
外とつながるこども園（3回生）

707・中谷 郁斗 / 近畿大学・3回生
「学びの輪、絆の深化 —大屋根の下に集い、
学ぶ、地域と融合する小学校—」
地域の居場所となる小学校（3回生）

710・太田 侑輝 / 広島工業大学・3回生
「育ち育てる育て合い」子供のための空間（2回生）

714・谷 隼人 / 大阪工業大学・3回生
「呼応する渦」これからの小学校（2回生）

716・滝 一樹 / 摂南大学・3回生
「Office Of Choice」
親水公園と環境建築の設計（3回生）

717・佐藤 祐祈彩 / 千葉工業大学・3回生
「よりみち美術館」上野公園に立つ現代美術館
（3回生）

718・土屋 奏太 / 早稲田大学・3回生
「ひらく図書館」Tokyo International
Learning Commons —東京都中央図書館
国際館計画—（3回生）

719・山本 蒼太 / 名古屋大学・3回生
「あいだそだて」
子育てコミュニティの集合住宅（3回生）

720・今藤 千咲里 / 大阪工業大学・3回生
「さすらって、また、流れて...」新駅に隣接する
これからの地域図書館（3回生）

722・鈴木 沙菜子 / 武庫川女子大学・3回生
「天井、壁の凹凸を介して空間の差異、特徴を
体感させる。建築の中で体全体を動かして遊び、
幼児の空間認識能力の向上を図る家では得ら
れない。幼稚園でこそうみだせる体感を提供
する場をつくる。」幼稚園 —均一空間の構成と
空間の連続・階層化（2回生）

723・小木曽 斗斗 / 大同大学・3回生
「垂直の森」光と風の建築 —快適な外部空間
をもつオフィスビル（3回生）

724・濱口 真白 / 京都工芸繊維大学・3回生
「correlation」都市と建築・元待賢小学校校舎
の保存再生（3回生）

726・佐藤 萌 / 明治大学・3回生
「あわいを象る」明治大学生田ラーニング・セン
ター —学びの現在形—（3回生）

727・村田 佳穂 / 近畿大学・2回生
「Dismantling×Connection」社会的活動の
場を内包する〈住宅〉（2回生）

730・淺倉 みなみ / 東京理科大学・2回生
「曲のその向こうへ」私の住まう将来の住宅
（2回生）

734・荒木 玲乃子 / 京都精華大学・3回生
「人と自然の結び目」Synthetic Nature —exploring
new species of the spatial body for human life—
「もうひとつの自然、はじまりの建築」（3回生）

735・小西 孝祐 / 京都橘大学・3回生
「自然と為る」傾斜地に建つ幼稚園（3回生）

738・宮沢 豪 / 日本大学・3回生
「Vertical City」豊かなオープンスペースを
もつ複合施設（3回生）

739・田口 廣 / 愛知淑徳大学・3回生
「脱 建築計画」私設現代アート美術館（2回生）

741・大宅 真愛 / 東海大学・3回生
「季節の移ろいに住まう —樹木によって領域
が変化する住宅」樹木と家 —領域と境界
を考える—（2回生）

742・小林 未怜 / 芝浦工業大学・2回生
「立ち読みするケンチク」"ホームオフィスの
ある家"近隣とのつながりを考える（2回生）

743・阿部 瑞華 / 関東学院大学・3回生
「目線を合わせて」公園と共にある子ども園
（2回生）

744・岡田 彩良 / 愛知工業大学・2回生
「広がる家 ～芸術的感性を育てよう～」まちづく
りに寄与する瀬戸らしい住まい（2回生）

745・野中 智仁 / 日本大学・3回生
「歩っ天イ住ム」豊かなオープンスペースをもつ
複合施設（3回生）

746・辻 賢人 / 明治大学・3回生
「Town of Local ハウス」集住の現在形
—明治大学国際混住学生寮（3回生）

748・小林 一希 / 早稲田大学・3回生
「まちの拠り所 ～日本的空間操作による国際性
の受け入れ～」Tokyo International
Learning Commons —東京都中央図書館
国際館計画—（3回生）

749・佐藤 椰 / 千葉工業大学・3回生
「備忘録から蘇る」上野公園に立つ美術館
（3回生）

750・木下 夕太 / 神戸電子専門学校・2回生
「海の都」中規模設計課題・B4（2回生）

751・王 健 / 大和大学・3回生
「The Run」大学に併設される認定こども園
（3回生）

752・黒田 日向子 / 広島工業大学・3回生
「創造力のままに動く、描く、汚す。」地域に賑わ
いをもたらし街を豊かにする大学施設（3回生）

753・満田 晴香 / 広島工業大学・3回生
「遭遇を誘う通り道 空間のキッシングによる
賑わいの連鎖」地域に賑わいをもたらし街を
豊かにする大学施設（3回生）

754・小西 美海 / 広島工業大学・3回生
「私たちは極楽を知っている」地域に賑わいを
もたらし街を豊かにする大学施設（3回生）

755・鳥越 汐音 / 早稲田大学・3回生
「光に息づく 光のうつろいとともに表情を変え、
輪廻する美術館」イサム・ノグチ美術館
—東京中心の文化施設群に加える新たな700㎡
の美術館（3回生）

756・金野 柚々子 / 奈良女子大学・3回生
「種を植えてみる」外とつながるこども園
（3回生）

757・伊永 桃歌 / 立命館大学・3回生
「あふれだすオスワケ空間」アクティビティと
場の構築 地域とつながる国際学生寮（2回生）

758・鄭 佳恵 / 大阪公立大学・3回生
「めぐり」現代アートのための小美術館 ～アート
とは何か?（3回生）

759・伊藤 杏華 / 日本大学・3回生
「Aoyama Gate」豊かなオープンスペースを
もつ複合施設（3回生）

761・宮坂 杏奈 / 京都大学・2回生
「Stretching grid」House（2回生）

763・吉田 奈央 / 東海大学・3回生
「Terraced Fields」Hall&Culturel
Exchange Complex in Daikanyama
（3回生）

764・塩崎 さわ / 京都精華大学・3回生
「Scientopia」新しい図書館（3回生）

765・秋山 実穂 / 東洋大学・3回生
「つなぐ暮らし」コーポラティブハウス（3回生）

766・伊藤 亜美沙 / 北九州市立大学・3回生
「ミセから広がる商店街」黒崎メディアセンター
の設計（3回生）

767・河崎 充紘 / 東京電機大学・3回生
「つながる町のネットワーク」『未来の小学校』を
設計する（3回生）

768・山田 汐音 / 畿央大学・3回生
「日『常』」産科有床診療所（3回生）

769・下川 高輝 / 大和大学・3回生
「アソビバ山脈」大学に併設される認定こども園
（3回生）

770・比護 遥 / 日本女子大学・3回生
「街のショーケース」地区センター（3回生）

772・藤木 遥斗 / 有明工業高等専門学校・4回生
「市松に住む」地域での住民交流を豊かにする
仕掛けを持つ集合住宅（4回生）

776・老沼 正翔 / 芝浦工業大学・3回生
「連繋 街と公園をつなげるオフィスの可能性」
オフィス建築（3回生）

777・鈴木 隆之介 / 武蔵野美術大学・3回生
「『の再興』地域にとっての学びの拠点」（3回生）

778・伊藤 英 / 東京工業大学・2回生
「藝科の森とエスプレッソと」別荘を設計する
（2回生）

779・西尾 晃 / 大同大学・3回生
「Unite」光と風の建築 —快適な外部空間を
もつオフィスビル（3回生）

780・小原 玲 / 茨城大学・3回生
「柱のまわりで学ぶ」茨城大学教育学部付属
小学校の建築設計（3回生）

781・和田 純 / 京都精華大学・3回生
「『錆』と建築。」Synthetic Nature
—exploring new species of the spatial
body for human life—「もうひとつの自然、
はじまりの建築」（3回生）

783・髙社 紀英 / 早稲田大学・3回生
「文化をつなぎ、体験が交錯する美術館」
第一課題（3回生）

784・高里 一希 / 関西学院大学・3回生
「暮らしの攻略、まちの攻略」シェアタウン
～暮らしを拡張する建築～（3回生）

785・根本 隼輔 / 早稲田大学・3回生
「懸隔する大地 ～高層化する建築と人々をつな
ぐ、自然と大地が干渉する美術館～」
イサム・ノグチ美術館 —東京中心の文化施設
群に加える新たな700㎡の美術館—（3回生）

786・舘 謙太朗 / 早稲田大学・3回生
「夜の本に導かれて」Tokyo International
Learning Commons —東京都中央図書館
国際館計画—（3回生）

787・黒田 聖華 / 明治大学・3回生
「Colorful」子供のための空間（2回生）

788・田中 碧乃 / 近畿大学・3回生
「ナマケモノの森」美術館（3回生）

789・近藤 羽菜 / 近畿大学・3回生
「Crystal Forest」美術館（3回生）

791・山本 直樹 / 日本大学・3回生
「Uninterrupted 繋がり出会う空間」
豊かなオープンスペースを持つ複合施設
（3回生）

792・坂本 遥 / 東京大学・3回生
「Crossing Theater」神田小川町シアター
（3回生）

793・渡邉 芽 / 近畿大学・3回生
「ふわり めぐる」美術館（3回生）

794・大町 有香子 / 京都工芸繊維大学・3回生
「コビトノセカイ」ランドスケープ（3回生）

795・サイ メイガン / 京都精華大学・3回生
「海の橋」新しい図書館（3回生）

797・前田 萌 / 近畿大学・2回生
「欒 ～RAN～」
社会的活動の場を内包する〈住宅〉（2回生）

798・土井 優矢 / 関西大学・3回生
「ハコモノが生み出す多様性」
コンテンポラリー・アート・ミュージアム（3回生）

799・榎田 遼太郎 / 九州大学・3回生
「大屋根の下に集う」コミュニティセンター
（3回生）

801・宮崎 桃 / 九州産業大学・3回生
「Sunset Complex」集合住宅設計実習
（3回生）

802・松尾 みのり / 神戸大学・3回生
「通り道」NEW MUSEUM on the
Contexts as "KOBE"（3回生）

804・植木 慧 / 京都府立大学・3回生
「斜めを歩く —疏水をつなぐアトリエ—」
鴨川沿いのアトリエ（3回生）

805・水野 尊 / 東京工業大学・3回生
「シンビカン街」東京ロッジア化計画（3回生）

806・酒井 まゆ子 / 東海大学・3回生
「雪に映えるビル」
環境と共生するファッションビル（3回生）

808・高田 夏奈 / 法政大学・3回生
「ナンドのハレとケ」ナンドが紡ぐ集合住宅
—者とモノが交差する家—（3回生）

809・岡本 晃輔 / 滋賀県立大学・3回生
「日常のシークエンス」日野町生涯学習センター
（3回生）

810・三浦 宇英 / 広島工業大学・3回生
「地域を結ぶ陸の船」大学複合施設（3回生）

813・田原 万桜子 / 東京理科大学・3回生
「つながる視線と町と人」
つながるかたちを再考する(3回生)

814・鈴木 祥保 / 東京理科大学・3回生
「隔て、つなぐ。」つながるかたちを再考する
(3回生)

816・村松 康平 / 法政大学・2回生
「遊」絵本ライブラリーをもつ幼稚園(2回生)

817・吉田 侑生 / 法政大学・2回生
「区(マチ)」絵本ライブラリーをもつ幼稚園(2回生)

818・粟飯原 璃子 / 京都府立大学・3回生
「三次元的オモテ・ウラ」『機能のない空間』としての町家改修(3回生)

819・山田 乃愛 / 大手前大学・3回生
「窓がつなぐ、まちと家カフェ」カフェ空間のある複数世代の住宅(2回生)

820・奥田 知奈美 / 大手前大学・3回生
「小さな集落」集合住宅の設計(3回生)

821・磯崎 美結 / 大手前大学・2回生
「寄り道」カフェ空間のある複数世代の住宅(2回生)

823・山田 愛菜 / 大手前大学・3回生
「ハーモニーライン 境界線で調和をつくる」
事務所ビルの設計(3回生)

824・大北 彩未 / 大手前大学・3回生
「奥行き」カフェ×住宅(2回生)

825・長坂 茉咲 / 京都工芸繊維大学・3回生
「Bicycle Infrastructure」都市と建築:
元待賢小学校校舎の保存再生(3回生)

826・手塚 蓮 / 東洋大学・3回生
「しなりが生む選択肢」
街・公園とともにある美術館(3回生)

829・宮田 麗 / 武蔵野大学・3回生
「わたしたちの図書マルシェ」
コモンズとしての大学図書館

830・浮田 有我志 / 横浜国立大学・3回生
「対話し合うまちへの上り口」新しいまちの駅
(3回生)

831・藤原 里衣子 / 京都大学・3回生
「環を紡ぐ。」SCHOOL(3回生)

832・寺奥 莉央 / 芝浦工業大学・3回生
「出会いをはぐくむとしょかん」地域の公共複合施設 成熟社会における市民の文化活動拠点としての図書館(3回生)

833・箕輪 吏紗 / 芝浦工業大学・2回生
「AttracTrail 惹きこまれる路地」
"ホームオフィスのある家" 近隣とのつながりを考える(2回生)

834・髙橋 優花 / 日本大学・3回生
「通場 ―とおってゆよう 日常にある劇場―」
表参道のふたつの小劇場(3回生)

836・友尾 太一 / 東京電機大学・3回生
「ベデデと囲う魅力の世界」
『未来の小学校』を設計する(3回生)

837・熊見 宏大 / 大手前大学・3回生
「出会い住宅」集合住宅の設計(3回生)

840・豊 菜々子 / 大阪産業大学・3回生
「Step Interact」学生会館(Student
Union) in NOZAKI(3回生)

842・田渕 あかり / 札幌市立大学・3回生
「次世代を生むジャンプ台」
札幌・大倉山シャンツェの複合計画(3回生)

843・山田 さくら / 愛知工業大学・2回生
「おばあちゃん家」
まちづくりに寄与する瀬戸らしい住まい(2回生)

844・澤村 亮太 / 千葉大学・3回生
「ゆるくかける ～新しい学校の提案～」
建築設計Ⅴ『小学校』(3回生)

846・安田 奈央 / 文化学園大学・3回生
「Look up at『』museum 見上げる美術館」
地域と共生する美術館(3回生)

847・原田 成己 / 近畿大学・2回生
「屋根がつくる居場所」
社会的活動の場を内包する〈住宅〉(2回生)

848・浜田 結月 / 大手前大学・3回生
「屋根で繋がり」
夙川ほとりに建つ地域交流センター(2回生)

849・冷 雪瑞 / 京都精華大学・3回生
「透明な図書館」新しい図書館(3回生)

850・五十嵐 千帆 / 近畿大学・3回生
「『多様性』という選択肢」集合住宅(3回生)

853・木下 武蔵 / 関西学院大学・3回生
「自然の様相」『風の彫刻家のための美術館』
―自然とアートの風景化―(3回生)

854・中村 亘佑 / 法政大学・3回生
「知識への旅路 ～探索・散策・創作の図書館～」
探索・散策・創作の図書館(3回生)

855・篠原 優天 / 大阪市立大学・3回生
「映され、変えられ。」現代アートのための小美術館 ～アートとは何か?(3回生)

856・荒木 朝子 / 関西大学・3回生
「創造体験」
コンテンポラリー・アート・ミュージアム(3回生)

857・村上 将大 / 九州工業大学・3回生
「壁の隙間に居住する」
新しい住戸プランと、その集合(3回生)

859・真壁 洋志 / 東北芸術工科大学・4回生
「めぐる、回遊都市」
建築設計演習3『エコタウン』(3回生)

861・若林 純也 / 名古屋工業大学・3回生
「アイデア溢れる円頓寺の街」『円頓寺地区にすまう』―現代・未来の町家―(3回生)

863・石澤 航 / 九州大学・3回生
「興隆之基柱」多様化する地域ニーズに応えるコミュニティセンター(3回生)

866・佐藤 秀弥 / 広島大学・3回生
「建築は平和を開き、私たちは平和を紡ぐ」
ヒロシマアートミュージアム(3回生)

867・楠部 のどか / 近畿大学・2回生
「万華鏡がつくる路地」
光のギャラリー:9mキューブ(2回生)

868・礒田 悠佑 / 金沢工業大学・3回生
「共生」せせらぎ通りの80人の集住体(3回生)

869・佐方 峻吾 / 名古屋工業大学・3回生
「ヒラケ、カベ ～呪文でカベを開いて、ヒトを招き入れる～」『円頓寺地区にすまう』―現代・未来の町家―(3回生)

870・伊大知 歩佳 / 職業能力開発総合大学校・2回生
「緩やかに繋いで」楽器演奏を趣味に持つ家族の専用住宅(木造2階建)(2回生)

871・小嶋 希杏 / 日本工学院専門学校・3回生
「間隙を縫う」洗足池のコミュニティセンター
(3回生)

872・石野田 蘭 / 日本大学・3回生
「Water labyrinth」水族館(3回生)

873・田中 修斗 / 日本大学・3回生
「厳中水族館」水族館(3回生)

876・池田 ひかる / 神戸芸術工科大学・2回生
「はじまりのやね」神戸まちなか広場(2回生)

879・足立 莉菜 / 明治大学・3回生
「つながる ひろがる」明治大学生田ラーニング・センター ―学びの現在形―(3回生)

880・井戸 菜々美 / 関西大学・3回生
「アートで行き交う」
コンテンポラリー・アート・ミュージアム(3回生)

881・阿部 凌平 / 早稲田大学・3回生
「大地への帰属」イサム・ノグチ美術館 ―東京中心の文化施設群に加える新たな700㎡の美術館―(3回生)

883・松岡 幸歩 / 九州工業大学・2回生
「『欠け』から生まれるつながり」変化する住まい
(2回生)

884・水野 香那 / 九州大学・2回生
「庭と人の生活」建築設計製図Ⅰ 住宅設計課題
(2回生)

885・大西 沙弥香 / 日本女子大学・3回生
「居住者と地域の融合」
街とくらす、21人のための家(2回生)

886・梅田 兼嗣 / 九州大学・3回生
「反転して立体に」環境設計プロジェクトE(3回生)

887・定諸 早紗羅 / 近畿大学・3回生
「『『『 J 』』」まちづくりの核として福祉を考える
(3回生)

888・林田 晴翔 / 神戸芸術工科大学・2回生
「ユスリカの家」神戸まちなかファクトリー(2回生)

889・鈴木 大輝 / 東京電機大学・2回生
「本と居場所があるところ」公共に開かれた建築の設計 ―周辺地域を魅力的に活性化する施設デザイン―(2回生)

892・長谷川 愛 / 慶應義塾大学・3回生
「GINZA5.0 ～KK繋が繋ぐ物語～」
デザインスタジオ(都市と建築)(3回生)

893・若泉 咲 / 神戸電子専門学校・2回生
「住時を辿る道」中規模設計課題・B3(2回生)

894・上本 詩織 / 東京大学・3回生
「水辺で寄り添う団地」
大島四丁目団地部分更新計画(3回生)

895・眞田 梨香子 / 工学院大学・3回生
「Green Coral Reef」カフェのある本屋
(3回生)

896・亀谷 匠 / 東京理科大学・3回生
「街区モデル」谷中の木造長屋 ―まちなみと路地のデザイン―(2回生)

897・長澤 岳 / 神戸大学・3回生
「都市の谷で、芸術を仰ぐ」NEW MUSEUM
on the Contexts as "KOBE"(3回生)

898・堀 雄登 / 新潟大学・3回生
「流れる人、生まれる出会い」
にいがたパブリックシアター(3回生)

899・田尻 翔梧 / 名古屋工業大学・3回生
「ケヤキは大黒柱、そして建築は朽ちていく」
『円頓寺地区にすまう』―現代・未来の町家―
(3回生)

900・平川 頌太 / 佐賀大学・3回生
「BOX×BOX ～チャレンジショップによる駅周辺活性化計画～」『KITTE スクエアさが』
都市のソーシャルバリューを高め、循環を再設計する(3回生)

901・川瀬 稜太 / 関西学院大学・3回生
「Smooth:Clear ―新宮晋的志向の美術館―」
『風の彫刻家のための美術館』―自然とアートの風景化―(3回生)

902・近藤 叶望 / 名古屋大学・3回生
「Urban Biblio-Grotto」
Public Library in CHIKUSA(3回生)

904・山本 利洋 / 九州大学・3回生
「人を集め、花を拡げる」
環境設計プロジェクトF(3回生)

905・橋本 あいか / 大同大学・3回生
「つなぐ『イス』」
街 TO/GA/NI/DE/WO 学ぶ 学校(3回生)

906・宮本 雄史 / 東京理科大学・3回生
「地域と呼応する―周辺環境とつながる円弧型小学校―」自分の通った小学校の未来化プロジェクト(3回生)

907・蓮沼 岳人 / 京都大学・3回生
「すべてが見える美術館」第4世代の美術館
(3回生)

908・石川 陽久 / 名城大学・3回生
「やきものSTAYション」
体験・滞在型余暇活動施設(3回生)

909・神谷 花歩 / 大同大学・3回生
「根ははりひろがる」光と風の建築 ―小学校
(3回生)

910・門川 結 / 関西学院大学・3回生
「The Pulse」『風の彫刻家のための美術館』
―自然とアートの風景化―(3回生)

911・伊藤 琉星 / 名城大学・3回生
「とことこくらり」体験・滞在型余暇活動施設
(3回生)

913・川北 大洋 / 日本大学・3回生
「画像生成AIを活用した設計」豊かなオープンスペースをもつ複合施設(3回生)

914・三槻 麟太郎 / 佐賀大学・3回生
「『自分』を纏う夜」『KITTE スクエアさが』
都市のソーシャルバリューを高め、循環を再設計する(3回生)

915・竹下 優希 / 佐賀大学・3回生
「つなぎ いろどり にぎわう」『KITTE スクエアさが』都市のソーシャルバリューを高め、循環を再設計する(3回生)

916・中山 結喜 / 名古屋造形大学・3回生
「束なる柱」製材できる公共施設(3回生)

917・稲本 一太 / 佐賀大学・3回生
「透ける街、通る風、届く声」『KITTE スクエアさが』都市のソーシャルバリューを高め、循環を再設計する(3回生)

918・北岡 智也 / 神戸大学・3回生
「繭と解体」NEW MUSEUM on the
Contexts as "KOBE"(3回生)

920・下川 楓翔 / 福岡大学・3回生
「拝啓、100年後のこの街へ ―ロスフラワーの活用による街の新たな可能性―」アンサンブル(3回生)

921・林 航大 / 名古屋大学・3回生
「森へ溶け込む枠組 ―生物多様性に倣う―」
Public Library in CHIKUSA(3回生)

922・井上 円翔 / 立命館大学・3回生
「学びの谷 ～知育とビオトープ―」
幼老複合施設 ―多世代交流を促進する空間の創造―(3回生)

923・島 孝太 / 早稲田大学・3回生
「秩序の交錯が生み出す」イサム・ノグチ美術館 ―東京中心の文化施設群に加える新たな700㎡の美術館―(3回生)

924・中村 優斗 / 三重大学・3回生
「緑の渓谷 ―街のシンボルとなる集合住宅～」
集合住宅 ＜共住の街をつくる＞(3回生)

927・渥美 遥香 / 多摩美術大学・3回生
「だんだん。」架構(3回生)

930・隅田 渚美 / 大和大学・2回生
「無限の自由」集合住宅 一室のボリューム計画
(2回生)

931・横田 裕己 / 法政大学・3回生
「ひらり ―建築的樹木による人とセカイの出会いの場」探索・散策・創作の図書館(3回生)

932・冨田 玲子 / 東京大学・3回生
「住む=見守る=見守られる」
大島四丁目団地部分更新計画(3回生)

933・髙野 優 / 法政大学・3回生
「森になる知の実を求めて ―図書の幹からなる、知識の広がり―」知の集積としての図書館を設計する(3回生)

935・北野 貴章 / 関西学院大学・3回生
「編みモ『建築』『風の彫刻家のための美術館』
―自然とアートの風景化―(3回生)

936・三輪 知弘 / 東京理科大学・3回生
「NEON」つながるかたちを再考する(3回生)

937・濱高 志帆 / 福岡大学・3回生
「たまり、ひらき、うまれる」アンサンブル(3回生)

938・齋藤 結愛 / 愛知工業大学・3回生
「Activium」新・図書館 50+(3回生)

939・二橋 颯 / 愛知工業大学・3回生
「誘うを誘うラーニングセンター」
新・図書館 50+(3回生)

943・奈良田 有咲 / 近畿大学・2回生
「適度な距離と繋がり」
社会的活動の場を内包する〈住宅〉(2回生)

942・原田 桃果 / 武庫川女子大学・3回生
「お宅のお庭素敵ですね ～ミセニワから始まるキッカケ～」中庭のある集合住宅と小公園
(2回生)

944・山本 悠羽 / 日本文理大学・3回生
「導美術館」べっぷ シーサイド・ミュージアム
(3回生)

945・平山 敦 / 神戸大学・3回生
「凸と凹 ―表層と内部―」都賀川沿いに建つ
＜子育てスクエア＞(3回生)

946・高野 慎也 / 大阪市立大学・3回生
「不在の先の存在 ―塩田千春美術館―」
現代アートのための小美術館 ～アートとは何か?
(3回生)

948・濱畑 怜香 / 京都工芸繊維大学・3回生
「INTERRECOGNITION」都市と建築:元待賢小学校校舎の保存再生(3回生)

949・池田 莉子 / 九州大学・2回生
「ハオビウム」House of the Biophilia
(2回生)

950・藤本 力樹 / 東京工業大学・3回生
「はなさかマンション」東京ロッジア化計画
(3回生)

951・藤原 駿弥 / 近畿大学・3回生
「記憶の壁と平和の響き」
現代美術のための美術館(3回生)

952・松島 英星 / 早稲田大学・3回生
「Diverse Encounters」
Tokyo International Learning Commons
―東京都中央図書館国際館計画―(3回生)

953・望月 奈菜 / 静岡理工科大学・3回生
「Food Lab Library」Landscape for
Reading ～読むための風景～(3回生)

954・太田 実里 / 岡山県立大学・3回生
「境界線に浮かぶ美術館」
「美術館」―境界を設計する―(3回生)

955・橋本 七海 / 岡山県立大学・3回生
「蔵 ―守り守られる石の家―」
「美術館」―境界を設計する―(3回生)

957・岡元 愛奈 / 昭和女子大学・3回生
「暮らしの結び目」暮らしたい高円寺をつくる
(3回生)

958・沖野 希美 / 大同大学・3回生
「One step at a time」
光と風の建築 ―小学校(3回生)

959・山本 洸生 / 大同大学・3回生
「教室の再編化」
光と風の建築 ―小学校(3回生)

960・二杉 莉央 / 立命館大学・3回生
「ほんのひといき」アクティビティと場の構築
地域とつながる国際学生寮(2回生)

963・山下 薫 / 大阪公立大学・3回生
「真三角公園 ―アメリカ村に生えるグラフィティ構造体―」現代アートのための小美術館
～アートとは何か?(3回生)

965・島川 樹汰 / 武蔵野美術大学・2回生
「石の棲家」小平小川町の家(2回生)

967・冨永 悠生 / 近畿大学・3回生
「膨張する建築のなかで」美術館(3回生)

969・原 由佳 / 東京理科大学・3回生
「次世代集合住宅 ～様々な距離感を調整できる集合住宅～」つながるかたちを再考する
(3回生)

970・永森 さや香 / 名城大学・3回生
「三者関係から始まる散歩道の未来」
体験・滞在型余暇活動施設(3回生)

971・淺沼 寒雪 / 東京造形大学・3回生
「大井川駅 我々が帰属すべき存在はとこれからの
まちづくり」室内建築G 地方都市 ~中心として
の駅(3回生)

972・安井 太一 / 広島工業大学・3回生
「知層の丘」地域に賑わいをもたらす街を豊かに
する大学施設(3回生)

973・田中 樹 / 法政大学・3回生
「融解する知の集積」
知の集積としての図書館を設計する(3回生)

975・森本 貫多良 / 愛知工業大学・2回生
「アトリエ住宅」小さなコミュニティ ―カフェの
ある住まい(2回生)

976・望月 里益 / 大阪市立大学・3回生
「繋がる家、離れる家」
100年の時間軸を持つ家(3回生)

979・谷山 祐基 / 関東学院大学・3回生
「暮らしのおすそ分け」シェアタウン ~暮らしを
拡張する建築~(3回生)

980・須藤 佳音 / 神戸芸術工科大学・3回生
「自然と暮らす家」9坪の木造住宅(3回生)

981・海老澤 理々華 / 早稲田大学・3回生
「知創の結節」Tokyo International
Learning Commons ―東京都中央図書館
国際館計画(3回生)

982・澤田 明里 / 名城大学・3回生
「まちと、人と、」体験滞在型余暇活動施設(3回生)

983・坂本 紘都 / 近畿大学・3回生
「都市と自然の媒介」美術館(3回生)

984・中川 諄也 / 東洋大学・2回生
「廻り巡らす家 ~導線を廻り,思考を巡らす~」
天沼新田に建つ、アーティストとその家族が
農作業を楽しみつつ暮らす住宅(2回生)

985・西郷 姫奈 / 芝浦工業大学・3回生
「未来の種 ~こころに寄り添うまちの美術館~」
カフェのある図書館(2回生)

986・市原 優希 / 早稲田大学・3回生
「都市のポーラス」イサム・ノグチ美術館
―東京中心の文化施設群に加える新たな
700㎡の美術館(3回生)

987・山本 拓二 / 大阪工業大学・3回生
「マホロバ」道の駅(3回生)

989・水木 瑳和子 / 神戸大学・3回生
「雨の日も、晴れの日も」
都賀川沿いに建つ<子育てスクエア>(3回生)

990・山田 季穂 / 愛知工業大学・2回生
「つながり、育むまちづくり」まちづくりに寄与
する瀬戸らしい住まい(2回生)

992・長谷川 昂大 / 福井大学・3回生
「Intervento ~介入~」通りの中の小劇場
(3回生)

993・雑賀 菜月 / 立命館大学・2回生
「八感」母の家(2回生)

994・梶田 寛太 / 大阪芸術大学・2回生
「I lost sight of the world」
芸術作品が迎えるゲストハウス(2回生)

995・軽井 駿成 / 大阪工業大学・3回生
「木々の間」道の駅(3回生)

996・劉 昊林 / 京都橘大学・2回生
「鴨の森」植物園のレストスペース(1回生)

997・中川 鈴 / 武蔵野大学・3回生
「彩りのこみち」「楽しんで棲む」ための集合住宅
(3回生)

999・松本 大飛 / 文化学園大学・3回生
「Steampunk museum」
地域と共生する美術館(3回生)

1000・太田 紗愛梨 / 神戸芸術工科大学・3回生
「encounter」新しい図書館メディアスペース
(3回生)

1001・山本 翔大 / 名城大学・3回生
「Nagono Hotel Hub」
環境創造工学計画設計シート(3回生)

1002・翁 慧芳 / 職業能力開発総合大学校
・2回生
「個体と全体」楽器演奏を趣味に持つ家族の
専用住宅(木造2階建)(2回生)

1003・南 洼圭琉 / 近畿大学・3回生
「畝り、結び、繋ぐ。」美術館(3回生)

1004・中村 來珠 / 大同大学・3回生
「環流にふれる」光と風の建築 ―小学校
(3回生)

1006・劉 子祥 / 東京理科大学・3回生
「都市のオアシス」自分の通った小学校の未来
化プロジェクト(3回生)

1007・黒見 奏江 / 大阪工業大学・2回生
「瞳の先に何を見る?」
ギャラリーのある彫刻家のアトリエ(2回生)

1008・岩崎 園 / 九州工業大学・3回生
「土間で繋がるウチとソト」
新しい住戸プランと、その集合(3回生)

1010・松本 百花 / 武庫川女子大学・3回生
「CONNECT」瀬戸内の風景と共にある彫刻
のための庭園美術館(3回生)

1011・来間 海人 / 大和大学・2回生
「三日月の端居」
集合住宅 一室のボリューム計画(2回生)

1013・戸田 真太郎 / 東洋大学・2回生
「自然の巣窟」木と水のギャラリー(2回生)

1014・前田 大輝 / 横浜国立大学・3回生
「二面性のあるキオスク」街のキオスク 元町
(2回生)

1016・森口 尚寿 / 神戸大学・3回生
「Conceptional Conception」都賀川沿いに
建つ<子育てスクエア>(3回生)

1018・中埜 瑞希 / 東京理科大学・3回生
「表裏一体」つながるかたちを再考する(3回生)

1019・小田 りのん / 琉球大学・2回生
「大きな木の下で」わたしの家(2回生)

1020・藤本 美優 / 近畿大学・3回生
「きっかけとの距離」美術館(3回生)

1021・村上 諒 / 東京工業大学・3回生
「IKEGAMI KOURYU PROJECT」
池上地区の地域性から生まれる建築(3回生)

1022・柳橋 知花 / 法政大学・3回生
「Sponge」集住「リビングストラクチャー」(3回生)

1024・渡部 壮介 / 関東学院大学・3回生
「まちの家」シェアタウン ~暮らしを拡張する
建築~(3回生)

1025・野田 侑里 / 京都大学・3回生
「Machinaka Nature」未来の自由な学びの場
―小学校を「発酵」させる(3回生)

1026・芝 達太郎 / 神戸大学・3回生
「Sun light Stand」NEW MUSEUM on the
Contexts as "KOBE"(3回生)

1027・田口 麗 / 明治大学・3回生
「隙間から広がる、まちとつながる」
アーバン・スモール・オフィス(2回生)

1029・松野 良郁 / 早稲田大学・3回生
「彫刻と住まうように」イサム・ノグチ美術館
―東京中心の文化施設群に加える新たな
700㎡の美術館―(3回生)

1033・吉岡 桜花 / 九州大学・3回生
「柳川屋台」クリークが紡ぐ新たな交流の場(3回生)

1035・髙木 晴生 / 明治大学・3回生
「遊習」明治大学生田ラーニング・センター
―学びの現在形(3回生)

1036・牧田 紗英 / 早稲田大学・3回生
「変動する境界の中で」Tokyo International
Learning Commons ―東京都中央図書館
国際館計画―(3回生)

1037・松本 竜弥 / 東京大学・3回生
「劇場が街になる」神田小川町シアター(3回生)

1038・碓井 和佳奈 / 九州大学・2回生
「だんだん、つながる。」―国際学生寮から考え
る、段差と、人と、空間の関係―」交流スペース
を持つ国際学生寮(2回生)

1039・森 千遥 / 名古屋大学・3回生
「ずらす、浮く、そして交わさる」
Public Library in CHIKUSA(3回生)

1040・村上 凌 / 京都大学・3回生
「(不)連続性」小学校課題(3回生)

1041・塚本 美月 / 明星大学・3回生
「Sunny Spot Elementary School」
小学校建築(3回生)

1043・白崎 里玖 / 愛知工業大学・2回生
「路地裏の酒家」
まちづくりに寄与する瀬戸らしい住まい(2回生)

1045・神山 歩 / 名古屋工業大学・3回生
「木曽三川の所所」既存の都市と建築に立地
する水辺のアルカディア(3回生)

1046・矢次 大誠 / 近畿大学・2回生
「本の森 ~みんなでつくる舘~」
社会的活動の場を内包する<住宅>(2回生)

1047・池田 遼太郎 / 早稲田大学・3回生
「回帰 ―シーケンスで象る位置の再確認―」
イサム・ノグチ美術館 ―東京中心の文化施設群
に加える新たな700㎡の美術館―(3回生)

1048・和田 彩乃 / 大阪市立大学・3回生
「絵と1対1になれる美術館」現代アートのための
小美術館 ―アートとは何か?(3回生)

1050・山下 日菜乃 / 大阪市立大学・3回生
「織りなす揺れの美術館」2023年度 建築設計
演習II 第2課題(3回生)

1051・志磨 純平 / 慶應義塾大学・3回生
「Ginza Luminous Arc」デザインスタジオ
(都市と環境)

1052・今泉 友里 / 名城大学・3回生
「絡まる」基本空間デザインII第一課題:自邸
(2回生)

1053・小島 綸太郎 / 多摩美術大学・3回生
「HORIDOME GREEN MALL」
グレーター日本橋(馬喰横山・奥州街道沿線)を
舞台にした次世代へ向けた環境デザインとプロ
ジェクトランゲージの提案(3回生)

1055・石井 淳希 / 岡山県立大学・3回生
「時の憩い」「美術館」―境界を設計する―
(3回生)

1056・坪内 琴夏 / 京都府立大学・3回生
「内外が重なり交差する町家」
「機能のない空間」としての町家改修(2回生)

1058・野部 倖平 / 東洋大学・3回生
「脱固定性住宅」街のなかの家、家でつくる街
(2回生)

1061・大山 ななみ / 東京電機大学・3回生
「流れる」『未来の小学校』を設計する(3回生)

1062・齋藤 舞奈 / 文化学園大学・3回生
「Broken gems ―壊れても宝石のように
輝く」地域と共生する美術館(3回生)

1063・鈴木 丈一朗 / 日本文理大学・3回生
「俳徊な生死」べっぷ シーサイド・ミュージアム
(3回生)

1064・山本 夏生 / 東京理科大学・3回生
「溢れ出し」つながるかたちを再考する(3回生)

1065・白井 李佳 / 東京電機大学・2回生
「こかげ」PAVILION(2回生)

1067・飯坂 直希 / 金沢工業大学・3回生
「絡まる領域」せせらぎ通りの80人の集住体
(3回生)

1072・福岡 真 / 近畿大学・3回生
「芸でつなぐ」商店街に隣接する小学校(3回生)

1073・甲斐 崇人 / 近畿大学・3回生
「破片の先に」市庁舎に隣接する美術館(3回生)

1075・中西 将大 / 九州大学・3回生
「まちの心臓」クリークが紡ぐ新たな交流の場
(3回生)

1076・羽田 哲平 / 大阪公立大学・3回生
「Borderless ―領域分裂が織りなす新たな
公共空間―」NEW PUBLIC PLACE ―[私]
と[公]が共存する建築―(3回生)

1077・大野 岳 / 大阪市立大学・3回生
「音楽との共鳴」NEW PUBLIC PLACE
―(私)と(公)が共存する建築―(3回生)

1078・吉本 詩文 / 大阪工業大学・3回生
「晶洞の本」新駅に隣接するこれからの地域
図書館(3回生)

1080・畑口 優太 / 日本大学・2回生
「時代を跨ぐ伝統住宅」環境と住空間を考える:
大横川沿いに建つ住宅(2回生)

1081・石井 ちづる / 東京都立大学・3回生
「凹凸と光の美術館」Aoyama Museum of
Modern & Art(2回生)

1082・伊藤 輝季 / 東京電機大学・3回生
「ハの字から拾える学び、変わらぬ学校」
『未来の小学校』を設計する(3回生)

1083・藤本 遥花 / 京都工芸繊維大学・3回生
「まちに『やま』をつくる」都市と建築.元待賢
小学校校舎の保存再生(3回生)

1084・岩坪 妃麻里 / 佐賀大学・3回生
「空間ボウル」
街中にくらす、81人のための集合住宅(3回生)

1085・矢嵜 陽大 / 職業能力開発総合大学校
・2回生
「公私のピアノ」楽器演奏を趣味に持つ家族の
専用住宅(木造2階建)(2回生)

1086・野下 朔矢 / 明星大学・3回生
「Through Maze 風に倣う暮らしを」
多世代交流型 集合住宅(3回生)

1088・岡留 大典 / 金沢工業大学・3回生
「生気を与える風除室 ―垣間見える暮らし―」
せせらぎ通りの80人の集住体(3回生)

1090・諏訪 和永 / 東京造形大学・3回生
「祭礼芸術による再復興 象徴的中心としての
駅」室内建築G 地方都市 ~中心としての駅~
(3回生)

1093・細川 真子 / 武庫川女子大学・3回生
「receptivity ~受容する宿泊施設~」
歴史的都市に建つ宿泊施設(3回生)

1095・齋藤 佳佑 / 東京電機大学・2回生
「千住仲町の中心」図書館の設計(2回生)

1096・北野 開論 / 神戸芸術工科大学・3回生
「写しだす建築」新しいメディアスペース
~これからの公共空間を考える~(3回生)

1097・大田 慎也 / 福井大学・3回生
「アーケードで育む『賑わい』」
通りの中の小劇場(3回生)

1100・小谷 恭平 / 東洋大学・3回生
「カコイ、ササエル ―皆を受け入れる寛大な
美術館」街、公園とともにある美術館(3回生)

1101・大谷 真央 / 大手前大学・3回生
「『私』の住む家」建築・インテリア設計演習I
(1回生)

1102・安澤 広晟 / 関西学院大学・3回生
「ねじれの中の狭間空間」『風の彫刻家のため
の美術館』―自然とアートの風景化―(3回生)

1103・上野 彩彩 / 広島工業大学・3回生
「巡る、聴こえる わたしのアーカイブ」地域に
賑わいをもたらし街を豊かにする大学施設
(3回生)

1105・山口 史斗 / 日本文理大学・3回生
「ひとつ屋根の下の未来 ~未完成の可能~」
多世帯住宅:シェアハウス(3回生)

1106・小松崎 開聖 / 東京造形大学・3回生
「玉川上水駅」室内建築G 地方都市 ~中心と
しての駅(3回生)

1107・飯田 泰知 / 東京造形大学・3回生
「蛍との対話」室内建築G 地方都市 ~中心とし
ての駅(3回生)

1108・外村 凜人 / 京都精華大学・3回生
「山と交わる集合住宅」〇〇する建築(3回生)

1109・村上 裕菜 / 立命館大学・2回生
「水砦」風景のパヴィリオン(2回生)

1110・和田 親 / 東京都市大学・3回生
「名前のない空き地 ―学びを広げる匿名性の
ある居場所」大学院キャンパス(3回生)

1111・野本 真梨珠 / 日本文理大学・3回生
「公園のそのうえで」多世帯住宅:シェアハウス
(3回生)

1112・畠山 桃歌 / 福岡大学・2回生
「本の木」交流施設 ―七隈キャンパス学生
ラウンジ(2回生)

1113・水流 航太郎 / 大和大学・3回生
「VIVEIL」大学に併設される認定子ども園
(3回生)

1114・設楽 源太 / 日本大学・3回生
「izanai」豊かなオープンスペースをもつ複合
施設(3回生)

1115・山賀 紬生 / 武蔵野美術大学・3回生
「境界体」神宮前に作るストリートカルチャーの
ギャラリー、ラグジュアリーホテル(3回生)

1117・津戸 新太 / 福井大学・3回生
「積む、育てる、商店街と劇場」
通りの中の小劇場(3回生)

1119・原口 七樹 / 東京都立大学・3回生
「holes」まちのコンテクストを活かし、
まちの価値を高める都市施設(3回生)

1120・齋藤 央樹 / 明星大学・2回生
「Square Pipe」小さなお店を持つ住宅
(2回生)

1121・梅林 向日葵 / 大阪工業大学・3回生
「縁の杜」これからの小学校(2回生)

1122・松本 幸智子 / 近畿大学・3回生
「廻る、めぐる」
まちづくりの核として福祉を考える(3回生)

1123・井上 楓 / 早稲田大学・3回生
「ハ ザ マ 段でつながり、あられる空間」
イサム・ノグチ美術館 ―東京中心の文化施設
群に加える新たな700㎡の美術館―(3回生)

1124・松井 凛 / 近畿大学・2回生
「もぐるカフェ」商店街の裏路地カフェ(2回生)

1126・鈴木 碧志 / 武蔵野美術大学・3回生
「虚の連続」都市の環境単位 ―富ヶ谷(3回生)

1130・石井 美沙 / 千葉工業大学・3回生
「美術と自然の共存」
上野公園に立つ現代美術館(3回生)

1131・津田 瑞稀 / 近畿大学・3回生
「他者と目線でつながる人家」
地域の居場所となる小学校(3回生)

1133・菅田 夏鈴 / 芝浦工業大学・3回生
「木籠の図書館」地域の公共複合施設 成熟社会
における市民の文化活動拠点としての図書館
(3回生)

1136・菊池 真央 / 日本人学・3回生
「灯り処」民家再生(3回生)

1137·代永 あかり / 宇都宮大学·3回生
「kodachi」地域の人々が"自然に集う"居場所
(3回生)

1138·横山 一華 / 大和大学·3回生
「atama」大学に併設される認定こども園
(3回生)

1139·金子 翔 / 名古屋造形大学·3回生
「覚王山ターミナル」まちのビル:共有地をつくる
(3回生)

1141·筒井 櫻子 / 北九州市立大学·3回生
「絡めあい」黒崎メディアセンターの設計
(3回生)

1144·中村 光輝 / 多摩美術大学·3回生
「水上オフィス·BANKOKU」クリエイティブ·
ワーカーのためのオフィス·ワークプレース
(3回生)

1145·薄葉 光汰 / 日本大学·3回生
「変化とともに生きる」豊かなオープンスペース
をもつ複合施設(3回生)

1147·梶原 悠太郎 / 法政大学·3回生
「Cycling Houses」
現代のリビングブリッジを再構する(3回生)

1148·金城 大起 / 崇城大学·2回生
「雨の家」気持ちのよい住宅(2回生)

1149·信太 秀仁 / 早稲田大学·3回生
「境界を拓く ─人と人、人と本のインターフェイス 国境を越えて─」Tokyo International Learning Commons ─東京都中央図書館 国際館計画─(3回生)

1150·上田 龍斗 / 茨城大学·3回生
「Atelier School」茨城大学教育学部付属 小学校の建築設計(3回生)

1152·林 晃太郎 / 京都大学·3回生
「闇·光·美」第4世代の美術館(3回生)

1154·八田 祥太郎 / 東京都市大学·2回生
「やすらぎへの架け橋」風呂の家(2回生)

1155·林 幹太 / 大阪市立大学·3回生
「MCP ～地域センターと学童施設の複合施設 の提案～」文化複合施設「地域のコミュニケーションプレイス」

1159·小山田 琢典 / 芝浦工業大学·3回生
「arch layer hall」大学セミナー会館
(3回生)

1160·藤友 愛美 / 近畿大学·2回生
「重なる魅力」光のギャラリー:9mキューブ
(2回生)

1162·佐藤 翔真 / 名城大学·3回生
「繋ぐ壁」商店街に立地する集合住宅(2回生)

1164·村上 寛明 / 広島工業大学·3回生
「集まって、たまって、広がって」地域に賑わいを もたらし街を豊かにする大学施設(3回生)

1166·二村 洸生 / 名城大学·3回生
「捷路地」体験:滞在型余暇活動施設(3回生)

1167·小林 寛菜 / 法政大学·3回生
「繋ぐ」図書館(3回生)

1170·髙森 悠斗 / 福井工業大学·2回生
「共生するこども園」こども園(2回生)

1174·中森 紗也佳 / 近畿大学·3回生
「趣味で暮らす、趣味で繋ぐ集合住宅」集合住宅
(3回生)

1180·中谷 紀克 / 立命館大学·3回生
「包み込む温かさ」まちの中心となるグラウンド デザイン ─メタデザインとシミュレーション─
(3回生)

1182·小林 修輔 / 文化学園大学·3回生
「童心美術館 ～心の中の無限成長美術館～」 建築デザインスタジオI(3回生)

1187·藏田 彩加 / 京都府立大学·3回生
「街のなかに暮らす」長屋リノベーション
(3回生)

1189·朴 志尹 / 法政大学·3回生
「LIVE HOUSE Live in a House with Live house」○○と暮らす(3回生)

1190·大坪 橘平 / 京都大学·3回生
「心象のモワレ ─京都市の小中学生と考える 次世代の学校」未来の自由な学びの場 ─小学校を『発酵』させる(3回生)

1196·秋岡 清貴 / 滋賀県立大学·3回生
「HIKIDASU station」滞在のリデザイン(3回生)

1197·栗谷 健太郎 / 京都美術工芸大学·3回生
「幹でつなぐ本室 ～交流から生まれる新たな 拠点～」リノベーションデザイン(3回生)

都道府県別応募登録者数

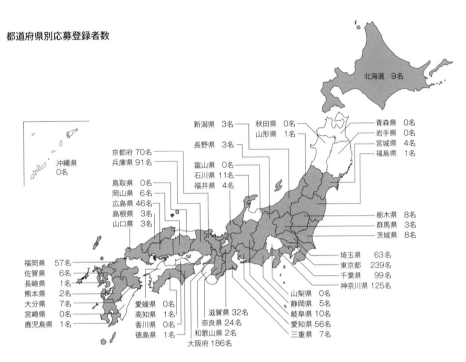

北海道 9名
新潟県 3名　秋田県 0名　青森県 0名
山形県 1名　岩手県 0名
宮城県 4名
福島県 1名
長野県 3名
京都府 70名
兵庫県 91名
富山県 0名
石川県 11名
福井県 4名
沖縄県 0名
鳥取県 0名
岡山県 6名
広島県 46名
島根県 3名
山口県 3名
栃木県 8名
群馬県 3名
茨城県 8名
埼玉県 63名
東京都 239名
千葉県 99名
神奈川県 125名
福岡県 57名
佐賀県 6名
長崎県 1名
熊本県 2名
大分県 7名
宮崎県 0名
鹿児島県 1名
愛媛県 0名
高知県 0名
香川県 0名
徳島県 1名
山梨県 0名
静岡県 5名
岐阜県 10名
愛知県 56名
三重県 7名
滋賀県 32名
奈良県 24名
和歌山県 2名
大阪府 186名

学校別応募登録者数

学校名	人数	学校名	人数	学校名	人数	学校名	人数
日本大学	114	大手前大学	10	大阪公立大学	4	東京都立大学	2
近畿大学	89	金沢工業大学	10	大阪産業大学	4	新潟大学	2
大阪電気通信大学	87	滋賀県立大学	10	追手門学院大学	4	福井工業大学	2
法政大学	58	愛知工業大学	9	共立女子大学	4	亜洲大学(韓国)	1
芝浦工業大学	37	京都精華大学	9	東京工芸大学	4	穴吹デザイン専門学校	1
早稲田大学	36	神戸電子専門学校	9	東京造形大学	4	有明工業高等専門学校	1
東京理科大学	29	千葉工業大学	9	奈良女子大学	4	鹿児島大学	1
京都大学	27	名古屋工業大学	9	日本工学院専門学校	4	畿央大学	1
東洋大学	23	関西大学	8	前橋工科大学	4	京都建築大学校	1
明治大学	23	北九州市立大学	8	青山製図専門学校	3	金城学院大学	1
東京電機大学	22	工学院大学	8	宇都宮大学	3	桑沢デザイン研究所	1
九州大学	21	文化学園大学	8	大阪大学	3	静岡理工科大学	1
東京都市大学	20	大阪芸術大学	7	京都橘大学	3	椙山女学園大学	1
大阪工業大学	19	多摩美術大学	7	島根大学	3	成安造形大学	1
京都工芸繊維大学	19	東京工業大学	7	職業能力開発総合大学校	3	専門学校東京テクニカルカレッジ	1
立命館大学	19	日本文理大学	7	信州大学	3	崇城大学	1
武庫川女子大学	18	福岡大学	7	名古屋市立大学	3	東北大学	1
神戸大学	17	愛知淑徳大学	6	福井大学	3	東北芸術工科大学	1
大同大学	16	岡山県立大学	6	北海道科学大学	3	長崎大学	1
武蔵野美術大学	16	京都府立大学	6	宮城大学	3	新潟工科大学	1
名城大学	16	国士舘大学	6	安田女子大学	3	日本工学院八王子専門学校	1
関東学院大学	15	佐賀大学	6	山口大学	3	日本工業大学	1
大和大学	15	摂南大学	6	読売理工医療福祉専門学校	3	広島大学	1
慶應義塾大学	14	名古屋大学	6	早稲田大学芸術学校	3	福山大学	1
関西学院大学	13	千葉大学	5	麻生建築&デザイン専門学校	2	北海学園大学	1
広島工業大学	13	東京大学	5	神奈川大学	2	北海道大学	1
九州工業大学	12	名古屋造形大学	5	九州産業大学	2	三重大学	1
神戸芸術工科大学	12	日本女子大学	5	京都美術工芸大学	2	宮城学院女子大学	1
武蔵野大学	12	明星大学	5	札幌市立大学	2	琉球大学	1
東海大学	11	横浜国立大学	5	静岡文化芸術大学	2		
大阪市立大学	10	茨城大学	4	昭和女子大学	2		

2023年度 運営組織について

```
┌─────────────────────────────┐
│  関西の建築系大学の学生による任意組織  │
├─────────────────────────────┤
│  建築新人戦実行委員会（学生）    │
└─────────────────────────────┘
  ■「建築新人戦」の運営

┌─────────────────────────────┐
│  実行委員長、副実行委員長、       │
│  実行委員5〜10名程度により構成    │
├─────────────────────────────┤
│  建築新人戦実行委員会（教員）    │
└─────────────────────────────┘
  ■「建築新人戦」の審査・運営   ■ 学生実行委員への協力

        ┌─────────────┐
        │  ゲスト審査委員  │
        └─────────────┘

    ┌─────────────────────────┐
    │    建築新人戦の開催        │
    └─────────────────────────┘

『建築新人戦オフィシャルブック』の出版（株式会社 総合資格）
```

委員長
光嶋 裕介（神戸大学特命准教授 / 光嶋裕介建築設計事務所）

副委員長
山口 陽登（大阪公立大学講師 / YAP）

幹事委員
芦澤 竜一（滋賀県立大学教授 / 芦澤竜一建築設計事務所）
倉方 俊輔（大阪公立大学教授）
小林 恵吾（早稲田大学准教授 / NoRA）
榊原 節子（榊原節子建築研究所）
白須 寛規（摂南大学講師 / design SU）
福原 和則（大阪工業大学教授）
堀口 徹 　（近畿大学建築学部准教授）
前田 茂樹（GEO-GRAPHIC DESIGN LAB.）

事務局長
末吉 一博（総合資格学院）

オフィシャルブック「001」は学芸出版社より発行

建築新人戦2023
実行委員会（学生）

代　表　田中 柚衣（摂南大学）
副代表　向出 祥馬（大阪工業大学）
会　計　西浦 咲季（神戸大学）
総務代表　加藤 吏佳子（武庫川女子大学）
総　務　近藤 佳乃（大阪工業大学）
　　　　芝﨑 琉（神戸大学）
　　　　西尾 美希（武庫川女子大学）
執行部補佐　鬼丸 凌雅（近畿大学）
　　　　西村 凛（摂南大学）
　　　　古賀 大督（立命館大学）
　　　　村上 裕菜（立命館大学）

映像班
班　長　羽岡 美紀（京都大学）
副班長　平岡 拓真（京都大学）
　　　　山田 奈々（奈良女子大学）
班　員　荒木 宥紀（武庫川女子大学）
　　　　吉村 尚生（摂南大学）
　　　　國澤 晃一（摂南大学）
　　　　小林 大輝（摂南大学）
　　　　木田 和都希（大阪公立大学）
　　　　三輪 穂高（立命館大学）
　　　　鹿嶽 芽生（武庫川女子大学）
　　　　永池 真治（麻生建築&デザイン専門学校）

広報班
班　長　衣川 心葉（摂南大学）
副班長　森 日南多（立命館大学）
班　員　中岡 綺良（摂南大学）
　　　　上田 ゆき乃（神戸大学）
　　　　岡 真琴（立命館大学）
　　　　河合 瑞季（立命館大学）
　　　　天野 絢葉（京都工芸繊維大学）
　　　　丸野 恭祐（摂南大学）
　　　　佐藤 直哉（摂南大学）
　　　　井野 望叶（武庫川女子大学）
　　　　池田 和音（武庫川女子大学）

書籍班
班　長　奥 瑞貴（武庫川女子大学）
副班長　山本 拓二（大阪工業大学）
　　　　金子 軒常（大阪工業大学）
班　員　遠藤 ひまり（武庫川女子大学）
　　　　石川 佳純（武庫川女子大学）
　　　　堀 琴美（関西学院大学）
　　　　松澤 侑奈（京都大学）
　　　　宮本 泰幸（神戸大学）
　　　　平櫛 杏月（摂南大学）
　　　　直山 太陽（大阪工業大学）
　　　　石黒 沙羅（近畿大学）
　　　　渡辺 芽未（近畿大学）
　　　　藤村 凜太郎（大阪工業大学）
　　　　小原 羽菜（武庫川女子大学）
　　　　横山 実咲（武庫川女子大学）
　　　　岩井 優佳（武庫川女子大学）
　　　　大知 優々佳（武庫川女子大学）
　　　　仲 伶菜（武庫川女子大学）

審査班
班　長　坪井 孝樹（摂南大学）
副班長　髙島 佳乃子（武庫川女子大学）
班　員　呉 佳枝（大阪工業大学）
　　　　喜多 梨紗子（関西大学）
　　　　菊池 華乃（武庫川女子大学）
　　　　川口 凜（武庫川女子大学）
　　　　岡本 梨沙（近畿大学）
　　　　有馬 蘭（近畿大学）
　　　　奈良田 有咲（近畿大学）
　　　　伴 有紗（近畿大学）
　　　　後藤 佑太（摂南大学）
　　　　星山 達宜（摂南大学）
　　　　山下 采音（武庫川女子大学）
　　　　中村 野乃夏（武庫川女子大学）
　　　　杉山 京佳（京都大学）
　　　　加納 環（京都大学）
　　　　成瀬 孝直（摂南大学）
　　　　倉本 樹（摂南大学）
　　　　直井 勝希（摂南大学）
　　　　武智 久世（摂南大学）

会場班
班　長　中辻 優貴（畿央大学）
副班長　北岡 智也（神戸大学）
　　　　山下 泰生（大阪工業大学）
　　　　玉木 智恵（京都建築大学校）
班　員　岡村 宗颯（京都大学）
　　　　橘 香奈（摂南大学）
　　　　山之内 響祐（大阪公立大学）
　　　　前橋 彩歌（武庫川女子大学）
　　　　伊藤 博章（京都橘大学）
　　　　竹内 寧音（京都橘大学）
　　　　西村 純太（京都橘大学）
　　　　鈴木 志乃（近畿大学）
　　　　阪本 柊汰（近畿大学）
　　　　東山 竜也（近畿大学）
　　　　三浦 さゆり（近畿大学）
　　　　矢野 こゆき（近畿大学）
　　　　小林 朋稀（近畿大学）
　　　　楠部 のどか（近畿大学）
　　　　乾 咲京（近畿大学）
　　　　宮本 要（近畿大学）
　　　　児玉 武士（摂南大学）
　　　　浦崎 結（摂南大学）
　　　　浦野 真心（摂南大学）
　　　　梶田 寛太（大阪芸術大学）
　　　　磯野 愛美（大阪公立大学）
　　　　八木 茉由子（大阪公立大学）
　　　　大森 心優（大阪公立大学）
　　　　植田 陽南子（大阪公立大学）
　　　　青山 つばさ（大阪工業大学）
　　　　林 萌楓（大阪工業大学）
　　　　中嶋 由佳（大阪工業大学）
　　　　道田 優芽（大阪工業大学）
　　　　小川 友唯奈（奈良女子大学）
　　　　山本 実和（奈良女子大学）
　　　　廣田 梨紗（武庫川女子大学）
　　　　田中 周良（京都大学）
　　　　木下 賀貴（京都大学）
　　　　北谷 飛翔（近畿大学）
　　　　山本 大朔（近畿大学）
　　　　後藤 桜希（摂南大学）
　　　　小暮 野乃子（摂南大学）
　　　　船田 晃生（摂南大学）
　　　　西田 大樹（摂南大学）
　　　　西野 英次（摂南大学）
　　　　木下 聖也（摂南大学）
　　　　楠木 明樹（摂南大学）
　　　　上田 多玖真（摂南大学）
　　　　近藤 玖真（摂南大学）
　　　　川畑 亜来亜（摂南大学）

　　　　立花 遥香（摂南大学）
　　　　杉本 安佳音（摂南大学）
　　　　長屋 采希（武庫川女子大学）
　　　　野原 未羽（武庫川女子大学）
　　　　野田 ひかり（武庫川女子大学）
　　　　豊田 菜々子（武庫川女子大学）
　　　　原田 涼花（武庫川女子大学）
　　　　乾 希未（武庫川女子大学）
　　　　三木 律理子（武庫川女子大学）
　　　　狭川 花菜（武庫川女子大学）
　　　　井本 結葉（武庫川女子大学）
　　　　和藥 瑞希（武庫川女子大学）
　　　　吉田 芽生（武庫川女子大学）
　　　　山本 真穂（武庫川女子大学）
　　　　堤 祐子（武庫川女子大学）
　　　　高山 颯太（立命館大学）
　　　　吉澤 隼（立命館大学）

舞台班
班　長　原田 桃果（武庫川女子大学）
副班長　藤野 優女（武庫川女子大学）
　　　　西野 皓貴（近畿大学）
　　　　田原 成一郎（摂南大学）
班　員　藤原 百花（畿央大学）
　　　　東山 那菜（畿央大学）
　　　　橋本 悠里（畿央大学）
　　　　柳澤 巴果（近畿大学）
　　　　伊地知 樹生（大阪公立大学）
　　　　熊澤 大輝（近畿大学）
　　　　川越 千裕（近畿大学）
　　　　阿部 稜平（神戸大学）
　　　　原 そよ風（摂南大学）
　　　　福田 梨咲（摂南大学）
　　　　土井 萌愛（摂南大学）
　　　　増木 俊迪（摂南大学）
　　　　山口 諒也（摂南大学）
　　　　西口 千尋（摂南大学）
　　　　今村 由里（大阪公立大学）
　　　　藤岡 さやか（武庫川女子大学）
　　　　溝渕 水月（武庫川女子大学）
　　　　加藤 夏実（武庫川女子大学）
　　　　森下 いずみ（関西学院大学）
　　　　増田 なずな（京都工芸繊維大学）
　　　　宮島 菜々美（京都大学）
　　　　江藤 大綺（摂南大学）
　　　　井村 悠佑（摂南大学）
　　　　木場 俊輔（摂南大学）
　　　　小島 優乃（武庫川女子大学）
　　　　沖田 千夏（武庫川女子大学）
　　　　田中 佑奈（武庫川女子大学）
　　　　坂原 実和（立命館大学）
　　　　奥野 彩花（立命館大学）

制作班
班　長　藤本 悠花（京都工芸繊維大学）
副班長　細川 真子（武庫川女子大学）
　　　　森田 雅都（神戸大学）
　　　　藤井 結（早稲田大学）
班　員　林田 京華（京都工芸繊維大学）
　　　　外岡 遥（京都工芸繊維大学）
　　　　佐藤 帆純（摂南大学）
　　　　坂西 晃輔（摂南大学）
　　　　髙木 真子（京都工芸繊維大学）
　　　　後藤 来誓（京都大学）
　　　　水本 峻太郎（近畿大学）
　　　　丸岡 晴貴（近畿大学）
　　　　下森 廉（近畿大学）
　　　　大西 陽奈（武庫川女子大学）
　　　　有山 凜花（武庫川女子大学）
　　　　沖田 千夏（武庫川女子大学）

主催

特別協賛

ARCHITECTS STUDIO JAPAN

設計士とつくるデザイナーズ住宅

建築設計者のための求人サイト

協賛

VECTORWORKS.
A&A

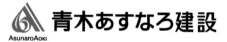

AZUSA SEKKEI

ALLOY®
ALLOY CORPORATION

SEKISUI

戸田建設

日刊建設工業新聞社

NIKKEN
日建設計

総合防水材料メーカー
日新工業株式会社

心と技術で明日を築く
村本建設株式会社

メルディアDC
Meldia Development & Construction

真実一路 株式会社 吉住工務店

株式
会社 類設計室
RUI SEKKEI SHITSU Co.,Ltd. Architects & Engineers Associates

計画・設計
IAO竹田設計

ria
RESEARCH INSTITUTE OF ARCHITECTURE
株式会社アール・アイ・エー

株式会社 池下設計

MAKE BEYOND つくるを拓く
大林組

100年をつくる会社
鹿島

岐建株式会社

建通新聞

AXS
株式会社
佐藤総合計画

SHIMIZU CORPORATION
清水建設

STARRTS
スターツCAM株式会社

TAISEI 大成建設
For a Lively World

想いをかたちに 未来へつなぐ
TAKENAKA

株式会社
大建設計

「大」きな安心「末」ながく
DAISUE 大末建設

人と地球の未来のために。
大豊建設
DAIHO CORPORATION

私たちの今が、社会の未来を創る
東亜建設工業
TOA CORPORATION

協力

東畑建築事務所
TOHATA ARCHITECTS & ENGINEERS

真柄建設

安井建築設計事務所

NEX NIPPON EXPRESS

後援

日本建築学会

JIA
日本建築家協会

日本建築士会連合会

日本建築士事務所協会連合会

建築新人戦のあゆみ

建築新人戦2009

日時：2009年10月10日(土)

会場：京都工芸繊維大学伝統工芸資料館、講義室

審査委員： **竹山　聖** （委員長/京都大学 准教授）

遠藤　秀平 （神戸大学 教授）

陶器　浩一 （滋賀県立大学 教授）

長坂　大 （京都工芸繊維大学 教授）

審査作品数：171作品　　応募登録者数：177名

来場者数：約250人(公開審査会)

主　催：日本建築学会アーキニアリング・デザイン展IN京都 実行委員会

委員長 松隈洋（京都工芸繊維大学 教授）

建築新人戦実行委員会

実行委員長 竹山聖（京都大学 准教授）

最優秀新人賞：『触＋こども＋アート』 植松千明（信州大学3回生）

建築新人戦2010

日時：2010年10月1日(金)～3日(日)〔公開審査会：2日(土)〕

会場：梅田スカイビル

審査委員： **竹山　聖** （委員長/京都大学 准教授）

大西　麻貴 （東京大学 博士課程）

中村　勇大 （京都造形芸術大学 教授）

藤本　壮介 （藤本壮介建築設計事務所）

宮本　佳明 （大阪市立大学 教授）

李　暎一 （宝塚大学 教授）

コメンテーター：五十嵐太郎（東北大学教授）

松田達（松田達建築設計事務所）

審査作品数：454作品　　応募登録者数：730名

来場者数：約1,000人

主　催：建築新人戦実行委員会

実行委員長 遠藤秀平（神戸大学 教授）

学生代表 植村洋美（武庫川女子大学3回生）

建築新人戦2011

日時：2011年10月7日(金)～9日(日)〔公開審査会：8日(土)〕

会場：梅田スカイビル

審査委員： **宮本　佳明** （委員長/大阪市立大学 教授）

谷尻　誠 （Suppose design office）

千葉　学 （東京大学 准教授）

槻橋　修 （神戸大学 准教授）

永山　祐子 （永山祐子建築設計）

コメンテーター：倉方俊輔（大阪市立大学 准教授）

松田達（東京大学 助教）

審査作品数：533作品

応募登録者数：1,013名

来場者数：約1,300人

主　催：建築新人戦実行委員会

実行委員長 中村勇大（京都造形芸術大学 教授）

学生代表 石井優香（大阪市立大学3回生）

建築新人戦2012

日時：2012年10月5日(金)～7日(日)〔公開審査会：6日(土)〕

会場：梅田スカイビル

審査委員： **遠藤　秀平** （委員長/神戸大学 教授）

五十嵐　太郎 （東北大学 教授）

キドサキナギサ （神戸大学 客員教授）

手塚　貴晴 （東京都市大学 教授）

長坂　大 （京都工芸繊維大学 教授）

コメンテーター：倉方俊輔（大阪市立大学 准教授）

審査作品数：570作品　　応募登録者数：1,008名

来場者数：約1,200人

主　催：建築新人戦実行委員会

実行委員長 中村勇大（京都造形芸術大学 教授）

学生代表 小池真貴（神戸大学3回生）

最優秀新人賞：『ある時間、ある風景』 田代晶子（早稲田大学3回生）

第1回アジア建築新人戦

日時（公開審査会）：2012年11月3日(土)

会場：大宇プルジオバレー（ソウル市江南区大峙洞968-3）

審査委員： **鄭振国** （漢陽大学校 教授）

千宜令 （京畿大学校 教授）

竹山　聖 （京都大学 准教授）

遠藤　秀平 （神戸大学 教授）

孔宇航 （天津大学 教授）

王輝 （中国建築学会建築家支会理事）

ホーディンチュー （ホーチミン市建築大学 教授）

出展作品数：17作品（韓国5作品、日本5作品、中国5作品、ベトナム2作品）

受賞：最優秀新人賞1作品、優秀新人賞4作品

主催：アジア建築新人戦実行委員会〔実行委員長／李暎一（宝塚大学 教授）〕

（社）韓国建築設計教授会[韓国]、建築新人戦実行委員会[日本]

UED都市環境設計[中国]

アジア最優秀新人賞：『詩的世界 田村隆一をたどる』

中川寛之（神戸大学3回生）

建築新人戦2013

日時：2013年10月4日(金)～6日(日)〔公開審査会：5日(土)〕

会場：梅田スカイビル

審査委員： **竹山　聖** （委員長/京都大学 准教授）

五十嵐　淳 （五十嵐淳建築設計事務所）

末廣　香織 （九州大学 准教授）

陶器　浩一 （滋賀県立大学 教授）

西沢　立衛 （横浜国立大学 教授）

前田　茂樹 （大阪工業大学 専任講師）

コメンテーター：倉方俊輔（大阪市立大学 准教授）

審査作品数：614作品　　応募登録者数：1,104名

来場者数：約1,200人

主　催：建築新人戦実行委員会

実行委員長 中村勇大（京都造形芸術大学 教授）

学生代表 岡ひかる（近畿大学3回生）

最優秀新人賞：

『木陰のさんぽみち 街のみんなのコミュニティ・スクール』

若月優希（東海大学3回生）

第2回アジア建築新人戦

日時: 2013年10月5日(土)～6日(日)〔公開審査会: 6日(日)〕
会場: ASJ UMEDA CELL(日本・大阪)
審査委員:

委員長　李　暎一
[日本]　遠藤　秀平　(神戸大学 教授)
　　　　團　紀彦　(神戸大学 客員教授)
　　　　松本　明　(近畿大学 教授)
[韓国]　鄭振国　(漢陽大学)
　　　　具英敏　(仁荷大学)
　　　　白鎭　　(ソウル大学)
[中国]　仲徳昆　(東南大学)
　　　　張頎　　(天津大学)
　　　　孫一民　(華南理工大学)
[ベトナム]LE THANH SON (ホーチミン市建築大学)
　　　　HO DINH CHIEU (ホーチミン市建築大学)
[インド]　YASHWANT PITKAR (ムンバイ大学)

出展作品数: 23作品(日本5、カンボジア1、中国5、インド2、インドネシア1、マレーシア1、ミャンマー1、韓国4、タイ1、ベトナム2)
主催: アジア建築新人戦実行委員会
　　　実行委員長 李暎一
　　　学生代表 李清揚(神戸大学3回生)

アジア最優秀新人賞
『雪舟 光の境』 崔秋韵(神戸大学3回生)

建築新人戦2014

日時: 2014年10月4日(金)～6日(日)〔公開審査会:5日(土)〕
会場: 梅田スカイビル
審査委員: 團　紀彦　(委員長/神戸大学 客員教授)

　　　　倉方　俊輔　(大阪市立大学 准教授)
　　　　竹口　健太郎　(大阪産業大学 特任教授)
　　　　平田　晃久　(平田晃久建築設計事務所)
　　　　松岡　恭子　(スピングラス・アーキテクツ)
　　　　吉村　靖孝　(明治大学 特任教授)
コメンテーター: 槻橋修(神戸大学 准教授)
　　　　　　　　宗本晋作(立命館大学 准教授)
審査作品数: 507作品　応募登録者数: 914名
来場者数: 約1,268人
主　催: 建築新人戦実行委員会
　　　　実行委員長 中村勇大(京都造形芸術大学 教授)
　　　　学生代表 池田みさき

最優秀新人賞
『青葉の笛と塔の家』
鈴江佑弥(大阪工業大学3回生)

第3回アジア建築新人戦

日時: 2014年10月25日(日)
会場: 大連理工大学(中国・大連)
審査委員:

委員長　李　暎一
[日本]　遠藤　秀平　(神戸大学)
　　　　長坂　大　(京都工芸繊維大学)
[中国]　王建国　(東南大学)
　　　　范悦　　(大連理工大学)
　　　　李文海　(大連都市発展設計会社)
[カンボジア] Karno Chhay　(王立芸術大学)
[インド] Prasanna Desai　(プネー大学PVP建築校)
[インドネシア]　Teguh Utomo Atmoko　(インドネシア大学)
[韓国]　Park Jlnho　(仁荷大学校)
　　　　Lee Yunhie　(梨花女子大学)
　　　　Huang Chulho　(延世大学校)
[ベトナム] Cuong Ha Nguyen　(ホーチミン市建築大学)

出展作品数: 22作品(カンボジア1、中国5、インド2、インドネシア1、マレーシア1、ミャンマー1、韓国5、タイ1、ベトナム1、台湾2、ラオス1、モンゴル1
主催: アジア建築新人戦実行委員会
　　　実行委員長 李暎一
　　　学生代表 王隽斉

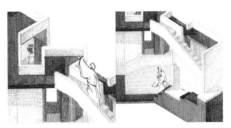

アジア最優秀新人賞
『WALLS HAVE EARS』　袁希程(中国美術学院)

建築新人戦2015

日時:2015年10月2日(金)～4日(日)〔公開審査会:3日(土)〕
会場: 梅田スカイビル

審査委員: 遠藤　秀平　(委員長/神戸大学 教授)

　　　　工藤　和美　(シーラカンスKai&H代表取締役/
　　　　　　　　　　東洋大学建築学科 教授)
　　　　島田　陽　(タトアーキテクツ/島田陽建築設計事務所)
　　　　前田　圭介　(UID)
　　　　松本　明　(近畿大学 教授)
　　　　マニュエル・タルディッツ　(明治大学 特任教授)

審査作品数: 577作品　応募登録者数: 899名
来場者数: 約1,241人
主　催: 建築新人戦実行委員会
　　　　実行委員長 中村勇大(京都造形芸術大学 教授)
　　　　学生代表 田中翔子

最優秀新人賞
『筋交い壁のある町家』
伊藤高基(九州大学3回生)

第4回アジア建築新人戦

日時: 2015年10月24日
会場: ベトナム・統一会堂
審査委員:
[日本]　　李　暎一　　（委員長/グエンタットタイン大学）
　　　　　團　紀彦　　（神戸大学）
　　　　　陶器　浩一　（滋賀県立大学）
[中国]　　Gong Kai　　　　（東南大学）
　　　　　Kong Yuhang　　（天津大学）
[韓国]　　Roh Seungbom　（漢陽大学校）
　　　　　John Yongseok　（弘益大学校）
[モンゴル]　Gonchigbat Ishjamts　（モンゴル科学技術大学）
[ベトナム]　Trinh Duy Anh　　（ホーチミン市建築大学）
　　　　　Pham Ahn Tuan　（ダナン建築大学）
[ミャンマー]　Thet Oo　　　　（西ヤンゴン工科大学）
[シンガポール]　WongYunnChii　（シンガポール国立大学）
[台湾]　　Gene Kwang-Yu King　（金光裕建築事務所）
出展作品数: 25作品(中国3、日本3、韓国3、インド2、インドネシア2、
　　　　　ベトナム2、台湾2、ラオス1、モンゴル1、スリランカ1、
　　　　　ネパール1、シンガポール1、カンボジア1、ミャンマー1、タイ1)
主催: アジア建築新人戦実行委員会
　　　実行委員長 李暎一
　　　主催国実行委員長:Trinh Duy Anh

アジア最優秀新人賞
『The Tea House –My Way Back Home』　林雨嵐(西安建築科技大学)

建築新人戦2016

日時:2016年9月24日(土)～26日(月)〔公開審査会: 25日(日)〕
会場: 梅田スカイビル
審査委員: 小川　晋一（委員長/近畿大学 教授）

　　　　　芦澤　竜一（滋賀県立大学 教授）

　　　　　乾　久美子（横浜国立大学 教授）

　　　　　加藤　耕一（東京大学 准教授）

　　　　　武井　誠　（TNA）

　　　　　福岡　孝則（神戸大学 特命准教授）

審査作品数: 607作品　応募登録者数: 905名
来場者数: 約1,311人
主　　催: 建築新人戦実行委員会
　　　　　実行委員長 中村勇大(京都造形芸術大学 教授)
　　　　　学生代表 草川望

最優秀新人賞
『茶の湯 - 光露地 Complex』
塩浦 一彗(UCL, Bartlett school of architecture 3回生)

建築新人戦2017

日時:2017年9月21日(木)～23日(土)〔公開審査会: 23日(土)〕
会場: 梅田スカイビル
審査委員: 乾　久美子（委員長/横浜国立大学 教授）

　　　　　光嶋　裕介（神戸大学 客員准教授）

　　　　　佐藤　淳　（東京大学 准教授）

　　　　　武田　史朗（立命館大学 教授）

　　　　　畑　友洋　（神戸芸術工科大学 准教授）

　　　　　増田　信吾（増田信吾＋大坪克亘）

審査作品数: 583作品　応募登録者数: 902名
来場者数: 約1,019人
主　　催: 建築新人戦実行委員会
　　　　　実行委員長 中村勇大(京都造形芸術大学 教授)
　　　　　学生代表 森谷友香(武庫川女子大学)
共　　催: 株式会社総合資格(総合資格学院)

最優秀新人賞
『DISORDERLY SPACE ～雑多性に伴う展示空間の提案～』 渡辺 拓海(近畿大学3回生)

建築新人戦2018
「10th Anniversary」

日時: 2018年9月20日(木)～22日(土)〔公開審査会: 22日(土)〕
会場: 梅田スカイビル
審査委員: 中村　勇大（委員長/京都造形芸術大学 教授）

　　　　　遠藤　秀平（神戸大学 教授）

　　　　　小川　晋一（近畿大学 教授）

　　　　　竹山　聖　（京都大学 教授）

　　　　　團　紀彦　（青山学院大学 教授）

　　　　　萬田　隆　（神戸芸術工科大学 准教授）

　　　　　宮本　佳明（大阪市立大学 教授）

審査作品数: 514作品　応募登録者数: 902名
来場者数: 約1,049人
主　　催: 建築新人戦実行委員会
　　　　　実行委員長 中村勇大(京都造形芸術大学 教授)
　　　　　学生代表 村瀬怜奈(武庫川女子大学)
共　　催: 株式会社総合資格(総合資格学院)

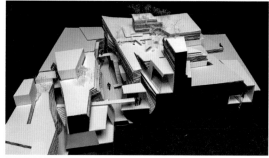

最優秀新人賞
『IMPRESSING MUSEUM』　村井 諄美(近畿大学3回生)

建築新人戦2019

日時:2019年9月20日(金)〜21日(土)〔公開審査会: 21日(土)〕
会場: 梅田スカイビル
審査委員: 平田　晃久（委員長/京都大学 教授）

　　　　　光嶋　裕介（神戸大学 客員准教授）

　　　　　金野　千恵（teco）

　　　　　藤原　徹平（横浜国立大学大学院Y-GSA 准教授）

　　　　　森田　真生（独立研究者）

審査作品数: 553作品　応募登録者数: 841名
来場者数: 約800人
主　催: 総合資格学院
　　　　実行委員長 光嶋裕介
　　　　学生代表 原和奏（武庫川女子大学）

最優秀新人賞
『こころのすみか』
長橋 佳穂（関東学院大学3回生）

建築新人戦2020

日時: 2020年9月12日(土)〜13日(日)〔公開審査会: 12日(土)〕
会場: 大阪工業大学梅田キャンパスOIT梅田タワー
審査委員: 西沢　立衛（委員長/SANAA・西沢立衛建築設計事務所・

　　　　　　　　　　横浜国立大学大学院Y-GSA 教授）

　　　　　斎藤　幸平（経済思想家・大阪市立大学 准教授）

　　　　　島田　陽　（タトアーキテクツ・島田陽建築設計事務所・

　　　　　　　　　　京都芸術大学 客員教授）

　　　　　中川エリカ（中川エリカ建築設計事務所）

　　　　　前田　茂樹（GEO-GRAPHIC DESIGN LAB.）

審査作品数: 727作品　応募登録者数: 967名
来場者数: 約424人
主　催: 総合資格学院
　　　　実行委員長 光嶋裕介
　　　　学生代表 田中恭子（武庫川女子大学）

最優秀新人賞
『見えない家族のよりどころ』
小宮田 麻理（近畿大学2回生）

建築新人戦2021

日時: 2021年9月18日(土)〜20日(月・祝)〔公開審査会: 19日(日)〕
会場: 梅田スカイビル
審査委員: 芦澤　竜一（委員長/滋賀県立大学 教授

　　　　　　　　　　/芦澤竜一建築設計事務所）

　　　　　藤野　高志（生物建築舎）

　　　　　藤原　辰史（歴史学者/京都大学 准教授）

　　　　　前田　圭介（広島工業大学 教授/UID）

　　　　　山田　紗子（山田紗子建築設計事務所）

審査作品数: 786作品　応募登録者数: 1157名
主　催: 実行委員長 光嶋裕介
　　　　学生代表 吉田生良理（近畿大学）

最優秀新人賞
『胎動する記憶』
葛谷 寧鵬（滋賀県立大学3回生）

建築新人戦2022

日時: 2022年9月17日(土)〜19日(月・祝)〔公開審査会: 18日(日)〕
会場: 梅田スカイビル
審査委員: 遠藤　克彦（委員長/茨城大学大学院 教授

　　　　　　　　　　/遠藤克彦建築研究所）

　　　　　大西　麻貴（横浜国立大学大学院Y-GSA 教授

　　　　　　　　　　/大西麻貴＋百田有希/o+h）

　　　　　平瀬　有人（早稲田大学芸術学校 教授/yHa architects）

　　　　　松村圭一郎（文化人類学者/岡山大学 准教授）

　　　　　山口　陽登（大阪公立大学 講師/YAP）

審査作品数: 739作品　応募登録者数: 1141名
主　催: 実行委員長 光嶋裕介
　　　　学生代表 白金耕汰（立命館大学）

最優秀新人賞
『母と父の家』
諸江 一桜（秋田公立美術大学3回生）

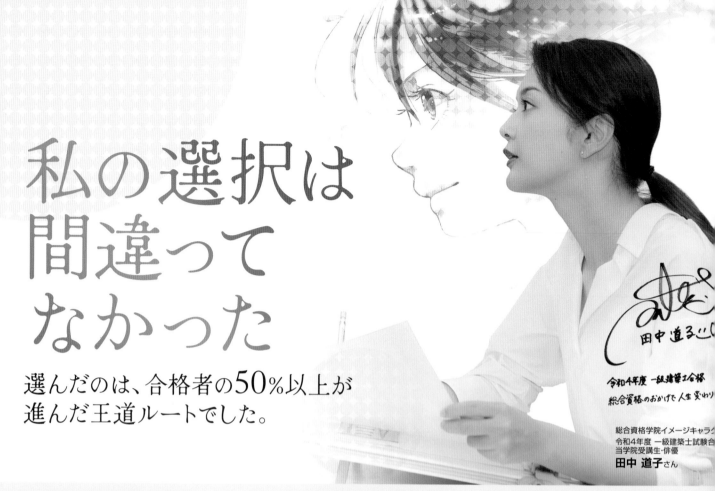

私の選択は間違ってなかった

選んだのは、合格者の50%以上が
進んだ王道ルートでした。

総合資格学院イメージキャラク
令和4年度 一級建築士試験合
当学院受講生・俳優
田中 道子さん

令和4年度 一級建築士合格
総合資格のおかげで人生変わり

1級建築士
合格実績
No.1

平成26～令和5年度 1級建築士 設計製図試験
全国合格者占有率 [10年間]

54.8%

他講習
利用者
+
独学者 / 当学院
受講生

全国合格者合計 **36,470**名中／当学院受講生 **19,984**名

令和5年度 1級建築士 学科＋設計製図試験
全国ストレート合格者占有率

51.8%

他講習
利用者
+
独学者 / 当学院
当年度
受講生

全国ストレート合格者 **1,075**名中／当学院当年度受講生 **557**

★学科・製図ストレート合格者とは、令和5年度1級建築士学科試験に合格し、令和5年度1級建築士設計製図試験にストレートで合格した方です。 ※当学院のNo.1に関する表示は、公正取引委員会「No.1表示に関する実態調査報告書」に基づき掲載しております。 ※全国ストレート合格者数・全国合格者数は、（公財）建築技術教育普及センター発表に基づきます。 ※総合資格学院の合格実績には、模擬試験のみの受験生、教材購入者、無料の役務提供者、過去受講生は一切含まれておりません。（令和5年12月25日現在）

 # 総合資格学院

スクールサイト ▶ www.shikaku.co.jp [総合資格 | 検索]
コーポレートサイト ▶ www.sogoshikaku.co.jp

建設業界・資格のお役立ち情報を発信中! **X** ⇒「@shikaku_sogo」 **LINE** ⇒「総合資格学院」 **Instagram** ⇒「sogoshikaku_official」で検索!

開講講座
1級・2級 建築士／建築・土木・管工事施工管理技士／設備・構造設計1級建築士／建築設備士／宅建士／賃貸不動産経営管理士／インテリアコーディネーター

法定講習
監理技術者講習／一級・二級・木造建築士定期講習／管理建築士講習／宅建登録講習／宅建登録実務講習／第一種電気工事士定期講習

お問合せ先
TEL：**03-3340-2810**
〒163-0557
東京都新宿区西新宿1-26-2 新宿野村ビル22F

総合資格 navi

全学年対象

建築・土木学生のための建設業界情報サイト

建築関連の資格スクールとして
建設系の企業と強固なネットワークを
築いてきたからこそ、
ご提供できるサービスを揃えています。

登録はこちら!

学校生活で

全国の建築イベント情報が見られる

建築系企業のアルバイト募集へ応募できる

全国の建築学校の取り組みが見られる

建築学生に必須スキルのノウハウが学べる

あなたを必要とする企業からスカウトが届く

インターンシップや説明会、選考へエントリーできる

実際に選考を突破した先輩、同期のESが見られる

就職活動で

お問い合わせ

総合資格navi 運営事務局

［**E-MAIL**］navi-info@shikaku.co.jp

［**TEL**］03-6304-5411

建築新人戦 015

2024年4月7日初版発行

著者：建築新人戦2023実行委員会

発行人：岸 和子
発行元：株式会社 総合資格
〒163-0557　東京都新宿区西新宿1-26-2 新宿野村ビル22F
電話：03-3340-6714（出版局）
URL：総合資格学院　https://www.shikaku.co.jp/
株式会社総合資格 コーポレートサイト　http://www.sogoshikaku.co.jp/
総合資格学院 出版サイト　https://www.shikaku-books.jp/

アートディレクション：藤脇 慎吾
デザイン：フジワキデザイン［澤井 亜美］
編集：建築新人戦2023実行委員会 書籍班
総合資格 出版局［新垣 宜樹/金城 夏水/坂元 南］
総合資格 学校法人部［末吉 一博］

撮影：
瀧本 加奈子　表紙、H1, p1～11, p22-23, p28-29, p34, p36, p38, p40, p42, p52～65, p85, p109右
大竹 央祐　p109左下
笹倉 洋平　p107、p108、p109左上

表紙：小西 美海「私たちは極楽を知っている」模型

特記なき図版は設計者および執筆者提供

印刷・製本：シナノ書籍印刷株式会社

ISBN978-4-86417-533-3
Printed in Japan

本書は「建築新人戦2023」記録集として制作されました